榜样

2024年度新时代铁路榜样风采录

中国国家铁路集团有限公司党组宣传部　编

中国铁道出版社有限公司
CHINA RAILWAY PUBLISHING HOUSE CO., LTD.

图书在版编目（CIP）数据

榜样. 2024年度新时代铁路榜样风采录 / 中国国家铁路集团有限公司党组宣传部编. -- 北京 : 中国铁道出版社有限公司, 2025. 8. -- ISBN 978-7-113-32148-2

Ⅰ. K826.16

中国国家版本馆CIP数据核字第2025VJ7657号

书　　名：榜　样——2024年度新时代铁路榜样风采录
作　　者：中国国家铁路集团有限公司党组宣传部

策划编辑：赵　静　　**编辑部电话**：（010）51873407
责任编辑：朱景芳
封面设计：刘　莎
责任校对：安海燕
责任印制：赵星辰

出版发行：中国铁道出版社有限公司（100054，北京市西城区右安门西街8号）
网　　址：https://www.tdpress.com
印　　刷：天津嘉恒印务有限公司
版　　次：2025年8月第1版　2025年8月第1次印刷
开　　本：710 mm × 1 000 mm　1/16　**印张**：20　**字数**：300千
书　　号：ISBN 978-7-113-32148-2
定　　价：80.00元

前　言

中国国家铁路集团有限公司党组以习近平新时代中国特色社会主义思想为指导，认真贯彻落实习近平总书记对铁路工作的重要指示批示精神和党中央、国务院决策部署，积极践行社会主义核心价值观和“人民铁路为人民”宗旨，大力弘扬劳模精神、劳动精神、工匠精神，坚持“千千万万普通人最伟大”“幸福都是奋斗出来的”工作导向，自2018年以来，持续运用“新时代·铁路榜样”宣传载体，大力选树宣传基层一线先进典型，全面营造了崇尚先进、学习先进、争当先进的浓厚氛围。

贯穿2024年全年的第七届“新时代·铁路榜样”选树宣传得到了全路上下的广泛关注和路内外媒体的大力宣传。面向铁路全行业，聚焦基层一线平凡岗位，自下而上，层层推选，一大批先进典型脱颖而出，人民铁道、中国铁路全媒体平台持续重磅推出，中央主要媒体和地方媒体集中报道，形成了强有力的示范引领效应。中国国家铁路集团有限公司、中华全国铁路总工会授予11名同志“新时代·铁路榜样”称号，授予22名同志“新时代·铁路榜样”提名奖。

荣获“新时代·铁路榜样”称号的太原局集团公司大同电务段湖东移动车间通信工丁巧仁、西安局集团公司西安铁路物流中心榆林营业部货装值班员王婷婷、济南局集团公司济南机务段动车二车间动车组司机孔祥配、上海局集团公司杭州客运段高铁一车队“西子号”列车长车菲菲、广州局集团公司深圳车站深圳北“迎春花”

服务队队长李元、昆明局集团公司昆明车辆段检修车间车辆电工王超、兰州局集团公司兰州高铁基础设施段张掖西综合维修车间工长陈永红、青藏集团公司西宁工务段西宁高铁路桥车间桥隧工马万里、中国中铁高新工业股份九桥工程公司电焊工王中美、南宁铁路公安局南宁公安处南宁东站派出所二级警长高明伟，还被中央宣传部、中国国家铁路集团有限公司联合授予“最美铁路人”称号。

荣获“新时代·铁路榜样”称号和“新时代·铁路榜样”提名奖的33名同志，全部来自铁路基层一线，是铁路运输、铁路建设、铁路装备、铁路公安等各个领域的优秀代表。他们立足岗位、忠于职守，苦干实干、善作善成，用实际行动诠释了铁路人在新时代新征程中的先行风采、服务本色、担当品格、奋斗精神。

榜样的力量是无穷的。为发挥先进典型的示范引领作用，讲好新时代铁路故事，我们编辑出版了这本榜样风采录，把榜样的先进事迹和精神面貌展现给广大读者。铁路人是一支始终听党话、永远跟党走的产业大军，时刻牢记、积极践行着国家铁路、人民铁路的使命担当。我们坚信，新时代新征程，在习近平新时代中国特色社会主义思想指引下，在“新时代·铁路榜样”感召下，广大铁路职工将继续统一思想、凝心聚力，开拓进取、攻坚克难，在进一步全面深化改革、加快建设世界一流铁路企业中彰显新担当、展现新作为，努力为以中国式现代化全面推进强国建设、民族复兴伟业贡献力量。

目 录

新时代铁路榜样

新时代铁路榜样提名奖

101915

2018

2019

2020

2021

2022

2023

2024年度新时代铁路榜样风采录

2024

新时代铁路榜样

新时代铁路榜样

丁巧仁

中共党员，中国铁路太原局集团有限公司大同电务段湖东移动车间通信工。2011 年获第三届全国铁道行业职业技能竞赛铁路通信工（无线终端维护）第一名，曾参与审定《铁路通信维护规则》并参与编写多部培训教材。他带领的“丁巧仁技能大师工作室”开展技术攻关，实施了多项技术改造，节约成本 2000 余万元。他先后获得全国技术能手、火车头奖章、全路首席技师、“铁路工匠”等荣誉。2025 年 6 月，被中央宣传部、中国国家铁路集团有限公司联合授予“最美铁路人”称号。

巧人巧手成大器

——记中国铁路太原局集团有限公司大同电务段湖东移动车间通信工丁巧仁

樊康屹

如火如荼的货运增量行动再次彰显出大秦铁路的重要性。每天，一列列重载列车将超过130万吨的煤炭通过大秦线运往港口。重载列车的安全运行，离不开车载无线通信设备对操控命令的精准传输。

车载无线通信设备通过铁路专用移动通信网络，实现机车与车站、调度之间的车机联控以及行车信息的准确传输。车载无线通信设备作为“铁路移动”网络通信的终端设备，被称为列车司机的眼睛和耳朵，是确保重载列车安全运行的核心设备。中国铁路太原局集团有限公司通信工丁巧仁，就是维护“铁路移动”设备的技术能手。

热爱是最好的老师

并不是每一个人都能够从事与自己兴趣志向相关的工作。丁巧仁把自己能够从事车载无线通信设备维护工作看作是“求仁得仁”，因此，对于工作中付出的辛劳和汗水，他无怨无悔。

1993年，铁路中专毕业后，丁巧仁来到了大秦线，成为一名无线通信检修工。那时的车载通信设备被称为无线列调，只能实现近距离的点对点传输。痴迷于技术的他把休息时间都用来钻研技术，别人在休息，他却在研究设备电路与工作原理；别人不愿碰的“疑难杂症”，在丁巧仁眼里都是提高业务技

丁巧仁在进行机车综合无线通信设备（CIR）升级改造　赵小朋 / 摄

能的试验场。他把每一次故障现象都详细记录下来，回到工区后再反复研究琢磨，并利用废旧设备进行模拟练习。为了做好一次数据分析或找到一个故障原因，丁巧仁常常在不足 4 平方米的无线屏蔽室里一待就是一天。

凭着对工作的满腔热情，丁巧仁很快就掌握了各种型号车载通信设备的工作原理、作业流程，成为班组的技术骨干。他说：“平时处置的故障类型多，关键时刻才能手到擒来、操之在我。我们的工作就是千方百计地维护大秦线运输安全。”

大秦铁路的快速发展和在保障国计民生中发挥的重要作用，让丁巧仁对自己工作的重要性有了更深刻的理解，对技术的痴迷渐渐演化为职业的责任和担当。

通信技术发展迅猛，铁路装备不断迭代升级。2006 年，大秦线由模拟无线通信模式步入 GSM-R 无线数字通信模式，被人们称为“铁路移动”的 G 网大幅提升了信号传输质量和抗干扰能力。铁路数据信息的多样化应用，对通信设备维修质量和维修水平也提出更高要求，需要现场维护人员具备扎实的数据分析应用能力。2006 年 3 月，大秦线试验开行 2 万吨重载列车，首次使用 GSM-R 铁路综合数字移动通信技术。该次装备升级在全路无任何经验可供借鉴，在由模拟无线通信模式向“铁路移动”转型中，丁巧仁面临新的考验。

压力是进步的阶梯

推广新技术新装备需要快速提高设备维护人员的技术能力。从零起步的丁巧仁珍惜每一次向厂家学习的机会，跟随厂家技术人员从安装、调试设备开始学起，从仪表的每个按键开始熟悉，一次次地进行数据分析，一遍遍地排查设备故障，一趟趟地请教厂家技术人员。

为了尽快熟悉新业务，他先后参加了北京交通大学、深圳相关厂家组织的培训学习，借来专用英文字典，对照查询 G 网专用术语，徒步巡线熟悉区间设备运用情况。不到半年时间，丁巧仁就初步掌握了 G 网维修的各项技能，并成为工区里维护车载无线通信设备的小专家，先后解决了机车信号弱、天线驻波比不达标等诸多问题。

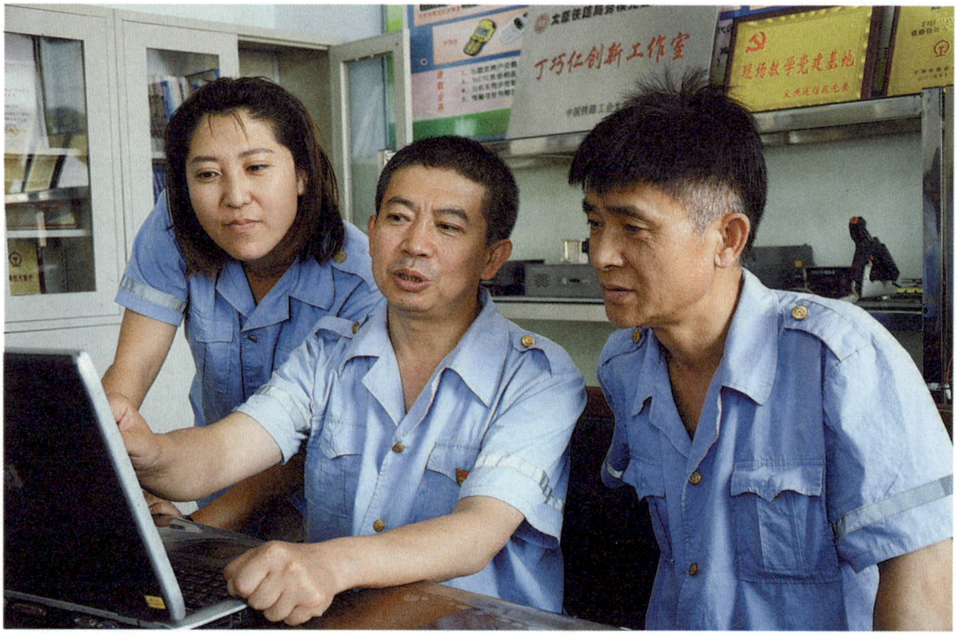

丁巧仁在传授业务知识　杨丽林 / 摄

工作中，牵引2万吨重载列车的机车无线通信设备总是出现“车次号注册失败”现象，为此，丁巧仁通过梳理海量数据，找出了问题所在；机械式手柄握键极易出现故障，造成司机无法正常进行车机联控，丁巧仁经过反复探索试验，提出“用霍尔开关电路代替机械式手柄握键”的建议。

几年来，大秦线“铁路移动”实施了数次网络升级，作为技术骨干的丁巧仁都以高超的业务素养和敬业精神为网络升级提供了应有的技术保障。2007年，丁巧仁担任测试工区工长后，协助设备厂家进行了数次软件修改和升级，经他检测的无线通信设备，未发生过一次故障，他也由此成为大秦线上人人皆知的无线通信“排障能手”。

2011年，丁巧仁在第三届全国铁道行业职业技能竞赛中，凭借过硬的技术能力荣获铁路通信工（无线终端维护）第一名。

责任是攻关的动力

抱有一颗匠人之心的丁巧仁更愿意在生产现场发挥自己的一技之长，他毅然放弃了获得干部身份的机会，选择继续奋战在攻坚克难的第一线。

2013年4月，由山西省命名的“丁巧仁技能大师工作室”挂牌成立。

2014年，工作室针对和谐型机车新旧车载无线通信设备不能互联互通的问题，组织对主控单元、操控单元进行技术改造。经过反复试验，工作室成员成功对217台和谐型机车的车载无线通信设备进行升级改造，直接节约维护成本119万元。

2015年12月，由中国铁路总公司命名的“丁巧仁铁路通信工铁路技能大师工作室”挂牌成立。丁巧仁充分发挥大师工作室的带动作用，带领7名技术骨干围绕设备维护难题积极组织技术攻关。

2016年，车载无线通信设备一个重要单元故障频发，经过工作室成员反复排查比对，发现是单元性能质量下降。这一发现得到设备厂家的认可，第一时间对不良设备进行了更换，故障率下降了70%，保障了设备的安全运行。

大师工作室成立以来，先后推出创新性技术攻关项目20余项，实施规模化技术改造3次，大大提高了安全保障力，节约了成本支出，产生经济效益2000余万元。

丁巧仁自学铁路通信新技术新知识　杨丽林 / 摄

丁巧仁每天与数据为伍，与故障赛跑。他将故障处理经验进行梳理总结，提炼出指示灯观察法、信号流程分析法、替换法、配置数据法、系统最小化法五种故障定位方法，编写的《CIR 设备典型故障 50 例工作手册》成为现场作业人员的指导书。他还参与制定了《铁路通信工培训规范》《高速铁路动车组车载通信设备维修岗位培训规范》，参与审定了《铁路通信维护规则》《动车组车载通信设备维修岗位教材》《高速铁路通信技术培训教材》。

大师工作室不仅在解决维修难题中发挥着突出作用，而且在培养青年技术骨干中发挥着"传帮带"作用。他坚持以解决现场问题为导向，主导筹建了太原局集团公司首个铁路无线通信设备维护实训基地，创新推出"传帮带'小课堂'"，向青工毫无保留地传授经验。在他的"传帮带"下，"理论专家"张俊卫、"检修达人"姚建光等一批技术能手纷纷涌现。张俊卫掌握新知识速度快，G 网更新改造厂家总希望他来"挑毛病"；姚建光经历了模拟和数字两代无线设备，检修过的机车无线设备超过 35300 台，没有一台带病出库；李焕春对数据分析非常敏感，对 G 网数据存在的微小变化都能精准感知并"定位"。大师工作室培养的技术骨干先后有 5 人在太原局集团公司技术比武中获

丁巧仁在仔细排查设备隐患　杨丽林／摄

得前三名，4 名职工获得全路技术能手、三晋技术能手等称号。

坚守是不改的初心

2018 年，货运增量行动的开展使大秦线机车运用量增加，丁巧仁所在的移动通信车间的工作量也相应增加，每日的机车出入库量由 90 台增加到 110 台，特别是增加了双模列尾、机车视频的维护工作后，部分职工对检测流程缺少经验，极易造成机车出库不畅，影响大秦线运输。

“我们虽然不直接完成货运任务，但我们的工作关系着机车的安全和大秦线的畅通。如果因为设备维护不到位造成列车途停，就会打乱大秦线的正常运输秩序，影响增量行动。”在车间支委会议上，作为党支部宣传委员的丁巧仁率先表态，要在货运增量行动中积极发挥党员的先锋模范作用。

增量行动中的丁巧仁以忘我的精神状态投入工作。围绕机车出库频次增多和工作量增加，丁巧仁充分发挥技术带头人的作用，优化检测流程，加强模拟培训，带头落实标准化流程，不断提高检测效率。哪里有疑难故障哪里就有他的身影。自己的工作完成了，他就帮助其他同事共同检修。为适应机车出库频次增加的需要，他和他的技术团队变“坐医”为“行医”，对518台车载无线通信设备逐一“会诊”，每天平推检查数百台设备、分析上万组数据，处置重点故障40多件次。

26年来，丁巧仁作为一名扎根铁路一线的技术工作者，立足岗位，不畏艰难，始终坚守着精益求精、锲而不舍的职业精神，哪里有困难，就在哪里攻关；工作中需要什么，他就把自己的聪明才智倾注到那里。经他检修的设备超过8300台次，处理故障超2600件次，他所在的工区获得了连续15年无责任故障的优异成绩，确保了万吨牵引机车通信安全，丁巧仁的无私奉献生动诠释了一名铁路技术工作者敬业奉献的精神品格。

扫码观看视频

采访手记

钟情事业　勇担使命

在外人看来，周而复始地分析数据、试验设备是枯燥乏味的，但丁巧仁却凭着自己对铁路通信事业的执着，在这种枯燥乏味中锤炼出一种特有的认真态度，一种对自己专业的强烈认同感。

工作中，丁巧仁不允许自己有任何不专业的操作。面对工作，他总是兢兢业业、追求创新。丁巧仁也因此在不断积累的工作经验中充实着自我，收获了一份精益求精态度下锻造出来的专业自信。

始终钟情于自己从事的机车车载无线通信设备维护和测试工作的丁巧仁，从个人兴趣发展为对这份职业的热爱，在热爱中肩负起“科技保安全”的使命。在他的身上，我们看到了一线技术工作者对铁路事业的强烈自豪感，看到了铁路人为实现交通强国而忘我工作的新形象。

（原载于 2019 年 6 月 20 日《人民铁道》报 1 版）

以实干巧干保障大秦重载通信畅通

丁巧仁

大秦铁路是我国“西煤东运”的重要能源战略通道，日均开行重载列车170多列，占全国铁路煤运总量的1/5。我所在的车间，担负着大秦线450多台重载机车通信设备的测试、维护、检修任务。我的工作就是让每列重载列车精准导航、有呼必应。

入路31年来，我始终坚守在大秦重载通信一线，先后历经从模拟到数字、从2G到5G的通信网络迭代升级，亲手检修过近2万台次设备，保持了“检测零误差、换装零失误、检修零故障”的纪录。

1993年刚到大秦铁路时，机车司机接收信息还是靠电台传输，也就是我们说的“模拟信号”，虽然只能实现近距离点对点传输，但在当时也属于先进技术。当我第一次进入通信机房，看见机柜里密密麻麻、不停闪烁的指示灯，既震撼又好奇，“这一排排小柜子怎么能把指挥列车的信号传出去?”从那时起，我心里就憋了一股劲，一定要弄清楚其中的门道。白天跟着师傅走线路、认设备，晚上对着书本看图纸、学原理。

工区有一间模拟信号收发的屏蔽室，是个钻研业务的好地方。一次，工友以为里面没人，随手挂上了门锁，直到晚上睡觉时，才发现我“丢”了。最后找到屏蔽室，看见我还在里面，惊讶地说:“把你锁这儿，咋也不敲门?”我这才反应过来，竟然被反锁了几个小时。就这样反复练习，慢慢地，机车通信设备有多少个接头、多少处按键、多少个灯位都熟记于心，一条条看不见的信号在脑子里越来越清晰，还练就了通信接头“一把插”、原理“一口清”、故障“一眼准”的绝活。

2005年，全国煤炭需求激增，同步操控系统随之运用，大秦铁路2万吨重载组合列车上线运行，通信模式升级为数字网络，实现了机车与车站、机车与调度之间的精准联控。一次，重载列车因同步操控系统 G 网中断，无法正常运行。要知道大秦线关系国计民生，一分钟都耽误不得。收到信息，我立即赶到现场，分析运行数据。凭着多年现场处置经验，发现列车上的两套通信设备频繁重启，初步判断为电源模块异常，但始终找不到原因。当即决定整体更换模块，让列车在最短时间开行。

要吃技术饭，就得学理论。回到工区后，我翻箱倒柜查资料，找技术图纸，专业书籍被堆成小山，终于找到了答案——两个电源模块间形成电压差，就好比两块电池放在水杯旁边，引发水流旋转，时间长了就会造成模块损坏。通过数据计算分析，我在电源模块前端焊接了电容保护装置。后来，经过百余趟列车运行观察，此类故障再没发生。2005 年底，大秦铁路运量突破 2 亿吨，缓解了当时全国能源供应的紧张局面。

老话说："人生四十不学艺。" 2011 年，40 岁的我却决心以特殊方式挑战自己，报名参加第三届全国铁道职业技能竞赛。与年轻人相比，记忆力、专注力都不占优势，所以我起得更早、睡得更晚，学原理、背规章、记电路一样都不落下。有时因为一个小问题，和年轻人争得面红耳赤，睡梦中都在查找故障。功夫不负有心人，我最终获得铁路通信工无线终端维护第一名、全路技术能手。这些成绩给了我很大信心，也潜移默化影响着处于"叛逆期"的女儿。在女儿考上重点高中后，妻子才悄悄告诉我："知道吗？自你拿全路第一后，孩子的学习劲头特别强，也想拿个第一让你瞧瞧。"

一线是创新的沃土，很多灵感来自现场实践。机车上的电缆就像人体神经一样，是机车间传输信号、接收指令的关键。而每台机车上有数根主电缆，每根主缆最多由 14 根细缆组成，我们需要定期测试电缆性能，保障机车通信畅通。完成一台车的测试，需要两个人配合，操作上千次，近 4 个小时。

2022 年，为提高测试工效，我借鉴"树木分叉"的思路，将整根电缆测试改为测试"分枝"，很快设计出第一代工具，能快速定位故障细缆，但还需要人工夹线，不够方便。一天晚上关灯时，忽然来了灵感，"用开关不就可以选择测试电缆数量么！"我没了睡意，找来纸笔画起草图。新的测试装置，排列着 14 个开关，插入要测试的主缆，扳下对应线路开关就能精准定位故障细缆，效率一下提高 90%。我所做的这些，与研发芯片相比不算什么。但我坚信，在一线岗位，小技改也能迸发大力量！

紧跟国家推进高水平科技自立自强的步伐，铁路在北斗、5G等技术加持下迅猛发展。2023年，为突破国外定位技术封锁，实现厘米，甚至毫米级精准导航，大秦铁路引入北斗定位。接到任务后，我一头扎进北斗导航系统原理、架构的学习，带着工友不分昼夜分析大秦线的地形地貌、运输特点和技术难点，很快设计出大秦铁路运用北斗导航方案。

更换北斗系统需升级配套软件，大家要携带200斤重的电源器材，费时费力，影响换装进度。回到工区，我开始琢磨升级器材小型化，研究电路板供电原理，发现这200斤器材只为提供5V的工作电压。随后，我拆下旧电路板底座，找来电源接口，经过改装调试，仅用一个充电宝就能提供稳定电压，让系统更新更加便捷。

近年来，在组织的关怀下，成立了以我名字命名的技能大师工作室。我带着大家一起搞创新，为现场解决更多的难题。先后总结出配置数据法、流程分析法等五种作业法，开展技术攻关20余项，带出无线通信技能人才80多名，成为大秦重载通信领域的骨干力量。

习近平总书记指出："梦虽遥，追则能达；愿虽艰，持则可圆。"让重载列车拉得多、跑得快、停得稳就是我的梦想。我和工友将继续在大秦线上深钻细研、创新突破，以实干巧干保障国家能源大动脉安全畅通！

王婷婷

中共党员，中国铁路西安局集团有限公司西安铁路物流中心榆林营业部货装值班员。曾获全路技术能手、西安局集团公司先进女职工等荣誉。2025 年 6 月，被中央宣传部、中国国家铁路集团有限公司联合授予“最美铁路人”称号。

争当畅通物流“筋络”的排头兵

——记中国铁路西安局集团有限公司西安铁路物流中心榆林营业部货装值班员王婷婷

唐　茹　周道刚　杨　超

2024年5月21日正午，陕北榆林阳光炽烈。在包西铁路一条铁路专用线上，王婷婷紧握扶手，攀着车梯，登上3.5米高的敞车车顶。当看到平整的粉煤已喷过抑尘剂，她淌着汗珠的脸上，不由露出了舒心的笑容。

王婷婷是中国铁路西安局集团有限公司西安铁路物流中心榆林营业部的货装值班员。入路20年来，她一直奋战在陕北革命老区货运一线，推进“公转铁”运输、煤电油运保供、畅通货运物流“筋络”、降低全社会物流成本……在铁路改革发展的生动实践中，书写着一名货运人的责任和担当。

一身硬本事　激活“神经末梢”降成本

5月20日，在一张白纸上，王婷婷娴熟地画着营业室主要货源分布图。

以二等站闫庄则站为中心，6条铁路专用线围绕包西铁路：南向3条，运输煤炭化工产品；西南向1条，到卸柴油汽油；西北向1条，主运聚乙烯、聚丙烯等；北向1条，装运甲醇、航空煤油、集装箱货物等。

“6条铁路专用线像毛细血管，通过包西铁路大动脉接入全国路网。”王婷婷打比方道：“在铁路物流组织体系改革中，我们营业室也像一个神经末梢，但是最前沿关口。”

担任过延安车务段榆林站货运员、货装值班员的王婷婷，有一身过硬的业务本领，曾两次获得局级货运值班员和货装值班员技能竞赛全能第一，是全路技术能手、西安局集团公司首席技师。2020 年 10 月，王婷婷接手闫庄则站货装班组。2024 年 1 月，营业室挂牌，她带领班组 21 名职工开启了一种全新挑战：在“神经末梢”构建产运销一体联动的物流新模式。

4 月初，王婷婷接到管内煤炭运价调整通知。她带着大伙儿一起研究政策，梳理货运信息，发现陕西华电榆横煤电有限责任公司电煤铁路运量较少。王婷婷开着私家车，奔往 60 公里外，向客户宣讲新政策。但因运费由消费方支付，她跑了两次都无功而返。

“好政策落不下去的痛点，在于生产与消费环节物流通道不顺畅。”王婷婷联系到下游客户采购经理韩平，宣讲货改煤炭下浮运费政策。经多次沟通，4 月下旬，产、运、销三方达成共识，形成物流保障、承接、量价协议。

“铁路连起了上下游环节，把服务嵌入到物流链条中，使多方获益。5 月 1 日到 19 日，我们通过铁路运输煤炭 10 万吨，节约物流成本 300 万元。”韩平说。

王婷婷在铁路专用线检查货运员作业情况　周道刚 / 摄

物流是实体经济的“筋络”，一头连着生产，一头连着消费。如何舒筋活络？王婷婷说：“我每天一睁眼，就刷客户群，看货装了没、发了没、到了没，看哪个物流细节出现了卡顿，再埋头实干，直到顺畅无阻。”

4月初，下游客户季隆反馈，收到的聚乙烯运输成本高，还偶尔会出现包装袋破损。王婷婷立即组织班组踏勘现场，测算数据，优化装载方案，与生产方多次论证，将每车实际装载量提升了1.5吨，并在车内加铺瓦楞纸衬垫防护。4月18日，季隆高兴地给王婷婷打电话：“新到货物700吨，没一袋破损，还减少了3000元运输成本。”

以一身硬本事、硬作风，王婷婷头雁引领群雁飞，让物畅其流，货行神州大地。截至5月20日，营业室当年已发送货物545万吨，同比增运52万吨，为上下游客户破解难题12件，降低物流成本711万元，实现了路企互利双赢。

一双铁脚板　揽回“公转铁”有效货源

如果用一种姿势来形容王婷婷的营销工作，那就是一个字：跑。跑矿区、跑村镇，跑“黑货”、跑“白货”，跑大宗、跑零散，她靠一双铁脚板，既抱“西瓜”又捡“芝麻”，千方百计揽回有效货源。

“在闫庄则，我吃的第一个‘闭门羹’是工业盐。”王婷婷回忆道。那是2021年5月，她和工友跑企业时，发现有家盐化厂工业盐还没有铁路运输。她立马行动，上门营销，却连企业的大门都没迈进去，就被门卫给轰走了。

“心里那个憋屈呀，把肺管子堵得实实的。”王婷婷说。静下心来，她仔细琢磨营销方式，以客户为线索找客户，多方联系，最终见到了企业负责人。原来，业主怕折腾，又担心散装工业盐受潮。王婷婷当即邀请这家企业人员到车站参观，讲解集装箱运输的密封性，计算“一口价”降低的费用，企业方答应先试运300吨。如今，这家企业每年通过铁路集装箱运输12万吨，成了闫庄则营业室的“铁杆”客户。

在榆林工作20年，王婷婷从一个关中人变成了陕北人，她操着浓浓的陕北味儿普通话说：“我喜欢‘榆林蓝’，蓝色的天空看着干净清爽，希望越来越多的货物通过铁路实现绿色运输。”

一张表格里，列着营业室网格化营销区域：榆横开发区，榆阳区巴拉索镇，横山县 12 个镇，从闫庄则站辐射周围 200 公里。

“谁拥有了网格里的客户，谁就能辟出一片新的物流市场。”王婷婷说。她带领班组建立“一企一档”客户档案，探索“三全式”营销，区域走访全覆盖，潜在客户全对接，物流市场全掌握。

航空煤油是陕北地区一种稀有资源，由陕西延长石油集团榆林炼油厂生产，2023 年上半年通过公路运输。王婷婷和工友们跑市场、当“行商”，调研不同运输方式价格，主动向客户介绍铁路运输优势，并上报局集团公司货运部，申请到 70 多个路用罐车，保障航空煤油在铁路周转运输，实现了“公转铁”。自 2023 年首趟铁路专列开行至今，这家企业已通过铁路运输航空煤油 8.6 万吨。

跑出去拓展营销，用心经营客户群，王婷婷带领班组聚沙成塔，不断拓展铁路运输市场份额。2024 年以来，他们电话、上门走访 22 家企业，与其中 3 家签订量价互保协议，揽来 24 万吨“公转铁”新货源。

一腔为民情　筑牢能源保供“压舱石”

空车对位、车辆检查、测量煤温……5 月 21 日上午，在闫庄则站榆横煤化工铁路专用线上，机器轰鸣，企业方作业人员正在装车。王婷婷一丝不苟，大到车门，小到加固木楔子，检查现场装载质量。

榆林是国家级能源化工基地。2023 年，闫庄则站货发量再创新高，达 1300 多万吨，其中 90% 左右为煤炭、石油等能源物资。煤炭装车量大，石油为易燃易爆危险货物，王婷婷带领班组全员严守安全生产“生命线”，筑牢能源保供“压舱石”。

专用线作业结合部多，除企业方的运输员、装卸人员外，还有 20 名铁路货运员负责交接检查。王婷婷专门建立了“客户通知”微信群，随时沟通协调运输难点。

2022 年 4 月 20 日，陕西延长石油（集团）有限责任公司运输 10 车汽油到四川广安。在审核计量单时，王婷婷意外发现相邻两车的容积表号都是 KA5466。“会这么巧合吗？”带着疑问，她赶紧通过货运室核查《危险货物罐车基础信息表》，发现容积表号分别为 KA5466、KA6455。

“货装安全无小事。容积表号与罐车装载量息息相关，如果出现差错，装多了容易外溢，装少了容易晃动，都可能引发安全问题。”王婷婷说。她当即联系客户修改、重录信息，进行安全预警，并采取针对性防范措施，由企业提供罐车容积鉴定报告扫描件，班组据此形成“超链接”，严防同类问题再次发生。

在繁忙的装卸站，如何确保货运安全，一直是王婷婷关注的一大难题。她带领班组攻坚克难，分别制定 6 条专用线装卸检查“一图一表”，完成集装箱运输等 20 余项技改，邀请车辆部门专业人员送教上门，为涉及民生和经济发展的能源物资运输提供坚强保障。

陕西华电榆横煤电有限责任公司是闫庄则站货运量最大的一个客户，2023 年通过铁路运输煤炭 564 万吨。2024 年 4 月中旬，业务员张统一找到王婷婷说：“电煤运输告急，急需铁路支持，运往湖北、安徽等省。”

原来，因公路运量减少，加上集中修施工，煤炭出现积压。王婷婷急客户之所急，多方协调，优先配空、承运、装车、外运，打通物流“堵点”。4 月 22 日，客户通过铁路发运电煤 12 列 4.22 万吨，创单日发运量历史新高。

滚滚乌金外运，服务国计民生。2020 年以来，王婷婷所在班组 26 次打

王婷婷在现场指导货车密封　杨超 / 摄

破单日装车纪录，货物发送量突破 5000 万吨。在铁路货运改革和现代化物流体系推进中，她和团队成员步履坚定、奋进不息，让满载货物的列车奔向神州大地，为活力中国提供源源不断的“铁动能”。

扫码观看视频

采访手记

如旱柳般坚韧向上

“工作严谨，善于观察、分析、总结，为我们树立了学习的榜样”“业务非常专业，为我们提供了有力的技术指导”“这样的工作人员值得我们企业信任和长期合作”……在闫庄则站铁路专用线，听到最多的就是这些来自同事和客户们对王婷婷的评价。

入路 20 年来，王婷婷始终坚守在包西铁路北段，扎根在毛乌素沙漠南缘，如陕北的旱柳一样，向阳而生、努力向上，用汗水和智慧奋战在货运第一线。

征途漫漫、惟有奋斗。王婷婷身上折射出了一线铁路人的独特魅力，不负韶华、砥砺前行，在担当中历练、在尽责中成长，让青春在现代物流组织体系改革的广阔天地中绽放，努力书写新时代铁路人的责任和担当。

（原载于 2024 年 5 月 23 日《人民铁道》报 1 版）

当好物流改革的“排头兵”

王婷婷

包西铁路是我国“北煤南运”的咽喉要道，闫庄则站是包西线上年运量超1500万吨的货运大站，日均装车超600车，闫庄则营业室主要负责闫庄则站周边货源营销和该站的货物装卸组织。作为一名货装值班员，多年来，我始终把用心服务客户、保畅货装安全作为自己的第一要务，从一名青工成长为营业室负责人、“集团公司首席技师”“全路技术能手”。

2004年，我参加铁路工作，成为榆林车站一名货运员。上班第一天师傅就告诉我，这里装载的每一辆车，都将送往全国各地，给工业“续粮”、为人民送电，意义非凡。每当想到一列列南下的“乌金”都将点亮万家灯火，我的内心总是振奋不已，暗下决心：一定要挑起重担，当好一名货运员。要练就一身硬本领，就得将最基础的理论知识烂熟于心。为了记住一本本厚厚的规章，我把它们编成朗朗上口的“小口诀”，记在卡片上随时翻看；录成音频，空闲时间循环播放加深记忆。慢慢地，这些文件就像一张张照片“存”进了我的大脑。有一次，当班货运员检查发现一节车体上苫盖的篷布多处破损，存在安全隐患，跑进值班室翻找篷布报废条件，因为临近发车，好几个人围着文件柜急得团团转。我脱口而出：“根据篷布管理规则，必须报废。”当大家找到材料翻开一看果真如此，安全隐患及时消除了，列车顺利发出。从此，我便有了“规章存储器”的绰号，不仅能实时解答同事疑问，对客户装车难题也做到了“一口清”。

滚滚“乌金”外运，服务国计民生。15年来，我们班组聚沙成塔，36次打破装车纪录，解决客户运输难题54件，货运发送量实现逐年攀升，平稳闯过一个又一个安全关，助力一辆又一辆满载能源的列车平安南下，抵达祖国各地，温暖万户千家。

铁路运输具有运量大、耗能低、绿色低碳的比较优势，在助力打赢蓝天保卫战中发挥着重要作用。2020 年 10 月，我被调往闫庄则站担任货装值班员，车站承运煤炭、石油等重要能源物资，要在这里畅通物流“筋络”、推进“公转铁”运输，怎么办？经过一段时间摸索，我感觉就是一个字：跑。跑矿区、跑村镇，跑“黑货”、跑“白货”，跑大宗、跑零散，既抱“西瓜”又捡“芝麻”。

在闫庄则车站，关于跑市场、揽货源，我吃的第一个“闭门羹”就是工业盐项目。2021 年 5 月，我在货源摸排中发现，一家盐化厂的工业盐可以通过铁路运输。我马上行动，到这家企业上门营销，却没想到连企业大门都没迈进去，磨破了嘴皮子，门卫就是不让进。回来后，我仔细琢磨以前“吃闭门羹”都是怎么度过的，反思自己的营销方式，想到尝试以客户为线索找客户的办法，通过多方联系，终于见到了企业负责人。

在沟通交流的过程中，我了解到，客户是怕折腾，又担心散装工业盐受潮，所以没有选择铁路运输。经过我多次热情邀请，他们同意到车站参观，在看了集装箱运输的密封性和“带托盘运输”的便捷，听了铁路“一口价”运输的政策后，客户当即签下 300 吨工业盐的运输协议，现在这家企业每年通过铁路发货超 12 万吨。

2023 年 4 月，附近新开了一家光伏玻璃厂，听说他们的光伏玻璃很“娇气”，稍有不慎就会“粉身碎骨”，很不好运。我主动上门，要到玻璃样品后就跑到业务科，经过反复推演，确定了使用集装箱运输，并加衬瓦楞纸的运输方案。于是我带着厚厚一沓装载方案敲开了企业大门，把集装箱类型、货物入箱、重箱上车等环节详细讲解了一番，还介绍了 95306 系统“一键理赔”功能。成功帮企业解决运输难题后，他们竖起大拇指点赞：“没想到铁路服务可真周到啊！”

2024 年 1 月 22 日，为响应党中央关于有效降低全社会物流成本的战略部署，推动铁路货运向现代物流转型升级的重大决策部署，西安铁路物流中心挂牌成立，我们闫庄则营业室也应运而生。

物流改革，需要我们改变以往“坐等货源”的工作模式，主动围绕客户转、跟着客户跑，把“坐商”彻底变成“行商”，走出一条全新的营销道路。

4 月 2 日，“量价互保”的政策一出台，我们就开始四处奔走，大力推介新政策给客户带来的便捷和优惠。我在走访中发现，陕西华电榆横煤电有限责任公司的电煤运量持续下降，经过深入了解，得知是因为承担运费的下游企业嫌费用过高而降低了发运需求。通过多方联系，我找到下游企业，给他们介绍了“量价互保”新政策，详细测算出提高运量后可以节省300多万的运输成本。面对如此丰厚的“见面礼”，企业负责人和我一起来到上游企业，产运销三方迅速签订协议，上游企业提了效，下游客户省了钱，铁路多发了货，成功实现了“三赢”。

通过这件事，我发现改革后的货运营销不仅仅是一对一“量体裁衣”，在联系上游客户的同时，也必须实时掌握下游需求，打通上下游供应链的“任督二脉”，才能让物流链条活络起来。

全国铁路一盘棋。改革以后，作为铁路货运的前沿窗口，物流中心必须时刻与调度所、各车务站段紧密联系，主动报计划、要车体，实时共享车列信息，共同维护整个运输组织的“生命活力”。2024年11月中旬，一位客户找到我说：湖北地区电煤告急，配备空车不够，急需支持。我突然想到附近几条专用线上还有空车，便萌生出“邻线借车”的念头。于是我向指挥中心汇报了情况，并奔赴兄弟站段对接分析股道情况、探讨调车事宜，还迅速联系上游企业，抓紧提报装车需求，通知下游客户做好接货准备，就这样成功借来208节空车体，及时送进了装车站。6小时后，4列载着2.3万吨电煤的列车从闫庄则站缓缓发出，为湖北地区电力供应成功“续航”。

物流体系改革以来，我们闫庄则营业室积极营销周边货源，全力推动“公转铁”运输，累计货发量达1571.3万吨，同比增长223.1万吨。现在，我们正在为榆林炼油厂的航空煤油制定新的运输方案，为国家能源物资安全运输接续奋斗。

在现代物流体系建设的新征程中，我将继续当好物流改革的排头兵，带好营销团队，创新营销理念，积极开拓市场，为降低全社会物流成本注入源源不断的“铁动能”。

孔祥配

中共党员，中国铁路济南局集团有限公司济南机务段动车二车间动车组司机。曾获全国五一劳动奖章、全路技术能手、铁路青年五四奖章等荣誉。2025 年 6 月，被中央宣传部、中国国家铁路集团有限公司联合授予“最美铁路人”称号。

情系高铁鉴赤诚

——记中国铁路济南局集团有限公司济南机务段动车二车间动车组司机孔祥配

李锡秉　张汝峰　康瀛琦

仲夏时节，万物丰茂。“信号开放，车门关闭，正点开车。”2022年6月12日11时50分，G6967次列车从济南站平稳启动。驾驶室里，中国铁路济南局集团有限公司济南机务段动车组司机孔祥配目视前方，娴熟地操纵着机车手柄。

从内燃机车司机到动车组司机，从时速120公里到350公里，10多年来，孔祥配见证了“中国速度”的不断提升和中国铁路的高质量发展。

在万里铁道线上，孔祥配心怀高铁梦，扎根“三尺台”，精益求精、追求卓越，开一趟车保一趟安全、保一趟正点，在平凡的岗位上作出了不平凡的业绩。截至2022年5月底，他累计安全行车330余万公里，相当于绕地球赤道80余圈。

业精于勤　练就高铁列车平稳操纵过硬本领

孔祥配主要担当京沪高铁旅客列车值乘任务。京沪高铁运输最繁忙的时候，每隔4分钟就有一列动车组从车站开出。这就要求动车组司机必须在保证安全的前提下，紧贴限速运行，确保列车运行时刻精确到秒。

2017年，为破解动车组停车精准对标难题，孔祥配总结提炼出“低速惯性对标法”，成为动车组司机实现“零距离对标停车”的实用宝典。

孔祥配（左）在动车模拟驾驶室里，对青年动车组司机进行模拟操纵指导　姜波 / 摄

2019 年，孔祥配结合列控车载设备控速曲线，对加减速操纵精准把控，创新推出“抓时机、快加速、精制动、贴限速”十二字操纵法，达到了起车稳、加速快、安全正点的效果。

2022 年，针对日兰高铁部分车站停车标与信号机距离短、停车难度大的实际，孔祥配创新形成“七公里低速对标法”，压缩动车组车站对标停车用时 30 秒，在确保安全的前提下大大提高了运输效率。

此外，孔祥配还参与了优化动车组在站换端流程、雨雪天气下动车组行车等 12 项攻关课题，有效解决了行车难点问题。

突出的业绩，源于对铁路事业的无限热爱，对岗位工作的执着追求。

出生于铁路世家的孔祥配，儿时就有机车情结，痴迷着在铁道线上飞奔的“大家伙”。2002 年从济南铁路司机学校毕业后，孔祥配来到济南机务段工作，立志当最好的火车司机、开最先进的机车。

此后 4 年多时间里，孔祥配如饥似渴地学习业务知识和操作技能。从内燃机车副司机、司机，到全国青年文明号“39”青年机车组成员，在同批学员中他第一个通过考试，成为第一批电力机车司机，并熟练掌握了 5 种机车车型的操纵技术。

2006年的一天，孔祥配担当电力机车值乘任务时，一列动车组列车“嗖”地一下从旁边轨道驶过。“我一定要开上动车组列车，体验贴地飞行的感觉。”他心里想着。

动车组司机的选拔很严格，对年轻的孔祥配来说，这是一项艰巨的挑战。为此，他无数次往返于单身宿舍与图书馆，多次拜师求教。5本厚厚的学习笔记印证了他辛勤的耕耘。

“他勤奋好学，钻研操纵业务韧劲十足，问题不弄清楚决不罢休。”孔祥配的师傅、济南机务段动车组司机薛军说。

天道酬勤。2007年3月，孔祥配通过层层选拔，获得参加全路动车组司机培训资格。3个月后，24岁的他通过考试，成为当时全路最年轻的动车组司机。随着中国高铁的不断发展，各种先进动车组投入运用，他每次都是先学一步、精进一步，已熟练掌握了13种车型的操纵技术，成为操纵动车组的技术大拿。

2017年，孔祥配参加全国技能大赛铁道行业动车组司机平稳操纵竞赛。

孔祥配认真确认出站信号，准备启动列车　姜波 / 摄

当时正值暑运，工作之余，他每天废寝忘食学理论、练实作，在竞赛中崭露头角，获得优异成绩。此后，他先后荣获全路技术能手、济南局集团公司首席技师等称号。

锐意进取　勇当新建高铁联调联试“开路先锋”

10余年来，山东省境内开通了京沪高铁、青荣城际铁路、青盐铁路、济青高铁等7条新线。孔祥配是济南局集团公司唯一全部全程参与这7条线路联调联试的动车组司机。

2008年8月，准备举办婚礼的孔祥配接到了参与胶济客专新线贯通的试验任务，他将婚期推迟至10月。到了10月，胶济客专全线联调联试进入关键阶段，为确保12月全线开通，他又一次推迟了婚期。

2021年9月，日兰高铁曲阜至菏泽至庄寨段联调联试启动，孔祥配整理行囊，再次出征。这次联调联试包括逐级提速试验、列控试验、试运行等共12个大项、500多个小项，其中的难点之一是跨运营线试验。

为不影响运营线正常运输，提速试验定在晚上进行。孔祥配和小组成员精心备战，对提速区段的线路数据、公里表和区间限速全部熟记于心，将前期制作的操纵提示卡重新细化，并增加了精确制动级位和模拟速度差数据。由此，跨运营线试验难题被顺利破解。

冲击最高试验速度是新线试验的关键一环。当时鲁西南地区秋雨绵绵，线路湿滑、能见度低，对操纵技术提出更高要求。孔祥配带领小组成员针对天气情况，制订细致周密的行车方案。

“300公里、350公里、385公里！”综合检测列车犹如一道闪电，在提速线路上飞驰，孔祥配右手紧紧握着牵引手柄，熟练地操纵列车。当速度表显示时速385公里时，冲击最高试验速度成功，在场人员都兴奋地喊了出来。

在近3个月的联调联试中，孔祥配一天在车上的时间达10多个小时，其余时间还要整理数据，制作操纵提示卡和作业指导书。

2022年以来，孔祥配带领技术骨干从前期介入、规章数据收集、逐级提速试验、列控试验、试运行、模拟演练等环节入手，组织编写联调联试机务作业标准，更好地服务高铁新线的开通运营。

乐业奉献 甘做技能人才成长“助推器”

新冠疫情期间，为了保障正常的运输生产秩序，济南机务段成立了抗疫突击队。孔祥配主动请缨，成为抗疫突击队的一员，随时担当紧急出乘任务。在段内封闭管理期间，他和队员们一起利用线上学习会进行模拟演练，并将自己行车中的经验分享给大家。

2021年底，济南机务段调入26名新职动车组司机。如何让新职司机顺利实现顶岗作业成为车间的一项重要工作。孔祥配听到这个消息后，找到车间主任，主动申请承担培训任务。

“孔老师业务能力强，指导精准，对我帮助很大。”新职动车组司机赵震很快出徒并独立担当起值乘任务。

2021年，济南机务段成立以业务精英、骨干为主的“名师档案库”，孔祥配入选。他经常利用休息时间，解答其他动车组司机业务和操纵方面的疑难问题。

2022年以来，孔祥配几乎天天守在日兰高铁动车组列车上，利用实训课对新职动车组司机面对面进行帮乘指导，用更准确、更直接的方式，传授操纵技术和非正常情况下的处置经验。

4月以来，孔祥配所在的济南动车车间开设“大师讲堂”。由他开设的“利用模拟机进行现场模拟”“列车运行中非正常应急处置”“日兰高铁作业指导和操纵指导”课程，每次上线学习人数都在400人以上，他是最受欢迎的授课教师。

2021年，孔祥配的徒弟潘永超参加了济南局集团公司动车组平稳操纵竞赛。竞赛前，孔祥配利用休息时间跟车，在驾驶室里对徒弟手把手地指导。潘永超最终取得了第一名的好成绩。近年来，孔祥配先后培养出20多名动车组司机，4人在济南机务段和济南局集团公司技能比武中取得优异成绩。

孔祥配一心扑在工作上，背后有家人的默默支持。一次，孔祥配从出差地回到住地，一个蛋糕送到他的房间，上面写着“祝老公生日快乐”。那一刻，孔祥配的眼睛湿润了——他早已忙得忘记了自己的生日，妻子却牵挂着他。

上小学的儿子在作文里写道：“在我的书架中央，放着我珍爱的宝藏。8张硬质的卡片，上面印着‘联调联试’字样。每当我见到这样的卡片时，便知道又要与爸爸分别几个月了。这些卡片见证了爸爸了不起的工作，我为他感到自豪。”

2022年4月21日，我国自主研发的世界领先新型复兴号高速综合检测列车，创造了试验列车明线交会时速870公里的世界纪录，CR450科技创新工程也全面展开。“我期待早日驾驶新型复兴号动车组驰骋在祖国广袤的大地上，不断为中国高铁贡献力量！”孔祥配坚定地说。

扫码观看视频

采访手记

追逐梦想　奋勇争先

心中有梦想，脚下有力量。“当最好的火车司机，开最先进的机车。”为了实现这个梦想，孔祥配奋勇争先，超越自我，始终保持一颗敬业的心，练就了一身精湛的技能。

面对新建高铁联调联试的艰巨任务，他敢为人先，挑起了“开路先锋”的重担。急难险重任务面前，他充分发挥党员先锋模范作用，冲在前、干在先，用实际行动彰显责任担当。

多年来，孔祥配扎根铁路一线、甘于奉献，瞄准一流、勇于创新，练就了一身平稳操纵动车组的过硬本领。我们期待全路涌现出更多像孔祥配一样的人，在平凡的岗位上干出不平凡的业绩，汇聚成为交通强国的强大力量。

（原载于2022年6月23日《人民铁道》报1版）

争当最好的高铁司机

孔祥配

截至 2024 年底，中国高铁运营里程达 4.8 万公里，每天 8700 多趟动车组列车奔驰在祖国广袤的大地上。

作为高铁司机，确保高铁和旅客列车安全万无一失，是我们义不容辞的责任。

2002 年，我来到济南机务段，成为一名内燃机车学习司机。从那时起，我就立志要“开最快的火车，当最好的司机”。我把业余时间都用在了翻看业务书籍、琢磨驾驶技术上，写下近 8 万字的笔记，积累了 10 万公里的安全行车经验。在同期学习司机中，我第一个考取内燃和电力机车驾照，第一个加入全国青年文明号“39”机车组。2007 年，选拔动车组司机的消息传来。听到这个消息，我兴奋得一夜没有睡着，第二天早早去报了名。选拔考试的 4 个月里，我先后通过了理论、体能、心理、实操等多轮高强度测验，取得高铁司机驾照，成为当时全路最年轻的动车组司机。我想只有不渝地追求，才能成就心中的梦想。

高铁新线开通前必须进行联调联试。参与联调联试的司机必须全面掌握试验大纲和安全措施，需严格遵守线路限速要求，完成阶梯提速试验。这些年，我一共参与了 14 条高铁新线的联调联试，也是济南局集团公司唯一一个参加了全部新线联调联试的高铁司机。这里面，我印象最深的是 2019 年在鲁南高铁冲刺 385 公里时速的试验。这次试验，也让我有机会见证了中国高铁在极限条件下的绝对可靠性。

当时，台风“利奇马”即将登陆山东，为了不耽误全线开通，也为了测试列车和线路在恶劣天气下的安全性和可靠性，我们仔细研究了线路和车辆的技术指标，制定了雨天操纵办法和应急方案。

记得试验当天，外面下起了雨。我驾驶检测车从曲阜东站缓缓驶出。一路上，我屏气凝神，暗暗给自己鼓劲儿加油，一定要保证试验成功。

天空中的雨水，忽大忽小，拍打在前窗上，给瞭望带来了不小的麻烦。我仔细观察前方路况的同时，也密切注视着检测车各项运行参数，精准切换调速级位，很快时速就从 150、200 升至 350 公里。

当时，将进入 385 公里最高试验时速环节，要完成试验，必须解除列车所有安全监控措施后才能进行，也就相当于给列车蒙上眼睛，进入“盲开”状态。我屏住呼吸，紧盯前方，缓缓推动提速手柄，360、370、380，直到速度指针稳稳指向 385。大家一阵欢呼。我却在心中反复默念，要稳住！要稳住！必须保持 385 公里不降速，直到采集完所有数据。

其实，每一次联调联试不仅是对新线设备的体检，也是对我自己的考验，只有不断突破极限、自我超越，才能遇到更好的自己，做最好的司机。

最好的司机不仅要技术精湛，更要时刻想着坐车人。2023 年 12 月的一天，我值乘济南开往威海的列车。刚过烟台，突然下起了雪，我迅速汇报情况，开始减速慢行。就在这个时候，对讲机突然传来列车长呼叫，说车上一名孕妇有早产迹象，能不能正点到达威海。我一面将情况汇报给调度，一面开始分析前方路况信息。

烟台到威海间线路上下坡多，加上风雪影响，赶点难度比较大。想到车上孕妇的情况，最好能正点到达，随即一套风雪天闯坡运行的驾驶方案在我脑中成型：只要能在 160 公里安全时速下尽快驶离风雪区段，再保持 210 公里运行，正点到达应该没有问题。我操纵控速手柄，不断进行撒砂，将轮轨间的黏着力保持在最佳状态，列车如同行驶在平直线路上。风雪减弱后，我立即提升速度至 210 公里，把慢行耽搁的 3 分钟赶了回来，列车准点到达威海站。后来得知孕妇母子平安，我感到特别欣慰，满满的成就感。

2023 年，淄博烧烤火爆“出圈”，我们的“烧烤”周末专列应运而生，两个月共加开 24 对列车。作为“烧烤”专列司机中的一员，我那段时间特别忙。儿子老缠着我带他去淄博吃烧烤，我一直跟他说等下周、等下周，没想到这一等就是一个多月。

记得那个周六，我和往常一样值乘到淄博。在站台上，突然看见妻子和儿子向我招手，儿子高兴地说："我和妈妈是坐着你开的车来的，咱们一起去吃烧烤吧！"我跟儿子说："爸爸马上就要返程，你和妈妈先去。"那天下班已是深夜，我一进门，看见餐桌上摆了三个卷肉小饼，旁边的纸条上写着"爸爸，我卷的，你尝尝！"当时我内心感动的同时也感觉对孩子有亏欠。

说实话，这些年，陪家人的时间确实不多。所以，只要一有空，我就想多陪陪家人，帮爱人做做家务，陪孩子玩个游戏，给他们做顿饭，其实，我们铁路人大多一样，越是逢年过节越忙，但也正是因为铁路人的坚守奉献，才有了万家团圆的幸福。我们选择了干铁路这一行，也就意味着选择了坚守奉献。

这些年，我总结了47种车型的操纵技巧、39种非正常情况行车经验，编写了《济南局高速铁路新线开通机务系统标准》。后来，单位成立了以我名字命名的技能大师工作室，把技术传授给更多的人，也成为我工作中最重要的部分。

为了给大伙儿提供菜单式的学习资料和点餐式指导，我从儿子的学习机中得到了启发。我想司机也是人手一台平板，完全可以像学习机一样把视频装进去，让大家随时随地能够按需学习。想到了就干，我把往年事例、行车重点和应急预案结合自己的理解做成PPT，用通俗易懂的话拍成了一个个短视频，还手绘了"济南地区枢纽线路图"配合讲演。

视频上线后，大家称赞道："有了这些学习视频，想学什么轻轻一点就能搞定！"截至目前，我培养出3名特级技师、6名高级技师，7人在全路全局职业技能竞赛中取得名次，2人获火车头奖章。

23年来，我累计安全走行312万公里，运送旅客700多万人次，5次担当新建高铁线路的首发任务。今后，我将一如既往心系安全、情系旅客，开好每一趟车，当最好的高铁司机！

车菲菲

中共党员，中国铁路上海局集团有限公司杭州客运段高铁一车队“西子号”列车长。曾获全国五一劳动奖章、全国五一巾帼标兵岗、浙江省劳动模范等荣誉。2025 年 6 月，被中央宣传部、中国国家铁路集团有限公司联合授予“最美铁路人”称号。

“西子姑娘”温暖万千旅客

——记中国铁路上海局集团有限公司杭州客运段高铁一车队“西子号”列车长车菲菲

吴少妮　孙晶宜

处暑已过，西子湖畔的阳光依然炽热，车菲菲身着干练的制服，登乘“西子号”G33/38次复兴号列车，脸上的微笑如清风拂面，让人仿佛感受到了秋日宜人的气息。

从列车员到列车长、从普通党员到党的二十大代表、从业务骨干到全国五一劳动奖章获得者，扎根列车16年来，车菲菲就像一朵倾情绽放的花朵，将芬芳传遍万里铁道，奋力书写精彩的人生篇章。

精细服务收获旅客由衷赞许

2008年，19岁的车菲菲迎来了人生道路上的大事：她顺利从学校毕业，如愿进入铁路工作，成为杭州客运段杭州至兰州的T112/113次特快列车上的一名乘务员。

时任T112/113次列车长的张俊峰是车菲菲的第一位师傅，也是她职业生涯的启蒙老师。“能吃苦、肯钻研、爱动脑”，是他对车菲菲的评价。旅客上车核验身份证和车票时，她会全力记住重点旅客的姓氏，方便精准沟通；车厢巡视时，她仔细观察每名旅客，提前了解他们的需求；登记旅客身份证时如果恰巧遇到旅客过生日，她还会送上自己准备的生日贺卡。这样的暖心举动，总是能在旅程中给旅客留下深刻印象。

车菲菲在给儿童旅客讲解高铁上电茶炉的使用注意事项　周围 / 摄

一次出乘途中，一位腿脚不灵便的中年女士引起了车菲菲的注意。列车开行了很长一段时间，周围的旅客都拿出了自带的水杯，惬意地喝上一口，但这位女士的桌前始终没放水杯。车菲菲琢磨着，委婉地跟这位旅客说，可以搀扶她上厕所。旅客看着车菲菲一脸诚恳，忐忑的心慢慢放了下来。倒水、搀扶如厕，一路上车菲菲悉心照顾。临别时，那位女士紧紧拉住车菲菲的手致谢："丫头，谢谢你一路上的照顾，亲闺女也不过如此。"

随着长三角各地迈入"高铁时代"，持续扩容的铁路版图为长三角一体化发展战略注入强劲动力。工作一段时间后的车菲菲有了自己的小目标——要做列车值班员、考高铁列车长。

扎实的业务功底是工作的基础，车菲菲更加严格要求自己，努力钻研客运业务知识，向老师傅请教，向书本学习，背书、刷题、学英语、默画全国铁路线路图……随后的两年内，车菲菲苦练内功，在段里大小业务比拼中都能有所斩获。

2012 年，车菲菲以优异成绩从普速列车乘务员考取为高铁列车长。

相比普速列车，值乘高铁的挑战多了不少：列车停站时间更短、运行速度更快、车厢硬件设施更加现代化，旅客对服务的期待也更高。工作之余，她经常去其他服务行业蹲点观察，大型场馆的无障碍设施管理、大型商超的母婴室配置……车菲菲每看一处，就记下一个。多年来这些“免费”学来的本事，不少都被她应用到了工作场景中。

一次，一对年轻夫妻带着不满周岁的孩子从杭州东站乘车前往北京。刚上车不久，孩子就开始哭闹，车菲菲赶紧从随车携带的“百宝箱”内拿来“哄娃神器”。充气、安装固定……一气呵成，不一会儿，一个便携式的“婴儿护理台”便搭成了，孩子躺在上面不哭不闹，舒服又安逸，一路睡到北京。如今，这个“百宝箱”里的物品品类已经从最初的10余种增加到了30余种，数据线、老花镜、哺乳巾等物品，让车菲菲的服务有温度、更有精度。

服务既是一份温暖，也是一份担当。在飞速行驶的高铁列车上，如何提升值乘团队应急处置能力，身为一名党员列车长，车菲菲一直在思考，并积极探索实践。

每趟列车出乘前，她都牵头组建高铁乘务党支部，召开党支部会议布置重点工作。2018年，我国北方部分地区遭遇暴雪，车菲菲值乘的G43次列车从北京开出不久，就停在线路上一直无法前行。作为乘务党支部书记的她迅速组织党员骨干冲锋在前，安抚旅客情绪，协调随车机械师、乘警、保洁、乘务员等搬运1000份应急餐上车。在她的带动下，车厢内年轻旅客纷纷自发加入应急组织当中，协助乘务组分发应急食品，维持乘车秩序。第二天凌晨，虽然列车晚点到站，但车上1005名旅客平安无事，不少旅客专门跑过来与车菲菲道别：“遇到天灾，我们没受冻、没挨饿，一家平安，感谢你们……”

精心细致的服务让车菲菲收获了旅客的肯定。入路以来，她服务的重点旅客超过2000人次，收到书面表扬60余次。

守正创新老品牌释放新活力

诞生于20世纪80年代的“西子号”列车，代表着杭州城市形象驰骋于浙江山水间，开行第一年就获得旅客书面表扬上万次，被誉为“江南第一车”。

这趟1988年被浙江省人民政府命名的品牌列车，36年来不断提速、升级，运行区间几经变迁，为服务区域经济社会发展作出了积极贡献。

2015年5月，“西子号”G32/43、G42/39次动车组列车在即将迎来28岁生日之际，迎来了新列车长车菲菲。第二年，车菲菲又被推选为“西子号”5个乘务组的包乘组长。

身处高铁时代，接过品牌传承发展的接力棒，车菲菲备感压力。她带领乘务组人员向浙江传媒学院的教授学习列车广播质量提升技能，邀请全国劳模、国家级美容大师罗红英培训化妆技巧，与“最美铁路人”陈美芳切磋服务技能。

扩大品牌效应，畅通爱的链条。车菲菲带领“西子号”乘务组联合杭州东站“之江心驿”雷锋服务站、杭州地铁“五心”服务台，共建“畅行联盟”。前不久，车菲菲值乘的G7511次列车在上海虹桥站迎来6名轮椅旅客。她迅速组织乘务员分头协助大家上车，放行李、倒热水、问行程。在得知大家计划去杭州旅游后，车菲菲立即在“畅行联盟”群里发出信息，不到半小时，

车菲菲（右）向青年列车员传授消防器材查验技巧　周围/摄

一条从高铁车厢到旅客驻地的绿色通道就建立起来。列车正点抵达杭州东站，车门还未开，两名车站工作人员已站到指定车厢门外。不到15分钟，“畅行联盟”群里弹出一条地铁工作人员的消息：已接到旅客。像这样重点旅客在高铁、地铁间的换乘服务几乎每天都在发生，这一服务举措大大提高了重点旅客进站和出站的速度，这不仅是服务的接力，更是爱的接力。

列车既是人们完成旅行的工具，又是传播社会文明的窗口。车上的车菲菲总是脚步不停、宣传不停，依托“西子号”品牌优势，做好旅客文明乘车引导，通过列车广播及时播报文明出行注意事项，倡导旅客树立文明观念，共同维护良好的乘车环境。每逢寒暑假，列车上就会迎来大批儿童旅客，车菲菲提前备好儿童读物以及画笔、折纸、黏土等静音玩具，遇到活泼好动的儿童就主动上前推介，转移其注意力，引导他们争当“文明小旅客”。

服务要紧跟时代要求。车菲菲把“西子号”“满意不是标准，标准是更满意”的服务理念当成自己的工作座右铭，在原有“八爱三百”特色服务的基础上，又提出了目光注视到、微笑舒心到、登车问候到等“真情十到”服务法。

2023年9月16日，在杭州亚运会即将开幕之际，复兴号亚运智能动车组列车上线。担当列车值乘的“西子号”乘务组在车菲菲的带领下，创新推出亚运场馆一条通、轮椅渡板、便携式婴幼儿护理床等十大特色服务。为了让世界各地的旅客更好地了解中国文化，她还专门为“亚运游”的旅客提供路线二维码、“亚小西”打卡章、列车四季明信片等。杭州亚运会期间，“西子号”乘务组累计服务38批次270名运动员、裁判、媒体等亚运相关人员。

高铁时代的“西子号”，变的是列车迭代升级、服务创新，不变的是“西子号”乘务组始终牢记“人民铁路为人民”的宗旨。在团队的努力下，“西子号”命名以来已安全运输旅客4000余万人次。

心怀大爱向社会传递光和热

身为一名党员，使命担当既在列车之上，也在列车之外。为了把光和热传递给更多人，工作之余车菲菲发起成立了“西子公益团队”，让“西子服务”延伸到车厢外，走进校园、走进敬老院。

家住浙江省龙游县溪口镇横坑村的邓跃豪自小和爷爷奶奶相依为命，家境比较贫困。一次，“西子公益团队”到龙游溪口小学开展进校活动，通过与学校老师交谈，车菲菲得知了小跃豪的困境。在浙江省青少年发展中心办理了结对手续后，她带着乘务组多次驱车上百公里探望小跃豪，定期给他购买学习和生活用品，抽空关心陪伴他。小跃豪的生活迎来了拐点——他原本孤僻内向的性格开始变得开朗。

“姐姐，我想去北京看天安门。”2018 年的一次帮扶活动中，小跃豪悄悄跟车菲菲说起了自己的愿望。车队商讨后决定：选在六一儿童节，大家一起带着小跃豪去首都，完成他的梦想。当天，在“西子号”乘务组担当的 G20 次复兴号列车上，为了让小跃豪有一段不同寻常的旅程，“西子”小姐姐们邀请列车上几位新加坡小朋友和邓跃豪一起画了一幅心中的六一儿童节，还请他一起体验了乘务员的工作。

“我认得你，我喜欢你。”当车菲菲带着“西子公益团队”推开爱贝儿康复中心大门时，自闭症儿童小静突然起身，一字一顿地说出了这八个字，虽然口齿不清，却让车菲菲惊喜到哽咽。2019 年以来，车菲菲带领“西子号”班组休班人员，每周三都会来到这里开展志愿服务，大家带着孩子们做互动游戏、一起学习铁路安全知识、到附近公园放风筝。一晃 5 年过去了，孩子们渐渐长大，被温暖包围的孩子有的会主动接过姑娘们递过来的牛奶和零食，有的会主动与姑娘们牵手，有的分别时会奶声奶气地问“下次还来吗”……家长们感激地说：“感谢你们的陪伴！”

截至 2024 年 7 月底，“西子公益团队”的 102 名公益志愿者，累计开展“宝藏小屋”关爱流动儿童活动 15 次，联合开展“跟着安安坐火车”和“带着安安进校园”等活动 8 次。从陪伴自闭症儿童到关爱银龄老人，从关爱流动儿童到校园安全宣传，因热心公益、传递向上向善正能量，车菲菲被评为杭州市上城区道德模范、最美上城人。

2022 年，车菲菲光荣当选为党的二十大代表。大会闭幕回到岗位后，她承担起了党的二十大精神宣讲宣传的任务。她把高铁列车作为宣讲台，还利用业余时间深入企业、学校、社区、工厂，用自己的亲身经历和真情实感，向铁路干部职工和社会大众分享参会感悟，展示铁路风采。截至 2024 年 8 月底，她累计参加宣讲 72 场，收听收看总人数达 1 万多人次。她反复说，列车就是我的舞台，我所做的就是尽最大努力，把“人民铁路为人民”的初心使命传递给更多人。

十六载春秋，奔驰的列车穿山越岭，车菲菲执着坚守，挥洒万里芬芳。

扫码观看视频

采访手记

高铁速度永葆服务温度

采访中，车菲菲每当谈起“把服务做在旅客开口前”的事例，总是侃侃而谈，有着说不完的故事。

细节服务看似简单，仿佛举手之劳，但真要做好，并非易事。车菲菲能够始终如一的背后，是她对工作的用心和对岗位的热爱。她用一次次温馨细致周到的服务，诠释“人民铁路为人民”的宗旨；用一个个温暖人心的服务举措，让旅客体验更美好；用一场场爱的接力，扮靓城市“窗口”、扛起社会责任。

昂扬奋进在中国式现代化新征程上，我们需要从细节入手，精益求精做好服务，以自身行动融入新时代的改革发展大潮，让人民群众在共享铁路现代化成果中有更多更强烈的获得感、幸福感和安全感。

（原载于2024年8月30日《人民铁道》报1版）

用“西子”真情温暖美好旅途

车菲菲

“西子号”是一个有着37年历史的铁路优质客运服务品牌。2009年，我入路成为杭州客运段的一名普通列车员，常常听到“西子号”真情服务旅客的故事，让我既钦佩又向往。我心里想，一定要苦练业务本领，成为岗位尖兵，争取早日加入“西子”团队。

对一名列车员来说，最基本的就是让旅客文明有序乘降，别上错车、下错站。刚开始，我值乘从杭州到兰州的特快列车，2000多公里路程，遇上雨雪等恶劣天气，列车容易晚点，很难把握夜间叫醒旅客的时间。我想，如果能根据车速和窗外标志物大致算出到站时间，就可以让旅客在夜间多睡一会。于是，一有空我就盯着窗外看，记录下辨识度高的建筑或者标识牌，以及到达下一站的时间。两个月下来我记录了近百个标识，经过反复记忆验证，牢牢地印在了脑子里。

2011年8月的一天，我值乘的列车刚过洛阳，外面突然下起了暴雨，列车减速运行。接近凌晨5点，一名旅客拎着行李火急火燎地跑过来对我说：“列车员，我坐过站了，怎么办?”我告诉他：“您别着急，列车因大雨晚点，西安站还没到呢。”

我望了一眼窗外，列车正好经过一个熟悉的隧道，又看了一眼车速，告诉他如果列车按此速度运行大约还有40分钟到站。44分钟后，列车到达西安站。下车时，这名旅客对我说：“小姑娘，真不简单!”

2012年，我通过招聘到了高铁列车上，并通过学习锻炼快速成长为一名高铁列车长。2015年，经过选拔，我如愿成为“西子号”中的一员。从一名普通列车员到高铁列车长，再到“西子号”的一员，我通过自己的不懈努力

值乘过程中，车菲菲重点加强大件行李安全管理　周围 / 摄

得到了旅客和组织的认可，深深感到每一分付出都是那么值得，身上也充满了干劲。

列车是个流动的小社会，突发事件随时都可能发生。身为列车长，必须练就“十八般武艺”。我专程拜师医护人员，学习常见突发疾病的救治，组织班组乘务员开展每月一练。随身携带的手包里，常备速效救心丸、体温计、碘伏等医药用品。

一次，我值乘北京南至杭州东的G39次列车，巡视时突然听到一阵嘈杂声，赶快跑过去，拨开人群，看到一位女士抱着婴儿跪在地上，大声喊着：“救救我的孩子！”只见婴儿浑身抽搐、口吐白沫，情况非常紧急。

我立即通知乘务员广播找医，迅速联系前方车站叫救护车。随后，把婴儿放平，测量体温，判断是高烧惊厥。我快速解开他的衣扣，用温水擦拭四肢。这时，车厢来了一位医生，在他的帮助下，婴儿慢慢停止了抽搐，体温也降了下来。到站后，婴儿被及时送上救护车。事后，这名旅客打来电话说：“孩子没事了，太感谢你们了！”

服务无止境，满意无终点！只有心里始终装着旅客，用心到极致，我们的服务才能更加充满温度和温情。

列车上常有旅客将身份证、耳机、手机等掉到座椅缝隙里，我们就制作出了能探取这些小物件的“取物神器”；为引导旅客文明乘车，我们制作了文明出行提示卡,总结归纳“无需求不干扰”等服务法;为防止旅客拿错行李，我们定制了“个性化行李牌”。同时，还配备了靠垫、U 型枕、便携式婴儿护理台等物品，为南来北往的旅客提供更加精准优质的服务。

列车上，我们是热情服务的“西子号”乘务员，列车下，我们是热爱公益事业的“西子姐姐”。多年来，我和我的团队坚持走进大山、走进医院，帮助困难学生圆梦，关爱孤独症患者，照顾罕见病儿童，让“西子”真情温暖更多的人。

一年冬天，我们到浙江龙游县溪口小学开展铁路安全宣传，认识了一个名叫跃豪的小男孩，他的爸爸妈妈在外打工，懂事的他想把学费省下来留给爷爷奶奶,不想再读书了。我们听了很心疼,就给他买了学习用具和生活用品，还经常去他家里看他，陪他玩，鼓励他好好学习。

2018 年夏天，我们带他去了北京天安门，看升旗，瞻仰人民英雄纪念碑。他悄悄告诉我:“等我长大了，也要像你们一样帮助更多的人。”我一直觉得，我们的公益帮扶就像一团火，温暖了别人也照亮了自己。

2022 年，我光荣当选为党的二十大代表，在人民大会堂聆听了习近平总书记的报告，让我倍感振奋、备受鼓舞。总书记在报告中指出:“江山就是人民、人民就是江山，打江山、守江山，守的是人民的心。”我想，我们高铁人更要坚守“人民铁路为人民”的初心宗旨，时刻把旅客冷暖记在心上。带着这份沉甸甸的责任，我投入到更加紧张繁忙的工作中，列车上我更加热情周到地服务旅客，列车下我主动学习客运服务知识，掌握新技能新本领，不断改进提升服务水平，很快就迎来了一次“大考”。

2023 年，杭州迎来了第 19 届亚运会，“西子号”乘务组非常荣幸地担当了亚运列车值乘任务。为了向中外旅客展示这座国际大都市的靓丽风采，我们精心制作了城市亮点宣传册，当起了城市宣传员。我还利用休息时间提前摸清了杭州、宁波、金华等 6 个城市的 56 个竞赛场馆具体位置和交通路线，制作出“亚运场馆一卡通”，成为国内外游客的“指路神器”。一位马来西亚代表团的随行记者专门找到我们，表达感谢。他说，“西子号”的优质服务让他不仅高效顺利地完成了采访，还对中国有了更深的认识，他要在自己的文章里点赞中国高铁。我开心极了，为自己所从事的工作感到无比自豪。

参加工作16年以来，我从一名普速列车的乘务员成长为高铁列车长，再到“西子号”品牌领衔人，与“西子号”一起见证了中国高铁的飞速发展，实现了一次又一次的华丽“蝶变”，让我更加深刻地理解了“满意不是标准、标准是更满意”的“西子号”精神。身在这个伟大的新时代，我们代表的不仅仅是个人，更是代表着中国高铁的形象，代表着中国的形象。今后，我将继续把“让旅客出行体验更美好”作为永恒不变的追求，真诚服务，传递温暖，在万里铁道线上续写新时代“西子号”的精彩故事。

李　元

中共党员，中国铁路广州局集团有限公司深圳车站深圳北“迎春花”服务队队长。曾获火车头奖章、尼红奖章、全路青年岗位技术能手等荣誉。2025年6月，被中央宣传部中国国家铁路集团有限公司联合授予“最美铁路人”称号。

湾区盛开迎春花

——记中国铁路广州局集团有限公司深圳车站深圳北“迎春花”服务队队长李元

何廷昭　刘　雯　姜　伟

高铁穿梭、人头攒动，宽敞明亮的深圳北站候车大厅里，温暖的阳光勾勒出一个灵动的身影，笑靥如花、纤手指路、耐心解惑……

15年来，李元最爱站在服务台旁，用真诚的关爱温暖南来北往的旅客。

串联“爱心服务圈”，让服务更具特色

深圳，位于世界聚光灯下的创新之城，我国改革开放和现代化建设先行先试的机遇之城，充满活力和生机。

2013年6月，钟先生背着大包小包第一次来深圳务工。当他在站台上茫然四顾时，李元主动迎上前，将他引导出车站并与义工交接。从地铁到公交，钟先生享受了“爱心服务圈”各环节的细致关照，安全快捷到达目的地。

11年后，在深圳安家的钟先生再次见到了已是深圳北站“迎春花”服务队队长的李元。他高兴地说：“我记得你，当年你们的服务让我对深圳的第一印象特别好，也让我和深圳结下了不解之缘。”

钟先生享受的“爱心服务圈”服务，是以深圳站为核心，串联周边交通行业，辐射沿线的一种全流程服务模式。

“入路第一天，车站服务明星、广东省劳动模范叶迎春师傅就带着我们将车站逛了个遍，她说我们的服务是旅客对这座城市的第一印象。叶师傅对

李元在服务台耐心解答旅客问询　林佳静 / 摄

工作的热爱、对服务的理解，让我觉得一定要把工作做好。”2009 年，初出校门的李元来到深圳站，在师傅的引领下，下定了决心。

早在 2008 年北京奥运会期间，李元就曾被选为鸟巢服务队礼仪志愿者。入路工作后，她对标奥运会标准，高标准服务旅客。每处理完一件棘手的事，她都会记录在本子上，思考是否有更好的处理方法。短短几年间，她写下 4 本笔记，并考取了全国高级礼仪讲师资质，服务经验和技巧也更加丰富。

2011 年，深圳站正式组建以叶迎春名字命名的“迎春花”服务队，李元成为骨干队员。

一次服务重点旅客时，她听到旅客说：“深圳交通复杂，每换乘一次交通工具还要重新找人帮忙，折腾！”

旅客的感慨让李元思考良久。深圳市外来人口达 70%，深圳站周边交通复杂，有 2 条地铁交会、25 条公交线路始发（途经）、13 个出入口交织，常让初来乍到的旅客不知所措。

旅客的需求就是服务的方向。如何打破不同交通工具间的服务壁垒？李元和同事们创新服务方式，与口岸、地铁、公交、出租车、长途汽车等单位互联互通，设专人、专点、专线接续服务，将服务从站内延伸至站外。各种交通工具既做好“自转”，又围绕整个罗湖口岸交通服务大局做好“公转”，形成一个“爱心服务圈”，让旅客享受无缝对接的全程服务。

“爱心服务圈”一经推出就十分受欢迎。2018年至今，在“迎春花”服务队和“爱心服务圈”的努力下，40万名旅客享受了从“车门”到“家门”的全程无忧服务。

“就像是把一颗珠子投入湖里，泛起一道道涟漪，荡漾到各个圈层，形成了‘爱心服务圈’。他们爱动脑筋、敢于创新，把服务工作做到了旅客心里。”叶迎春师傅这样评价。

为旅客解忧纾困，让服务更加精细

2021年，李元成为深圳北站“迎春花”服务队队长。

深圳北站是面向香港、辐射粤港澳大湾区的特大型综合交通枢纽，乘车可直达28个省会级城市，是粤港澳大湾区和深圳建设中国特色社会主义先行示范区的重要服务窗口。

“车站客流量大，外籍和香港旅客较多，加之复杂的换乘线路让服务的难度倍增。‘迎春花’服务队作为窗口中的窗口，必须用更加精细的服务，为旅客提供优质的出行体验。”深圳北客运车间主任林钦介绍。

李元和队员们将深圳站的做法“搬”过来，还在收集大量热点问题和典型案例的基础上，推出英语通、粤语通、深港通、铁路通“四通”服务，用不同的语言为旅客提供市内交通、周边景点咨询等服务。为扩大“朋友圈”，李元与始发、终到、途经深圳北站的沿线车站建立实时微信交流群，将服务延伸至列车运行全过程。

香港人士周女士是李元手机里“熟悉的陌生人”。两年前，周女士外婆来内地游玩，年过七旬的老人只会说英语和粤语。李元和队友们贴心服务，将老人安全送到广西。细致的服务让老人感受良好，后来她多次乘坐火车畅游祖国大好河山，每次都是周女士先联系李元。“我从心里相信他们，觉得他们靠谱。”周女士说。

李元坚信“服务和管理是有温度的，善良和爱心是可以传递的”。“迎春花”服务队平均年龄仅有 27 岁，队员们热情有余经验稍欠，李元积极探索完善班组管理机制，推出“十个一”管理办法：班前一微笑、一赞美、一感恩、一承诺，班后一分享、一日记，每月一读物、一总结、一评比、一培训。该模式贯穿工作始终，不断激励队员们揣摩服务技巧，提高主动服务能力，久久为功，大家的服务越发精湛。

“他们的眼睛就像高精度的扫描仪，能在人群中迅速锁定需要提供服务的旅客。”同事耿必成由衷地赞叹。

两年前，因公受伤的刘先生拖着病腿，在坐地铁去深圳北站乘车时遇到了同在乘坐地铁的李元。李元走上前问他是不是去深圳北站，是否需要帮助。

“当时真没有想到，还以为遇到了骗子。她接着告诉我她是高铁站工作人员，因为赶去上班，所以没穿制服。她说可帮我一把。”刘先生回忆道。

就这样，李元拎着行李将刘先生送上回家的列车。一路上，李元还以身

李元耐心解答老年旅客问询　林佳静 / 摄

边人的故事鼓励他以良好的心态面对生活。

临走，刘先生在包里翻翻找找，掏出一个崭新水杯，有些不好意思地递给李元："你的话让我心里舒服多了，谢谢。"

李元谢绝了对方的好意，但每提及这件事，她都感慨万千："只要真心对待旅客，旅客就会将真心反馈给我们。"

李元看似文弱，但作为党支部书记，却有着一副"铁肩膀"，事事冲在前，带领大家在关键时刻"顶"得上。每逢节假日客流高峰，遗失物品招领工作格外繁重，高峰期一天遗失物品达五六百件。一天下来，大家要点击鼠标超过1.8万次，接听电话2000余个，说得口干舌燥。

"很多旅客特别着急，为了尽快物归原主，队员们经常忙得快到中午才吃一口早上剩下的冰凉的早餐。为了减少上厕所次数，大家甚至不喝水。我们是每天20时营业结束，关上门后，大家还得整理物品、清单录入系统，高峰期常常弄到第二天凌晨1点多，但没有一个人有怨言。"李元感动于队员们的付出。

"除了客流高峰，遇到天气原因大面积晚点等突发情况时，大家也是坚守岗位不放松。好几次我看李元姐腿在打颤，但仍坚持着。有时累了，看着她在，大家又振作起来。即使再忙，我们的服务标准也没降低。我们团队特别有战斗力！"服务队队员林佳静感动地说。

时刻将旅客放在心上，主动耐心为旅客服务。2022年至今，深圳北"迎春花"服务队已服务重点旅客90163名，收到锦旗566面、表扬电话5516通、表扬信1918封，先后获得广东省五一劳动奖状、全国铁路青年文明号等荣誉。

守护视障团体，让服务更有温度

"放心，请跟我来。"2024年2月1日12时许，李元轻言细语地请张女士将手搭在自己肩上。

张女士和爱人陈先生来自河南许昌，是一对视障夫妻。因为担心出行不便，在深圳打拼多年的他们很少回家。2024年春运，思家心切的他们终于踏上了回家路。

一路上，张女士左手搭在李元肩上，右手紧紧牵着丈夫。在李元的带领下，他们小心绕过一个个障碍，顺利上车。临走时，李元还叮嘱已和许昌站联系好，到时会有车站人员接他们出站。

“闺女，我虽然看不见你，但你肯定很美。你真是比我们的亲人还亲哩!”张女士拉住李元的手哽咽，“我们明年春节还要回家!”

夫妻俩脸上浮起的盈盈笑意深深印在李元心里。她说：“我常常被旅客感动，这也是我干好工作的动力。”

深圳是一座充满爱心的城市，残疾人就业率居广东省第一，其中从事按摩工作的视障人士数量居全国首位。

从 2012 年深入接触视障旅客后，李元和队员们就开始琢磨怎么更好地服务视障旅客。她和队员们戴上眼罩，按照购票、安检、检票乘车、和车长交接等流程，一步步沉浸式体验视障旅客感受。

“当时眼前一片漆黑，每走一步，都好像有柱子要朝自己撞来，有种因为看不见而带来的恐惧感。”李元回忆。

这里要慢点，那里需提醒；这里要小心碰头，那里要防止撞上旅客……李元和队员们站在旅客的角度，从旅客体验出发，一点点细化服务流程，不断优化服务细节。他们还重点关注视障旅客心理，注重人文关怀，总结了“说一声、搭一把、停一下”服务法。“放心，请跟我来。”这是李元和同事们见到视障旅客说得最多的话，其目的就是消除旅客不安。“搭一把”就是请视障旅客将手搭在队员肩上，由队员一对一引导乘车或者出站。“停一下，就是带领视障旅客登乘长大电梯时，尽量和前一位旅客隔开三节阶梯。这主要是防止前方旅客行李滑落造成危险。此外，不少旅客在最后一级阶梯会停下来整理行李，不控制好安全距离会撞上。”点点滴滴，李元都考虑得很周到。

2024 年春运期间，视障旅客出行时间集中，比如 10 时到 14 时这段时间，服务队队员们都十分忙碌，经常是刚吃了几口午饭就又接到任务，放下饭碗急急忙忙跑向现场，一顿午饭要吃几次，有时甚至直接变成了晚餐。

12 年来，李元和队员们建立了视障旅客信息台账，主动为 1600 余名视障旅客提供点对点服务。在长期的服务中，李元和队友们与视障旅客建立了深厚友谊。其中，他们帮助盲人按摩师群体往返粤湘务工的故事，被《人民日报》、新华社等媒体广泛报道，被拍成微电影《脚步》在全网热播，传为佳话。

人来人往、暑去冬来，李元用满腔热忱和精湛服务，持续不断为五湖四海、大江南北的旅客提供高品质的服务。

流动中国里，她像一朵优雅的迎春花，盛放在繁华的大湾区腹地；她也似这座城市的晨曦，温暖着来“鹏城”的追梦人。

迎春花开，一路芬芳，步履不停，让爱延续。

扫码观看视频

采访手记

以人为本　细致于行

服务重在细节，细节决定成败。工作中，李元从一把轮椅、一杯茶水、一张纸巾入手，做到小事不含糊、细节不马虎，从细微处彰显服务真情，在点滴间温暖旅客出行。

为将服务做到极致，她向着更广、更全、更远的目标前行。经多方统筹，她参与构建了各交通方式联动接力的“爱心服务圈”；凭精湛服务，她创新打造“四通”，优化境内外旅客乘车体验；靠心细如丝，她数年如一日守护1600余名视障旅客务工爱心路。

李元以更宽广的服务视野，串联起重点旅客出行的各个节点，做到全流程安全畅通。像许多铁路客运工作者一样，她把每一位旅客放在心中，全心全意为人民服务，持续强化服务本领。

她是深圳铁路服务的璀璨之星，是推动这座城市温暖与进步的一员。无数个“李元”坚守铁路一线，绘就了“流动中国”一道亮丽的风景。

（原载于2024年6月20日《人民铁道》报1版）

当好大湾区枢纽客站的服务标兵

李　元

深圳北站是粤港澳大湾区的重要交通枢纽，也是全国十大高铁站之一，日均开行列车 700 余列，年到发旅客达 1.16 亿人次。参加工作 15 年来，我向车站的前辈们学习，用心用情做好服务工作，力求让旅客出行更美好。

2008 年，还在读书的我，幸运地被选为北京奥运会的礼仪志愿者，那是我第一次与服务工作结缘。志愿者的经历让我明白，优质的服务更在于细节，一句问候、一个手势，都会让对方感受到不一样的服务体验。

2009 年，我来到深圳站，成为一名铁路客运员，首任“迎春花”服务队队长叶迎春就是我的师傅。有一次，师傅带着我接车。我看见一位旅客扛着大包小包，茫然站在站台上，便走上去询问。得知他第一次来深圳打工，不知道怎么去落脚地，可我也不知道这个地方。

这时，叶师傅走了过来，马上告诉他坐哪趟公交、怎么换乘，甚至还提醒他哪儿的饭菜更实惠……我给师傅竖起大拇指，向她讨教。她告诉我：“咱们的工作看似简单，要做好还得下很多功夫。”师傅所说的话一直扎根在我心里。

除了熟记客运规章外，我还利用下班时间几乎走遍深圳大街小巷，掌握医院、景点等具体位置，把车站周边公交站点、换乘方向熟记于心。几年下来，大伙都说在我身上看到了师傅的影子。2021 年，深圳北站成立“迎春花”服务队，我成为首任队长。

深圳是一座生活节奏很快的城市，我们的服务不仅要细致，还得讲效率。深圳北站平均每天到发旅客 32 万人次，前来服务台问询的人一天最多有三四万，我们 4 个同事每人平均一分钟要回答七八次问询，忙起来连饭都顾不上吃。

为了提高服务质量和效率，我梳理旅客求助问题，逐条分析归类，增设了检票口引导揭示牌、12306 App退改签流程提示卡等便民措施，方便了旅客出行，也赢得了广泛点赞。

铁路客运服务是有温度的事业，深圳也是一座充满爱心的城市，从事按摩工作的视障人士数量居全国首位。我和队员们建立视障旅客台账，总结“说一声、搭一把、停一下”服务法，12年来共为1600余名视障旅客提供点对点服务。

2023年春运的一天，我接到服务台的预约电话，一对视障夫妻要坐车回河南老家。第二天我早早等在地铁出站口，接上他们，让女士把手搭在我的右肩，男士牵着妻子的手，放慢脚步穿过熙熙攘攘的人群，乘坐无障碍电梯到候车室。聊天中得知，他们在深圳工作8年，因为出行不便，只回过一次家。我把联系方式留给他们，说：“以后想回家了，就给我打电话。”把他们送上车，我和许昌站取得联系，请他们做好重点旅客接站。当天晚上，他们就打来电话高兴地说：“铁路的服务真好，今后我们每年都要回家过年！”

深圳北站衔接广深港、赣深、杭深三条高铁，大量外籍旅客进出，也有许多港籍旅客往来。能熟练使用英语和粤语，是我们做好旅客服务的基本要求。

2023年2月，5年没回过内地探亲的两名香港老人，在转乘去福建时，因为没有及时办理手机漫游服务联系不上亲属，在候车室慌张四望，满脸无措。我看到后，马上过去用粤语了解情况，并帮助他们拨打了亲属的电话，一家人在服务台见了面。临走时，老人家拉着我的手高兴地说：“谢谢你，我们很快就能看见老母亲了。”

这样的故事在深圳北站经常发生，每当有外籍旅客遇到困难焦急无措时，上前一句“Can I help you？”或是遇到港籍旅客“有乜嘢可以帮到你？”总能迅速拉近和旅客的距离。

我每天都会带着队员学习语言和业务知识，让大家都成为英语通、粤语通、深港通和铁路通。我常开玩笑说：“咱们服务队，不仅要有一双发现旅客需求的‘火眼金睛’，还得学会‘七十二变’，从容应对各种局面情况。”

2021年以来，“迎春花”服务队先后与口岸、公交、地铁和长途汽车站等单位建立联动服务机制，串起一条无缝衔接的爱心服务链，累计服务重点

李元服务旅客顺利乘车　林佳静 / 摄

旅客 9 万余人次，收到锦旗 700 多面、感谢信 2000 多封。

这么多年，我也收到不少感谢信，其中福建漳州王女士的信一直被我细心收藏着。

2021 年夏天，王女士爸爸身患重病，急需一种特效药救命。她和朋友专程赶来深圳买药。上车时，两人都以为对方拿了药，匆忙上车后才发现药落在了候车室。

我接到信息后，一路小跑赶到候车区四处寻找，但没有找到。因为药是用普通的白色塑料袋装着，我判断很可能被保洁当垃圾扔进了垃圾箱。于是又赶紧翻起附近的垃圾箱。我把垃圾一袋袋翻出来，认真寻找，半个多小时后，终于在一个垃圾箱底部找到了这袋药。

得知消息后，张女士喜极而泣，她带着哭腔告诉我药需冷藏，不能在常温下放太久。我盘算着深圳到漳州还得好几个小时，又急忙跑到站外买来冰袋，然后通过当天最快列车将药送到漳州。

二十多天后，张女士写来感谢信，她告诉我她爸爸已经转危为安。她还在信中写道:“也许这只是你们日常工作中一件微不足道的小事，但对我来说，如果没有找到药，爸爸的病情一旦因此不可挽回，我将内疚一辈子，真心地谢谢你……”

每次读到这封信，我都忍不住想流泪。车站是个万花筒，透过它，能够看到旅途背后的人生百态，酸甜苦辣尽在其中。我们所做的是平凡得不能再平凡的小事，但平凡中却总有温情和力量在涌动，让我找到了服务的价值和意义所在。

迎春花默默无闻，也不绚丽夺目，却最早张开怀抱，迎接春天的到来。我愿在深圳这座书写“春天故事”的城市，当好铁路窗口的服务标兵，引领更多的“迎春花”争相绽放，让每一名旅客都感受春天般的温暖！

王　超

中共党员，中国铁路昆明局集团有限公司昆明车辆段检修车间车辆电工。曾获全国五一劳动奖章、全国技术能手、火车头奖章、全路首席技师等荣誉。2025 年 6 月，被中央宣传部、中国国家铁路集团有限公司联合授予“最美铁路人”称号。

让"国槐绿"为流动的中国添活力

——记中国铁路昆明局集团有限公司
昆明车辆段检修车间车辆电工王超

郭薇娜　董利锋　徐锐攀

2024年5月27日，中国铁路昆明局集团有限公司昆明车辆段"王超技能大师工作室"内，检修车间车辆电工王超眉头紧锁，右手拿着焊枪，左手拿着放大镜，眼睛眯成一条线，聚精会神地修理一块动力集中型动车组车下电源板卡。

随着这块电源板卡的200多个焊脚全部精准焊接，王超长舒了一口气。一块CR200J动力集中型动车组车下电源板卡在王超手中被重新激活了"生命"。这块板卡是动车组逆变器的"心脏"，关乎着动车组上各种电气设备是否能正常运行。

流动的中国活力无限。在云岭铁道线上，CR200J动力集中型动车组往来奔驰。那一抹"国槐绿"为西南边陲注入了活力，让这片红土地充满了流动之美。客流涌动、车流滚滚的背后，王超和团队成员发扬工匠精神，精益求精，为云岭大地奔驰的复兴号保驾护航。

勇攀技术创新高峰

1982年出生的王超，身上有股牛劲。这些年，他在旅客列车检修"责任田"里辛勤劳作、埋头深耕，最终收获了丰硕的成果。

"小超，进了单位踏踏实实做事，多学本领，能到铁路上工作不容易，你可是我们家出的第一个铁路人！"2002年7月，带着父亲的叮嘱，刚从学校

王超在检测集成板卡的技术状态　韦济飞 / 摄

毕业来到昆明车辆段的王超决心要做一个有出息的铁路人。

参加工作第一年，刚 20 岁的王超每天认真跟着师傅擦车灯、处理故障，觉得车辆检修非常简单。直到一天，有辆车发生了绝缘故障，刚好师傅不当值，王超折腾得满头大汗也没能解决问题。第二天，看着师傅三下五除二就找到了故障原因，王超的牛劲上来了，他暗暗下定决心要练就“两把刷子”。

从此，练就人无我有、人有我精的检修技术成了王超的工作追求。他白天跟师傅学技术，晚上查资料总结问题做好记录。几年下来，厚厚 6 本工作笔记记录了他的成长。

功夫不负有心人。带着几年“量”的积累，王超参加了多个技术比赛，在一路过关斩将中展现了自己的“蝶变”，不负众望地捧回了云南省技术能手、全路技术能手等荣誉。尝到了甜头，他学得更加起劲。

2010 年开始，大量 DC 600 V 新型直供电客车投入使用并开始实施维修。相比以往车型，新型客车的电源转换装置是关键部件，其作用好坏直接关系到列车能否稳定可靠供电，成了自主维修的“拦路虎”。为尽快消除电源转换装置运行中的故障隐患、保障列车供电安全，王超全身心投入电源转换模块电路研究。那段时间，他基本住在单位。经过一年多的钻研和反复试验，王超最终攻下了整机分模块自主维修的难关，并向着集成板卡维修的更高峰攀登。

集成板卡维修过程中，芯片焊接是一大难题，焊接质量的好坏决定了修复成功与否。芯片焊接是个“绣花”活，比指甲盖还小的 DSP 芯片密布着 200 多个焊脚，相互间隔不足 1 毫米，焊脚间隙比头发丝还细。只有通过高倍放大镜，毫厘不差地把芯片“绣”在集成电路板上，才能让电路板自主维修成为可能。

为了啃下这个“硬骨头”，不懂芯片焊接的王超就从最基础的锡焊原理学起；没有可供借鉴的经验，他就跑遍电子维修市场一家一家请教学习；操作能力不足，他就搜集废旧板件，反复练习焊接技能……经过 4 个多月试错、600 多次失败，他终于找到了焊枪和焊锡丝的最佳匹配方案，成功解决了自主维修高价值配件最大的“绊脚石”，同事们也送给他一个亲切的外号——“超人”。

2015 年底，由于业务能力出众，云南省人力资源和社会保障厅批准昆明车辆段成立“王超技能大师工作室”。同年，尽管有走上管理岗位的机会，但王超更喜欢凭着真功夫解决电气检修难题所带来的成就感和幸福感，于是毅

王超在检修充电机逆变器 熊美 / 摄

然选择了走好技术工人这条路，并一如既往地下笨功夫、练真功夫。

护航“黄金通道”幸福路

“王老师，‘澜沧号’动车组有一个插座总时不时出现没电现象，我们找来找去始终找不到故障点。”6月5日22时，远在老挝的技术人员许玮深夜拨通了王超的电话“跨国”求援。

插座虽小，作用却不小，事关旅客乘坐体验的问题耽误不得。听完许玮的描述，王超的大脑飞速运转起来：“逆变器是哪个型号？”“好的，我明白了，你们先更换新的电源板卡，把旧的寄回国，我来处理就行。”仅提一个问题，王超就给出了最优解决方案。

几天后，板卡被寄到了工作室后，果然在他手中起死回生。

春华秋实，机遇总是留给有准备的人。王超以坚韧不拔、默默奉献的“耕牛”精神去播种和耕耘，所以他遇见了添彩“黄金通道”的难得机遇。

作为高质量共建“一带一路”的标志性工程，中老铁路自2021年底通车以来，凭借人享其行的亮眼运输表现成为造福中老两国民众的发展路、幸福路、友谊路。王超十分珍惜自己与中老铁路的相遇，希望自己能为这张“铁路名片”增光添彩。

2023年的7月和8月，中老铁路CR200J动车组逆变器地面检修试验时，主控板出现报03、0D、07故障代码隐患。面对只能等待更换试验台的检修结论，王超的“牛劲”又上来了。他找来图纸，拆解试验台，手里拿着板卡和检测笔，对着一堆电气元件连接的电路进行反复验证。最终，经过一番钻研，他成功实现了试验台的升级改造，让动车组避免了短则几天、长则几周的配件采购和更换等待。

在检修中老铁路国际旅客列车的过程中，王超主持完成昆明局集团公司科研项目3项、昆明车辆段技术攻关课题29项，自主研发“板卡多路信号多路输出及反馈装置”“铁路客车39芯通信座对线装置”等20余项工装成果，引领中老铁路动车组检修技术创新迈上新台阶。

“虽然坐车人不认识我们这些修车人，但我们修车人必须想着坐车人。”王超说，他和万千旅客的交流就是通过一趟趟奔跑的列车实现的，越来越多的旅客选择坐火车出行就是对他最大的褒奖。

据统计，自2021年12月通车至2024年5月底，中老铁路已累计开行旅客列车超过5万列，发送旅客人数超过3400万人次。在旅客看不见的地方，王超始终用心怀旅客、砥砺前行的实际行动为“黄金通道”增添色彩。

2023年11月，“澜沧号”动车组首次回国段修。为全力配合做好“澜沧号”动车组段修工作，王超带领工作室成员全员出动，严格按照“高一档、严一格、精一度”要求，研究制订“澜沧号”动车组关键部件的检修方案。短短两个星期，王超工作室顺利完成了PIS车厢控制器、车下电源集成板卡、液位传感器、电茶炉控制箱等故障部件的检修，为“澜沧号”动车组安全运行提供了坚实保障。

在与中老铁路一路同行的时间里，王超牵头编写7份CR200J动力集中型动车组电气检修作业指导书和电源板卡检修作业指导书，助力中国检修标准走出国门。他还带领团队突破中老铁路运行客车多项核心检修技术壁垒，率先在全路实现CR200J动车组的车下电源集成板卡、报警器、显示屏等配件的自主维修。

在王超的参与下，昆明车辆段成功搭建出集动客车学习培训、故障诊断、技术攻关、技术创新于一体的精品科技创新平台，俨然成了中老铁路客车检修技术创新“策源地”和电气故障“三甲医院”。

谱写共进共赢新篇章

随着云南铁路新线不断开通，适用于高原山区铁路的动力集中型复兴号动车组投入运用量逐年增加，倍增的检修压力让王超开始思考和探索分担分享、共进共赢的团队合作模式，他开始带领工作室脱产投入到新型复兴号动车组的检修技术攻关工作中。与此同时，昆明车辆段通过与厂家共同搭建技术共享平台和精心挑选26名青年骨干到工作室跟岗实训的方式为他提供有效助力。

“是辅导孩子做作业难还是检修难？”“当然是检修难。”6月7日下午雨后初霁，工作室里传出一阵愉快的笑声，年轻的工作室成员庄孝松看王超不是在埋头检修，就是在思考检修，忍不住和他开起了玩笑。两人的问答引得大家哈哈大笑。

王超的回答出人意料，却又在情理之中。检修难是肯定的，那些棘手难

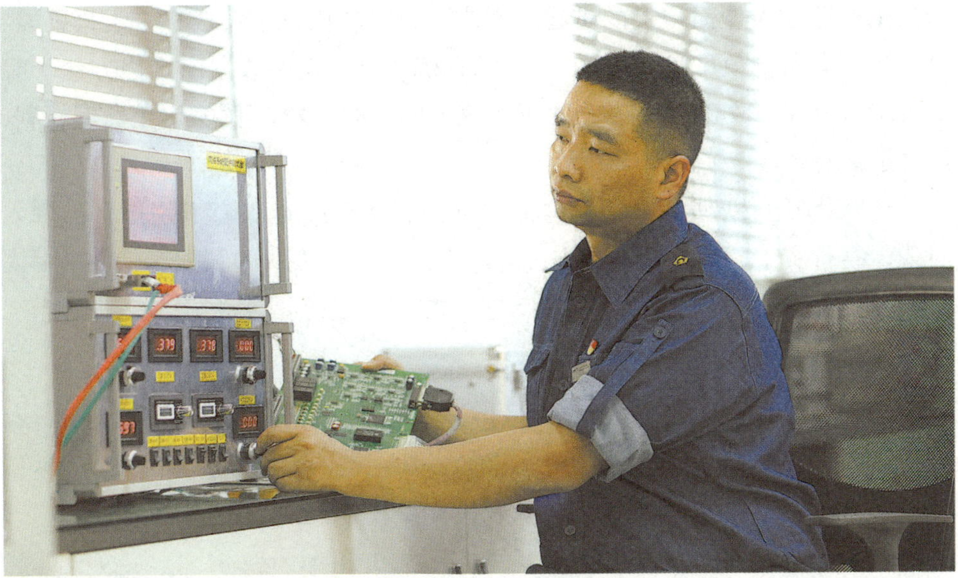

王超在测试集成板卡的通信功能　韦济飞 / 摄

解的问题最后都会送到他面前。但他一贯温和笃定的态度又让人有种检修不难的错觉。笑过之后，庄孝松钦佩地说："别看他说检修难，可再难他也没有放弃过。"

正如庄孝松所讲的那样，检修在王超这里，是责任、是爱好，更是让每一趟客车都运行状态良好、让旅客乘车体验良好的梦想。

为了和大家一起携手追梦，王超通过科学分配工作项点，扬长避短，巧妙化解工作室成员业务技能水平不一的难题。他还通过制作工作室成员技能评价矩阵图，督促各学员相互学习，共同进步。

对于像庄孝松这样的年轻人，他就像老师带学生一样，引导他们确定研究目标、制订研究计划、总结研究成果，助力年轻人快速成长。

对于像尹瑞光这样进入退休倒计时的老师傅，他就想方设法给老师傅塞徒弟，让他多多传授自己的经验和绝招。

他还在工作之余认真梳理总结多年来的检修经验，形成电气设备检修原理图和实验图，并附以专业的指导文字供工作室成员交流学习，让大家踩在他的肩膀上齐头并进，共创佳绩。

山高人为峰，海阔梦为舵。5 年来，王超和工作室的"攀登者"，把曾经如高山一般令人望而生畏的难题踩在脚下，成功修复了集成板卡、报警器、PLC等各类高价值配件3910件，总结提炼“PLC程序数据库维修方法”等30余种疑难故障处理法，获得1项国家发明专利、12项国家实用新型专利，站上了新高峰。

新时代呼唤新使命，新使命需要新担当。一路走来，王超把自己融入时代，笃行实干，勇担使命，在“修车人想着坐车人”的默默奉献中书写人生华章，在擦亮“中国名片”的生动实践中逐梦前行。

扫码观看视频

采访手记

以平凡之光，绽非凡之彩

身着工装的王超总是和大家一起埋头干活，平凡又普通。但遇到难解的检修故障时，他就会变身为人们率先求助的专家和攻坚克难的“王超人”，专业又可靠。他就像中国文化里人人称颂的牛一样，发扬为民服务孺子牛、创新发展拓荒牛、艰苦奋斗老黄牛精神，辛勤耕耘、勇往直前。

王超深知“你混日子，日子混你”的道理，做人做事有股不服输的“牛劲”。把他放在哪里，他就在哪里深深扎根，成为那个领域的行家里手，脚踏实地、默默奉献、一鸣惊人。以平凡之光，绽非凡之彩，他就是我们身边伸手可及的榜样。

（原载于2024年6月16日《人民铁道》报1版）

用匠心护航中老铁路列车安全

王　超

2002 年，我从学校毕业来到铁路工作。上班第一天，师傅告诉我，客车检修工作关乎万千旅客的人身安全和乘坐体验，不能有丝毫大意。他给了我两本客车电气检修规程，告诉我把里面的检修标准和技术参数记牢了，干起活才能得心应手。

那时候，我像背课文一样，把参数使劲往脑子里记，我也很快掌握了不少理论知识。可是，在现场，经常会遇到“临场测试”，考验“真本事”。记得第一次遇上漏电报警，只听见报警器“滴滴滴”地叫个不停，我对着配电柜急得直冒汗也没辙。最后还是师傅过来，像老中医号脉三两下就查出是绝缘出了问题。从那刻起，我才明白，光会背书不行，还得要多实践，得把知识“磨出茧子来”。连最简单的故障都发现不了，感觉到很不争气，这件事深深打击了我，我当时就下定决心，一定要干出个样子来。

打那以后，只要发现有人处理故障，我就凑在旁边学习。有次工友开玩笑说：“王超，你这劲头跟追姑娘似的。”我想我追的，就是这些“铁家伙”的脾气秉性，我要像师傅那样，把业务紧紧攥在手中。几年下来，电气设备故障处理方法记了满满 6 大本，我技术提高了，底气也更足了。后来，我主动参加技术比赛，在赛场上练本领，先后获得了云南省技术能手、全路技术能手等称号。

机会总是留给有准备的人。2021 年底，中老铁路开通运营。作为高质量共建“一带一路”的标志性工程，参与中老铁路维护，是件十分光荣的事。我很珍惜自己与中老铁路的相遇，希望自己能为这张中国铁路名片贡献力量。

2023 年 8 月，我们单位首次承接“澜沧号”动车组高级修任务，我负责

8个车厢电源模块的检修试验。没想到，刚接手没多久，就碰上了“硬骨头”。在进行充电机试验时，显示屏突然出现了一个陌生的故障代码，我们反复检测，确认是现有试验平台无法为充电机提供负载，唯一的办法就是更换新型试验台。

可是，采购新型试验台短则一周，长则半月，时间哪够？大伙一时慌了神。晚上，我无意间看到手机系统更新提示，突然灵光一闪：系统更新就能适配新软件，咋就不能给老设备“升个级”？我立马赶回工作室，对着图纸拆解试验台，逐一测验电气元件，现场自制加装散热式电阻箱，模拟蓄电池负载……对试验台升级改造后，故障代码消失，很快就“药到病除”。经过修复，“澜沧号”动车组按期交付，保证了跨境旅客列车安全正点上线运行。后来老挝同行听说这事，还纷纷讨教经验。

昆明与万象虽相隔千里，但我们与在老挝的车辆检修技术人员交流却很紧密。记得2023年一天凌晨3点，我接到远在老挝的工友打来的紧急电话，说有辆车空调无法启动，整列车不能上线运行，请我帮助远程诊断。我根据现场情况，视频指导他们从空调电机开始，一步步排除故障点。逆变器检查正常，主控板、驱动板电路测量也通畅，时间一分一秒流逝，大家紧张起来，我脑海中快速闪过相似故障的处置方法，让他们重点看下供电装置，果然问题出在那。更换后，问题迎刃而解，列车准点上线。

在很多人眼中，车辆检修就是每天和“铁疙瘩”打交道。其实，我们的工作粗中有细，比如说芯片焊接就需要“绣花”功夫。

咱们列车上的电路板，就跟人的心脏一样金贵。一个比指甲盖还小的芯片有近300个焊脚，每个焊脚之间的间隙不足0.7毫米。一个焊脚没焊好，上万元的电路板就可能报废，整个车厢也无法正常用电。以前遇到板卡故障，需要委外维修，或者找厂家购买新板，周期长，影响效率。我就想，如果把电路板维修技术掌握在自己手里，就能提高效率，查找故障也更快。

可是，维修电路板，有着严格且复杂的工艺，首先要过芯片焊接这一关。当时单位没人会，我只能从零起步，买来废旧电路板，先从8脚芯片练起，再逐渐增加难度，从16脚到32脚再到64脚……我发现，芯片针脚数每增加一倍，焊接难度呈几何级增长，不是脱焊就是连焊，数百次尝试都不得要领。有回焊得眼都花了，烙铁头“滋啦”一下烫到手背，当时真想放弃了。

王超在检查集成板卡功能模块　韦济飞 / 摄

“修车人要想着坐车人。”列车电路板如果出问题不能及时解决，将会造成列车空调、插座、排风机、照明等设备无法正常工作，影响乘车人的出行体验，必须以精益求精的工匠精神，维修好每一辆车。于是，我白天忙工作，经常在晚上、周末专心研究焊接方法，到书店查资料、做笔记。我边学边试，改进了烙铁头，把原先的点焊方法改为烙铁头划过焊脚的划焊方法，在 4 个多月 600 多次失败后，终于掌握了这项技能。我不断向更多脚数的芯片发起挑战，直到能够焊接 200 脚的芯片。目前，通过芯片焊接技术，我们修复各类高价值配件 4409 件，旅客列车的维修效率和质量得到了大幅提升。

后来，单位成立了以我名字命名的大师工作室，开展故障诊断、技术攻关、创新研发和学习培训，我依托工作室先后培养技术骨干 180 多人，其中获得省部级及以上技术能手称号的有 13 人。只有把匠心传递下去，让更多年轻人独当一面，才能更好护航中老铁路旅客列车安全。

“95 后”庄孝松是工作室最年轻的同志，刚来的时候，我就发现他的特长是制图和编程，电子电路并不擅长。为了培养他的综合素质，我有意让他参与重点项目。2023 年 6 月，工作室立项一个技术攻关课题，在设计图纸、制作零件、装配试验等任务中，小庄主动请缨，承担了建模任务，还大胆提出使用3D打印技术制作装置模型，最终这个项目获得了国家级优秀QC成果奖。

中老铁路开通3年多来，我牵头开展了32项技术攻关，自主研发20个工装设备，编写了动车组车下电源的全套作业检修标准。现在，我可以自豪地说，中老铁路旅客列车境外检修标准，就是我们提供的！我们为“中国标准”走出国门出了力！

看着自己检修的动车组奔驰在中老两国，特别激动。如今，中老铁路安全运行超1000天。我将继续坚守初心，立足岗位精检细修、创新攻关，确保中老铁路旅客列车安全运行每一天。

陈永红

中共党员，中国铁路兰州局集团有限公司兰州高铁基础设施段张掖西综合维修车间工长，曾获甘肃省五一劳动奖章、兰州局集团公司先进生产者等荣誉。2025 年 6 月，被中央宣传部、中国国家铁路集团有限公司联合授予“最美铁路人”称号。

世界高铁海拔最高点的坚守

——记中国铁路兰州局集团有限公司兰州高铁基础设施段张掖西综合维修车间工长陈永红

贾国庆　朱　亮　马万亮　张　伟

他，中等个头，有些瘦削，头发稀疏，额头上布满深深浅浅的皱纹；他，鹰眼如炬，能在行驶的车辆中一眼捕捉到故障点，略显沙哑的声音透出一股威严；他，铁骨柔情，如一位暖心兄长，默默守护关爱着身边的每一个人……

他，就是陈永红，中国铁路兰州局集团有限公司兰州高铁基础设施段军马场高铁接触网运行工区工长。11年来，他扎根祁连山，带领军马场高铁接触网运行工区职工，在世界高铁海拔最高点默默守护接触网设备，实现了隐患"零漏检"、安全"零事故"。

一次选择　一生坚守

2013年8月，兰新高铁施工配合报名的消息传来，一下子就点燃了陈永红深埋在心里的激情。陈永红的父亲从小就教育他，男子汉得敢吃苦、能吃苦，经过摔打磨炼才能练就钢筋铁骨。当时，已经报名的年轻工友神气十足，44岁的陈永红不服气，倔强的他想："年轻人能干的活，我不仅能干，还能干得更好！"于是，他不顾家人的反对，毅然报名参加施工配合工作。

2013年9月，作为兰新高铁施工配合人员中年龄最大的一个，陈永红的申请被单位批准了。想着能在家门口参加高铁建设，能和小伙子们在高原上一较高下，陈永红十分兴奋。

陈永红（右二）和工友探讨学习接触网装配图知识　张伟/摄

但是到了祁连山之后陈永红才发现，事情远没有想象的那么简单。

当满怀豪情的陈永红第一次站在87米高的大平羌沟大桥上时，恶劣的自然环境先给他来了一个“下马威”——他出现了胸闷气喘、头晕头疼等高原反应，脚步发飘，嘴唇发紫，每走一段路就想找个地方躺下来。

陈永红当时介入检查负责的元山、双墩子、金瑶岭、大平羌、小平羌、祁连山、大梁等7座隧道组成的祁连山隧道群，是世界高铁海拔的最高点，平均海拔3100余米，最高的大梁隧道海拔3608米，空气含氧量只有海平面的77%，年平均气温零下5摄氏度，最低温度零下39摄氏度，冰雪期长达9个月。

得知陈永红高原反应强烈，吃不下、睡不好，一下瘦了好几斤，他的妻子心疼无比，劝他回张掖工作，好好调理身体。可她哪里知道，在提前介入的日子里，陈永红接触到了先进的高铁检修理念，“线岔是无交分的，分相六跨，锚段关节是高五平五……”这对陈永红来说，高铁接触网的检修是一个新奇世界，吸引着他去探索。陈永红的心里始终认为，他这半辈子，干过单线和复线的接触网设备检修，唯独没有干过高铁的，他的接触网检修职业生涯并不完美，必须要补上高原高铁“这一课”，让自己不留遗憾。

面对抉择，陈永红的内心也很挣扎矛盾。夜深人静时，看着满天的星光，他想了很多，想到了祁连山区的艰苦环境，想到了分居两地的妻子，想到了快要高考的儿子，想到了对亲人的愧疚，更想到了对铁路事业的孜孜追求和深厚情怀……

2014年12月26日，兰新高铁全线开通运营，甘肃、青海、新疆一举跨入了高铁时代。性格倔强不服输、认准了就干的陈永红也做出了他的选择——扎根山丹马场、守护兰新高铁。从此，陈永红用默默坚守开启了“山高人为峰”的征程。

身先士卒　锻造成钢

“到现场去”是陈永红常常挂在嘴边的话。在高原铁路工作的11年里，工区管内的2870根支柱、17220个吊弦以及无数个关节、线岔等接触网设备，都曾感受过他双手的温度。熟识陈永红的人，都很佩服这位“高铁硬汉”。已经55岁的他，依然带领着一群年轻职工在高原高铁线上昼伏夜出，跟“天窗”、

陈永红在检查接触网补偿装置　张伟/摄

整设备、灭隐患，浑身有着使不完的劲。在与艰苦环境的较量中，陈永红总是冲在最前面。

条件苦，不怕吃苦；风雪强，意志更强。接触网工高伟回忆说：“我调到军马场高铁接触网运行工区前，未识其人、已闻其名，对陈永红十分敬佩。调到军马场后的第一个‘天窗’，我就见识到了老工长的骨头有多硬。”

高伟所说的“天窗”是在一个寒冷的冬日，当人刚站上作业平台时，刺骨的冷风会如锥子一般刺入棉袄。但陈永红咬紧牙关，带头艰难地移动着颤抖的身体，从工具袋里取出力矩扳手，一个螺栓一个螺栓地检查悬挂装置等设备结构的紧固和接触线的落槽情况。尤其让人佩服的是，为了确认补偿装置是否存在断股、散股、卡滞等问题，陈永红脱下厚实的棉手套，仅戴着线手套一寸寸摸索着冰凉的线索。高伟曾伸手尝试了一下，那种冷直刺骨髓，一辈子难忘。

没有金刚钻，不揽瓷器活。陈永红是军马场接触网工区首任工长。为了尽快打开工作局面，他把自己锻造成了一枚锋利无比的“金刚钻”，带着职工一起“闯三关”，向前向前再向前。

摆在他面前的头一道难关，就是摸清“家底”。陈永红和工友们在不到3个月的时间里，风餐露宿、爬冰卧雪，徒步走遍了管内的7座隧道、8座大桥，彻底摸清了每一处设备的“脾气秉性”、每一个施工关键点、每一处防洪防汛的薄弱点，为以后设备维护积累了大量的第一手设备动静态资料。

专业知识的欠缺是他遇到的又一个“拦路虎”。面对高铁新设备、新工艺、新标准，“奔五”的陈永红倔强的劲头又上来了。他从零起步，从基础学起，一有时间就啃书本、查资料，一章一章研究作业指导书，一遍一遍默画供电示意图，一页一页琢磨装配图和平面图，对高铁接触网安全工作规则和运行维修规则进行逐条注解，并标注相应的事故案例，记下了3本2万余字的学习笔记，成为工区日后应急处置、克缺整治的实操指引。

最后他还要闯检修关。军马场接触网工区管内处在高海拔地区，气压低、气温低、昼夜温差大，恶劣的自然环境经常造成接触网跳闸故障，最多的一天连跳了9次闸。在惯性故障面前，陈永红没有被吓倒或是被动应付，而是主动牵头成立了维护与应急攻关小组，一遍遍研究接触网跳闸故障形成的原因，一遍遍往故障现场跑，反复比对故障细微差别。他带领工友在隧道壁上加装柱顶式绝缘子，加大正馈线与承力索之间的绝缘距离，或者在转换柱上安装悬式绝缘子固定引线等。这一个个“沾地气”的方法，有效减少了接触网跳闸故障。

一人是铁，不如人人是钉。作为工区的“领头雁”，陈永红总是不遗余力地将自己宝贵的检修经验和应急处置方法传授给职工，鼓励职工带着问题学、现场实践学，一起现场复盘故障过程，一起分析故障原因，共同探索更好的应急解决方案。在他的引导和帮助下，工区职工的学习热情高涨，思维变得活跃，技术水平得到快速提升。该工区先后有4名职工考取了工人技师资格，班组也实现了10年安全“零事故”。

凝心聚力　情暖工区

“这里的天很高，这里的地很大，这里的人很亲，这就是我的家……”接触网工刘超借用歌曲《雪域高原》的歌词道出了工区职工的共同心声。

陈永红是一名优秀的工长，也是一名知冷知热的兄长。他把这两个角色都诠释得很精彩。他在工区年龄最大，对职工最亲，知冷知热、掏心掏肺、用心用情经营着工区这个温暖的“大家”。碰到困难和烦心事，职工们都愿意和他聊一聊、说说心里话。久而久之，“陈大哥”就成了工区职工的“主心骨”。职工碰到大事小情，都愿意向他讨个主意。

在家千日好，出门一时难。为了把青年职工的心真正留在这片高原上，陈永红铁骨也有柔情。陈永红在全段是出了名的“刀子嘴豆腐心”，碰到职工安全上有问题，绝不留情面，黑着脸一顿训，让人恨不得找个地缝钻进去。更多的时候，陈永红对职工在思想上帮、技术上带、生活上关心，无微不至、古道热肠。

职工每次出“天窗”，陈永红都有个“铁规矩”，总要提前登上作业车，认真检查医用吸氧器、制氧机的使用状态，检查红景天胶囊、速效救心丸等药品的配备情况，风雨无阻、雷打不动。在他心中，职工的生命安全比天还要大。

生活中的陈永红擅长烹饪，尤以红烧肉、红烧排骨、黄焖羊肉最为拿手。空闲的时候，他就钻进伙食团露两手，让职工们换个口味。谁有了头疼脑热，

陈永红在涂打防松标记　张伟／摄

陈永红还会下厨做点儿素菜和汤面，热乎乎地端其面前。

家住车站附近的牧民扎西，和爱捡蘑菇的陈永红交成了朋友。每到雨季，陈永红总要来到他家的牧场，捡上一桶蘑菇，摊在阳光下晒干，然后炖在肉里，改善职工伙食。

他组织成立了互助小分队，谁家碰到了婚丧嫁娶、老人生病住院等事情，总安排休班的职工主动上门张罗、跑前跑后。

他组织开展“家属进工区”活动，让家属了解职工迎风战雪、拼搏奋斗的感人事迹，赢得了“大后方”的理解支持，解除了职工的后顾之忧……

“这里条件这么艰苦，我为啥不想着调走？因为这里有陈大哥，有相互包容、团结友善的一家人。”说到这里，刘超的眼睛湿润了，不好意思地看向了窗外。

高原高寒高海拔，锻造高铁硬汉；高标高效高质量，确保高铁安全。在坚守祁连山的这 11 年里，陈永红迎风斗雪战严寒，全力确保兰新高铁安全畅通，虽然有苦有累，但无怨无悔。今后，他依然会忠诚履职，当好攻坚克难的排头兵、工友眼中的贴心人，在世界高铁海拔的最高点为供电安全保驾护航。

扫码观看视频

采访手记

做山一样的人

选择吃苦也就选择了收获，选择奉献也就选择了高尚。

当初，陈永红扎根山丹马场、守护兰新高铁的选择，其实就是在选择吃苦。他完全可以在完成兰新高铁施工配合的任务之后，选择回到住在城市的亲人身边，过起“老婆孩子热炕头”的日子。但他选择做山一样的人，唯有在高原高寒高海拔的磨砺中，自己的内心才能变得更加强大。从这一点来说，陈永红活得通透、活得坚强，拥有高远的志向和广阔的胸怀。

祁连作伴，岁月悠长。在高原铁路奋斗的日子里，陈永红渐渐领悟到了大山蕴含的优秀品质，像大山一样抵挡风雪，像大山一样坚韧不拔，像大山一样宽容宽广，用以身作则的作风和身先士卒的行动成为年轻同事们在工作生活中的坚强靠山，而他自己也收获了“陈大哥”“大管家”“高原硬汉”等亲切的称谓。这是职工群众对陈永红的最高褒奖、最高敬意，也是岁月送给他的一笔宝贵财富。

（原载于2024年3月17日《人民铁道》报1版）

越是艰苦的环境越需要铁路人坚守

陈永红

兰新高铁是我国西北地区第一条高速铁路，在推动沿线城市经济发展和丝绸之路经济带建设中发挥着重要作用。我们工区地处祁连山腹地，管辖兰新高铁青海门源至甘肃山丹区段，负责接触网、信号和线路设备检查维修，管内的大梁隧道海拔 3608 米，是世界高铁最高点。

祁连山高寒缺氧、环境恶劣，平均海拔 3100 多米，年平均气温零下 5 摄氏度，最低气温零下 39 摄氏度。2013 年 9 月，兰新高铁进入了联调联试阶

陈永红在检查接触网设备　马万亮 / 摄

段，为了确保开通运营更顺利，工务、电务、供电等设备单位都提前介入。当时，我已经45岁了，作为一名老党员，依然主动报名，参加了兰新高铁接触网设备提前介入。一年里，我走遍了祁连山7条隧道、8座大桥，摸清了每一处设备的“脾气秉性”、每一个施工配合关键点，记下3本2万多字的检查记录，顺利完成了施工监管、静态验收等任务。

一年的提前介入，祁连山四季的苦我吃了个遍。兰新高铁开通前，单位成立接触网维修工区，让我担任工长。我想，几十年在兰新铁路坚守和奉献的铁路人，他们战严寒、斗风沙，条件比现在艰苦得多。进入高铁时代，历史的接力棒传到我们手里，必须接得住、干得好。

就这样，已经45岁的我毅然留在了祁连山，一干就是十多年。

在高原上作业，首先要应对的就是高原反应。刚来的时候，我总感觉胸闷气短，吃不下饭、睡不着觉，连走路都费劲，更别说高强度的工作了。

记得有一年汛期，管内一处供电钢塔底座被洪水冲刷，存在倾覆隐患。接到抢险通知，我们立即坐车前往现场，到达山脚后发现道路被冲毁，还有一段200米的泥泞山路只能徒步走过去。

我们先把发电机、电镐、铁锹等工具装上架子车。我低着头、躬着腰、铆足劲，踩着泥一步一步往上拉，工友们有的推车，有的扳车轮。刚走了一半路，我就感觉喘不上气，脚像踩在棉花上，扭头一看，大伙都嘴唇发紫，脸也憋得通红。

我们赶紧喝上抗高反的药，靠在车边吸会儿氧，又接着往上爬。等卸完工具，再折回山下，搬运水泥、砂料和石子。就这样，大伙一边轮流拉车，一边浇筑基座、修理边坡，来回搬运十多趟，整整奋战一天，终于完成钢塔底座加固，确保了高铁供电设备安全。

祁连山的风，从春刮到冬，大风三六九，小风天天有。我们管内的元山隧道就是一个大风口。那是2016年8月4日，一块大铁皮被风卷到了隧道出口的接触网上，砸坏了3个定位装置，危及行车安全。

接到抢险电话，我们迅速赶往现场，查看受损情况。工友验电、接挂地线后，我爬上接触网腕臂，挂好安全带，悬在6米多的高空，七八级的大风吹得人左摇右摆，眼睛也迷得睁不开。

我一手拿力矩扳手，一手拿水平尺，迅速拆换定位器，调整拉出值，复核安装参数，只用19分钟就完成了故障抢修，恢复了安全供电。这在平原地区、正常天气和技术比武现场都很难完成，但凭着日复一日的练习和实战，在三千多米的高原上，我们做到了！

祁连山水层丰厚，夏天降雨多、雨量大，对接触网检修是一种考验。记得2015年8月的一天，祁连山区突发大风暴雨天气，干柴滩变电所连续9次瞬时跳闸。我们冒雨巡视二十多公里，浑身湿透冻得直打哆嗦，还是没有找到故障原因。

看着风中晃动的接触网线，多年的工作经验让我意识到，可能是暴风雨导致接触网线间距不够，引起瞬时跳闸。我立即带领大家赶往接触网线间隙最小的大平羌隧道口，果然找到了放电痕迹。通过在隧道壁上增加绝缘子，问题得以解决。后来，我们给管内关键处所都加装了绝缘子，此类故障率降低了85%。

2024年11月，高铁综合维修工区成立，作为工长，我全面负责工务、电务和供电设备的养护维修，组织道岔除雪成为我们的一项重要任务。

祁连山每年一入秋就大雪纷飞，冰雪期长达9个多月。我们经常开玩笑，这里只有两季，一个是冬季，一个是"大约在冬季"。

记得有一次，站区突降暴雪，晚上10点，我们蹚着没过膝盖的积雪，到车站清扫道岔。那夜雪特别大，前脚刚扫完，一阵"风搅雪"，刚扫净的道岔又覆盖了积雪，我们整整干了5个小时。

凌晨3点多，对讲机里再次传来催促声："工长，4号道岔不动作。"我带着工友跑过去，发现道岔连接杆被冻住了。大伙只能轮流趴在雪地上，一边用铁钩捅，一边用手扒，一点点清理掉里面的冻冰。

大雪下了一夜，作业结束回到宿舍，我才感觉腿像灌了铅一样，脚底钻心地疼，鞋子里面都是冰。虽然干活很累，但听到动车驶过车站的鸣笛声，感觉所有的辛苦都值了。

在这里当工长，我想得最多的，是怎样留住人、拢住心，怎样让大家心气更顺，干劲更足。工区成立了互助小分队，无论谁家有婚丧嫁娶、生病住院的，我都带着大家相互帮把手、出把力，让集体的温暖传递给每个人。

为了让家属更理解和支持我们，我还组织开展了"职工家属进工区"活动，把大伙工作的照片做成视频和家属分享。看着我们在大雪中巡检设备、在隧道里啃着馒头、在高空进行接触网作业……家属们都忍不住抹眼泪。

多年在高原工作，我的身体大不如前，爱人心疼我岁数大了，经常劝我从高原下来吧。我想，这是一个艰苦的地方，我不在这儿干，别人就得在这儿干，我愿意做出这个牺牲。

习近平总书记指出："选择吃苦也就选择了收获，选择奉献也就选择了高尚。"在高原上工作确实艰辛，十多年的坚守有苦有乐，但我无怨无悔。我将继续忠诚履职尽责，坚守在世界高铁最高点，为旅客平安出行保驾护航。

马万里

中共党员，中国铁路青藏集团有限公司西宁工务段西宁高铁路桥车间桥隧工。曾获青藏集团公司优秀共产党员、青海省岗位技术能手、“铁路工匠”等荣誉。以他为带头人的“金锤工作室”被评为青藏集团公司党内优质品牌。2025 年 6 月，被中央宣传部、中国国家铁路集团有限公司联合授予“最美铁路人”称号。

志存高远　圆梦高原

——记中国铁路青藏集团有限公司西宁工务段西宁高铁路桥车间桥隧工马万里

赵风斌

夏日的湟水河畔，杨柳轻拂，风光旖旎。

在平安湟水河特大桥上，48岁的中国铁路青藏集团有限公司西宁工务段西宁高铁路桥车间的马万里带着一群“95后”桥隧工，仔细检查着每一座桥梁、每一个桥墩。他内心笃定、目光如炬，手中的检查锤敲打出“叮叮咚咚”的动人乐章。

勤能补拙　弯道超车

自1995年入路，20多年间，马万里辗转于青藏铁路西格段德令哈、格尔木、柯柯、天峻、察汗诺以及兰新高铁民和南至浩门间，用双脚丈量过数千个涵洞桥隧，逐渐成长为有着“桥隧大夫”美誉的岗位技术能手，获得青海省青年岗位能手、青海省岗位技术能手、“铁路工匠”等荣誉。

1995年，在经过3年在校学习、2年临床实习后，毕业于卫生学校的马万里为实现父亲的心愿，来到德令哈工务段莲湖桥隧工区，开始了与所学专业“风马牛不相及”的桥隧工生涯。浆砌片石、干砌片石、抹面勾缝、高空喷漆……整日行走在冰冷坚硬的道床间，巨大的职业环境落差，让他内心充满挣扎。“干三遍、湿三遍、手捏成团”——和水泥、拌砂浆最基本的技术要领，对隔行如隔山的马万里来说，如同幼儿学用筷子吃饭，虽费

马万里（右二）在给青年职工讲解桥墩知识　杨玺 / 摄

了九牛二虎之力，但拌出的砂浆不是太干、太湿就是夹生，怎么都抹不好砌面。

“你连简单的和水泥都干不好，以后咋干桥隧工！”师傅严厉的话语刺痛了马万里，也激起了他内心深处不服输的倔强。他找来许多桥隧专业书籍，通宵达旦地苦读，无论走到哪里，兜里都装着几张小纸条，上面密密麻麻写满了艰涩难懂的术语和技术标准，一有闲暇就拿出来背、找人探讨，像和水泥、拌砂浆一类的苦活累活也是抢着干。

日复一日，在偏远荒凉的工区，马万里以勤奋填满自己的每一个晨昏。一年后，他以优异成绩出徒；两年后，他高分通过初级技能鉴定考试；第四年，他成为全段最年轻的工长之一。与此同时，他业务技能水平也不断提升，先后通过中级、高级工和技师考试，2010 年又拿到了高级技师资格证，成为青藏集团公司为数不多的首席技师。2014 年秋，他作为唯一的工人专家，前往北京参与兰新高铁静态验收评审会。陈述发言时，他的精彩表现得到了专家学者的赞许。

恪守匠心　一锤定音

在西宁工务段，马万里的认真执着人尽皆知，任何违背安全标准的行为都难逃他的“火眼金睛”。

2014 年 10 月，兰新高铁静态验收进入争分夺秒的收尾阶段。作为隧道组组长，在检查付家寨 3 号隧道时，马万里盯着一段外壁光滑的隧道墙腰，当场指出内壁里面存在空隙。在众人充满怀疑的眼神里，他果断用手中的检查锤敲向墙腰——不出所料，里面果真有一个篮球大小的蜂窝空隙。“神算子”般的判断让在场的工程人员个个目瞪口呆。从此，马万里“一锤定音”的高超技艺被广为传颂，大家亲切地称他为“马金锤”。

2016 年 4 月，也是在兰新高铁，在大阳山隧道套衬结束后的检查中，马万里发现一段拱顶两旁有放射状、刀切状裂纹。在他的提议下，30 多厘米厚的混凝土被当场切开。经他重新制订方案，用速凝灌浆的方式彻底消除了潜藏的隐患。在兰新高铁的静态验收阶段，他带领团队细查细整，为高铁的顺利开通提供了保障。

马万里用尺子检查桥梁支座平面位移情况　杨玺 / 摄

作为青藏高原的首条高铁，兰新高铁的检查标准非常严苛。每天，马万里带领班组职工辗转于管内 218 公里的高铁线上，精心呵护管内 29 座隧道、82 座桥梁设备的安全稳定，哪座桥梁墩体容易出现季节性“病变”、哪个涵洞容易积淤、哪座隧道容易渗水，他全部了然于胸。现在，通过对隧道衬砌表面的眼看、手敲、耳听，他能准确判断出隧道衬砌病害种类及等级，他总结出的眼看、手敲、耳听的“1+*N*”桥隧检查法，被身边同事争相学习。

“正常情况下敲击隧道衬砌时声音清脆响亮，在出现衬砌强度不足病害时，敲击无明显声音，内壁两张皮病害为‘嘭、梆’声，空腔病害为‘咚’声。铁路安全无小事，每敲击出一个隐患，都感觉很有成就感。”马万里说。

追求梦想　超越自我

“人都会有自己的梦想，我的梦想很简单，就是希望通过自己的努力，能不断超越自我。”马万里神色平静地说。

成就梦想绝非一朝一夕。马万里的梦想之路，凝聚着他无数的心血和汗

马万里在检查桥墩设备　杨玺 / 摄

水。20多年来，他手握铁锤风餐露宿，累计在铁道线上步行3300多公里。他走到哪住到哪，桥墩下、涵洞口、路基旁、排水沟边，都成了他临时的栖息地，一个多月回不了一趟家，对他来说都是家常便饭。

“每次检查完，脖子都酸痛得要命，好几个小时僵硬得无法转动。”说话时，马万里习惯性地左右转了下脖子。

2017年夏，以马万里为带头人的“金锤工作室”正式挂牌成立，许多年轻的力量被吸纳进工作室，这对马万里来说如鱼得水。他腾出更多的精力，一门心思对现场疑难问题展开攻关。针对铁路网围栏与排水沟交叉处的水篦子空隙过小影响行车安全的实际情况，他利用废旧材料制作安装了自动泄流式栅栏，让水篦子在汇水时自动泄流，彻底消除了安全隐患；针对橡胶型和不锈钢型防尘罩防尘效果不佳、检查维护不便等问题，他设计了一种新型透明桥梁支座防尘罩，攻克了桥梁支座由来已久的技术难关；他提出的“定中余量分配法”，破解了兰新高铁桥梁新型支座位移测标容易变形、丢失、损坏的难题；他独创发明的“空眼吊线”法，破解了带弧形铁路桥上水泥栏杆更换铁质栏杆过程中遇到的定桩难题；由他总结提出的隧道治水“八步法”，为隧道防水治水提供了实践依据，并在高原铁路广为推广。

业精于勤，自“金锤工作室”成立以来，由马万里牵头破解的技术难题多达13项，他执笔撰写的《隧道衬砌检查新方法》《提高高原隧道重复性渗水整治合格率》分获全国铁道行业QC质量管理优秀成果奖。他带头研制的“自动排水栅栏”获得国家知识产权专利。他主笔编纂的《桥隧工作业指导书》被广泛运用到现场一线。在追求梦想的征途上，马万里不断超越自我、砥砺前行。

扫码观看视频

采访手记

勇攀高峰逐梦行

梦想通往成功之路。马万里的梦想坚定又朴素——在平凡的岗位上不断超越自我。从铁路“小白”成长为身怀绝技的“桥隧大夫”，在追求梦想的道路上，他弯道超车，实现了自我超越。

采访中，马万里对自己整治过的各类隐患记忆犹新。截至目前，他已整治隧道渗漏水隐患176处，将所在车间隧道渗漏水隐患整治成功率由13.3%提升到85.7%。对近3年间牵头整治的兰新高铁隧道渗漏水隐患，他更是熟稔于心。每处置一次疑难故障，对他来说，就是一次提升、一次自我超越。

一连串闪光的数字，生动记载着马万里恪守匠心、逐梦前行的一个个月升日落。他的身上，集中展现了新时代铁路人牢记使命、甘于奉献、勇于创新、拼搏进取的可贵品质。

（原载于2022年7月9日《人民铁道》报1版）

当好雪域天路“桥隧医生”

马万里

工作30年来，我一直扎根在高原铁路，每天上山、跨桥、穿隧，一把检查锤、一个钢卷尺、一支手电筒……陪伴我一步一个脚印，检修青藏铁路、兰新高铁桥梁、隧道和涵洞等设备，精心呵护钢铁大动脉的安全畅通。

1995年，我来到青藏高原成为一名桥隧工。“入路第一课”为我们讲述了青藏铁路建设历史，我才知道，这条铁路是几代人经过近百年艰苦卓绝的努力才建成的，到了我们这一代，守护好这条用鲜血和生命筑成的铁路就是使命和责任！于是，我就定下心来踏踏实实工作。我干得最多的是跟着师傅敲桥梁、敲涵洞、敲隧道壁，听声音，检查病害。渐渐地，我发现桥隧工就像一名医生，医生是为病人看病，我们是给设备问诊。

想要当好“桥隧医生”不是一件容易的事，首先得有过硬的本领。一有空，我就抓起业务书看个没完，有时看着看着脸上还不时露出笑容，同事们还以为我在看小说呢！我还喜欢遇到不懂的问题，就马上向师傅们请教，问得多了，他们就开玩笑地叫我“问题青年”。

记得有一回，我按照书上的比例调配好砂浆，却怎么也抹不到砌面上。师傅瞅着我灰头土脸的样子，忍不住笑着说：“小马，你按照书上这样拌砂浆没问题，但是现在抹的是片石，吸水率低，要拌得稠一些才行。”师傅一番话，让我恍然大悟，光看书不够，还得在现场多干多练。于是，工区有啥活，我都抢着干，时间长了，我就摸出了很多门道，积累了不少经验，渐渐成了业务骨干，多次在技术比武中获得名次，还被评为“铁路工匠”、青海省青年岗位能手。

在高原上干活，不仅要有技术，还得能吃苦。青藏铁路平均海拔约3000

来，氧气稀薄。就拿隧道打冰作业来说，挥上几下镐头，胸口就像被一块大石头压着，喘不过气来。记得有2012年春运，锡铁山隧道壁多处结冰，我们6个工人带着工具进入隧道，2人一组分头作业，我和新分来的小陈一组。小伙子第一次打冰，兴奋得越干越快，刚干了一半，我看他身体摇晃、险些摔倒，心里“咯噔”一下，想到高原隧道里的氧气本就稀薄，动作太快更容易缺氧头晕，就赶忙过去扶他坐下歇会儿，然后甩掉大棉衣，使劲挥动镐头，终于顺利完成了任务。在这里工作，历经风雪，甘苦相伴，一路引领着我成长成才。

多年来，我参与了青藏铁路多个建设项目的隧道质量检查工作，其中包括兰新高铁的提前介入。兰新高铁是我国“八纵八横”高铁网陆桥通道的重要组成部分，也是青藏高原首条高铁，作为工作组小组长参与其中，我感到非常自豪。

记得有次检查付家寨3号隧道一段墙腰时，我发现几道细小的裂纹，凭借多年的经验，我判断内壁可能会有蜂窝空隙。我一边用检查锤沿着裂纹仔细敲，一边贴近墙壁听声音，听到正常的“当当”声中夹杂了一些细微的“咚咚”声，我更加坚定了自己的判断。

我拿着检查锤，使劲儿敲了七八下，果然在敲开的地方发现一块盘子大小的蜂窝空隙。在场的工作人员投来赞许的目光，身旁的工友惊叹道：“你这哪是检查锤，分明是把金锤！”从此，“马金锤”的绰号就被大家传开了。

这么多年，我打交道最多的就是隧道和桥梁。我检查过上百座桥梁、上万个支座，练出了一双“火眼金睛”。再细小的病害，都瞒不过我的眼睛。

有一年秋天，干旱的青藏高原却下了数次大雨，我们加大了桥隧巡检频次，作业也更加耐心细致。有一次我和工友们巡查至小峡湟水河特大桥1号桥台护坡时，发现顶部有拉张裂纹，中部两侧有剪切裂纹，虽然宽度不大，但通过预判，有可能随着时间推移、雨水冲刷以及外力作用，会对周边的桥梁设备造成影响。为了确保桥梁设备稳定，我迅速召集工友们，采取桩板墙的形式对护坡进行了彻底加固。同时，还设立了专业的监测点，密切关注病害的发展态势，确保汛期列车运行的安全畅通。

桥隧工看似是个熟练工、体力活，想要干好也得花心思、动脑子。2019年5月的一天，我发现因周围村民春灌排水量过大导致铁路网围栏与排水沟交叉口的水篦子被落叶等杂物堵塞，这不仅容易造成排水不畅、水浸路基，还得经常清掏垃圾杂物。我们想了很多办法，也没能解决这个问题。

一天，我在炒菜时，看见抽油烟机呼呼地往外抽油烟，里面闻不到味，忽然想到可以利用止逆阀的工作原理，来解决困扰我多日的技术难题，这时候，我就在脑子里开始构思草图了，想得太出神，一时忘了锅还在火上呢，直到闻见一股焦煳味，我才猛地回过神来，只见爱人指着黑乎乎的锅里，生气地说："好不容易回家做顿饭，看看你炒的菜！"

后来，我们制作的"自动排水栅栏"，可随着水流自动开闭，既能顺利排出树叶等杂物，又能有效防止小动物钻入，获得了国家发明专利和实用新型专利。

经过多年现场实践，我逐步摸索出一整套高速铁路桥隧检查工作方法和经验，编写了高铁桥隧作业指导书、《隧道衬砌"看敲听诊"四字检查法》等多项学习培训资料。2017年以我为带头人的"金锤工作室"正式挂牌成立，我牵头开展透明桥梁支座防尘罩等技术攻关15项，获得国铁集团、青海省QC优秀成果。作为兼职教师，我每年培训3000余人，先后带出3个高级技师、8个技师、24个高级工，被集团公司授予"金牌名师"。

读万卷书，行万里路。30年寒来暑往、日夜兼程，我沿着铁道边走过了36000余公里。别人常说桥隧工很辛苦，但什么工作不辛苦呢？在这雪域天路上，那么多工友一直坚守在岗位上，他们黝黑的面庞、坚毅的眼神，正是"挑战极限、勇创一流"青藏铁路精神的生动诠释。今后，我将继续脚踏实地，当好铁路"桥隧医生"，为雪域天路的安全畅通保驾护航！

王中美

中共党员，中国中铁高新工业股份九桥工程公司电焊工。享受国务院政府特殊津贴，获得全国优秀共产党员、全国五一劳动奖章、全国劳动模范、全国技术能手、全国三八红旗手、中国青年五四奖章、江西省五一劳动奖章等荣誉。2025 年 6 月，被中央宣传部、中国国家铁路集团有限公司联合授予“最美铁路人”称号。

钢板之上绣“美”花

——记中国中铁高新工业股份九桥工程公司电焊工王中美

陈梦竹

东襟鄱湖浩渺，北枕长江滔滔。中国中铁工业九桥公司坐落在江西省九江市浔阳区滨江东路148号。

这里，有这样一位“首席女焊将”。她入行二十二载，以20吨焊丝焊就了10万米焊缝，在朵朵焊花中淬炼工匠精神，践行铮铮誓言。

60余座世界一流桥梁留下了她的坚实足迹，27项技术攻关、19项技术专利，填补了多项焊接工艺国内空白，在技术创新、攻坚克难中映照着她的如磐初心。

从一名普通的电焊工学徒到全国劳模、全国优秀共产党员、全国技术能手……她就是手握焊枪在钢板之上“绣花”的王中美。

女承父业，两代人的大桥接力赛

桥，对于大多数人来说是交通的纽带。但对于王中美来说，桥是为之奉献一生的事业。

“每次有机会路过自己参建的桥，感觉既踏实又幸福。”平时，工作生活在九江的王中美时常会到九江长江大桥边上走一走。因为她的电焊梦是从这里起航。

1973年12月，王中美的父亲王全亮主动请缨，成为建设九江长江大桥

王中美（右二）与徒弟在进行业务交流　中国中铁工业九桥公司 / 提供

的第一代电焊工。

江水滔滔，一望无垠。1981 年，王中美在静谧古朴的湖北省黄梅县小池镇出生。母亲带着王中美过着与父亲分隔两地的生活。尽管只是一江之隔，但一家人却难得团聚。站在江边守望着父亲的归来，占据了她对父亲的记忆。

1993 年 1 月 16 日，历时 20 年建设，九江长江大桥公路桥通车。父母早早带着她来到通车典礼现场，这一天成为王中美终生难忘的日子。父亲一改往日满头灰土的模样，容光焕发，精气神十足。

整个桥面上人山人海，热闹非凡。站在大桥上，父亲笑容满面，自豪感溢于言表："以后呀，再也不用等渡船了！今后，我们国家还会建更多、更长、更好的桥，跨江的、跨海的，有可能还会到国外建大桥！"

望着横卧江面的大桥和神采奕奕的父亲，在那一瞬间，王中美觉得父亲特别伟岸。这一刻起，一朵朵跳跃的焊花在 12 岁的王中美脑中掀起了"燎原之势"，用焊枪捍卫大国重器的梦想也悄悄埋进了心间。

"大桥开通不久后的一天，天还没亮，父母推着自行车带着我从江对岸出发，中午走到江这边，我吃了两个萝卜包子……"时过境迁，王中美回忆起来依旧热泪盈眶。

2001年，20岁的王中美走出校门，毅然选择接过父亲手中的焊枪，继承父亲的电焊事业，成为一名电焊工，一干就是22年。

刚开始，王中美印象还停留在与焊花初遇的场景："焊花飞溅犹如绚烂烟花，分外美好。"然而，当自己拿起焊枪、头戴安全帽、穿上电焊服，站在焊花的背后，她体会到的却是不一样的风景，一切都变得不再那么美好。"拿开面罩多看了几眼弧光，眼睛就肿成一条缝，眼泪止不住地流，整张脸也开始起皮。虎口麻、胳膊疼、眼睛酸……"王中美说。

"我自从当上电焊工，皮肤就变得很粗糙。我没有留过长指甲，也很少穿高跟鞋，辛苦工作一天，腰部就像箍了一块铁板。放下焊枪，舒展一下身体，抬头看一眼蓝天白云，看一眼红花绿草，就是最幸福的事。"她回忆起那段苦中带甜的日子。

当梦想照进现实，王中美深切体会到焊花绽放背后的艰辛，也更能读懂父亲不舍昼夜的坚守与选择。

2015年，中国中铁工业九桥公司再次成功中标九江长江大桥加固改造工程。王中美有幸参与其中，父女俩以这种方式与大桥再续前缘。

初心不改，在勤奋与坚守中成长

狭窄的作业空间、僵立的持枪姿势、焊接时的熏烤、弥漫的粉尘……同期进厂干电焊的几位女工先后转行，王中美也曾有过动摇的念头。但一想到自己亲手焊接的大桥能够横跨祖国的江河湖海、崇山峻岭，为人民出行带来便利，不服输的王中美顶住压力、稳住内心，倔强地坚持下来。

那个时候，父亲对她说："你不只是简单的烧电焊，你是在捍卫一座大桥的生命，是在见证祖国桥梁事业的发展。岗位也许平凡，但意义重大、责任重大。"

王中美把父亲的话牢牢记在心底，苦练焊接手法，钻研焊接技术。为了尽快掌握焊接技术，她白天认真观察师傅的操作手法，领会"一招一式"，对各种施焊要领一一牢记、反复琢磨，下功夫把施焊的站位、角度、手法钻研了个透。下了班，她找个角落练习，晚上就连做梦都在苦练焊接基本功。

慢慢地，王中美的焊缝越来越均匀、成型越来越漂亮。她焊接的产品一次性探伤合格率达到99%，成了名副其实的"免检王"。

2004年，中国中铁工业九桥公司承接港深西部通道后海湾大桥钢箱梁的制造任务。该桥设计及监理均为英国的公司，钢箱梁材质采用英国的一套标准，制造也是采用英国标准，对焊接的要求与国内不尽相同。英国公司规定所有参与焊接施工的人员必须先通过外籍监理和业主代表组织的焊接考试。

在师傅的支持下，23岁的王中美报了名。她对大桥所涉及的焊接工艺仔细研究琢磨，反复操练，遇到不懂的地方就向师傅和工友请教。

在专业技术人员的现场监考下，王中美以焊接细腻有创意，在业务比武中胜出。

被选中参与港深西部通道后海湾大桥钢箱梁的施焊作业后，善于总结和积累经验的王中美对世界有关电焊标准和技术有了更深的了解和掌握。在项目结束时，她满载而归，焊接水平实现了质的飞跃。

2010年，中国中铁工业九桥公司承接了3.6万吨合福高铁铜陵长江大桥钢梁制造任务。该项目任务重、工期紧，对焊接要求特别高，急需人员驰援。王中美得知后主动请缨，带领6名女子电焊突击队队员从九江紧急赶赴铜陵工地。

时值盛夏，似火的骄阳炙烤着大地。人们在室内都觉得暑热难耐，王中美

王中美（中）在施工现场和作业人员进行技术交流　中国中铁工业九桥公司/提供

却需要戴着口罩站在密闭的箱体里进行焊接。

在这样一个酷热的"蒸笼"内，王中美常常一干就是10多个小时，而且专挑难的施焊部位，易操作的施焊部位都安排给工友完成。

有一次为了保工期，连续作业好几天后的她晕倒在现场。工友们实在不忍心，劝她好好休息几天，可她在工地宿舍只休息了一天，又回到了现场。

她说："我是工班长，我的离开会影响大家的士气，这样下去会耽误工期。我还是一名共产党员，这个时候，我不上谁上！"就这样，还未恢复体力的她又重新投入紧张的工作中。一个月后，工程项目如期完工，并全部一次性验收合格。

倾囊相授，为年轻人照亮前行的路

"一个人再能干，力量也是有限的，整个团队的能量是无穷的。"王中美说。如今，她把技术毫无保留地传给更多的年轻人。

2013年，女子电焊突击队领头人的接力棒光荣地递交到了王中美手中。

说起这支以女子为主力的焊接队伍，大家无不竖起大拇指。10年来，在王中美的带领下，女子电焊突击队屡次在桥梁施焊攻坚中大显身手，出现在一座座国内外知名桥梁建设现场，累计完成焊缝长度超100万米。

王中美不仅要求自己焊接的成品全部合格，而且严格要求女子电焊突击队队员完成的产品一次性探伤合格率达到99%以上。她要让团队焊接的成品成为驻厂代表、监理眼中的"免检产品"。

在进行南京大胜关长江大桥整体节点钢梁焊接工作时，面对高温、工位空间狭小、箱体底板温度超过60摄氏度，且焊接中途不能停止，否则会引起箱梁整体变形的情况下，王中美带领女子电焊突击队队员克服重重困难，在工期内高质量完成了任务。

火花四溅伴着大汗淋漓，汗水把衣服全部浸湿，双脚被烫得难以忍受，整个团队却没有一个队员退缩。心细的王中美捡来木板给大家垫在脚下隔开发烫的钢板，并不断鼓励队员一鼓作气、认真对待每一条焊缝。就是在这样的环境中，大家硬是咬牙坚持下来了，保证了工期进度，保证了焊接质量。

焊接工作对女性的皮肤、体能是很大的挑战，但王中美总是很自信："我们女同志的优势是体格小，比男同志更灵活、更细心，耐力也更好，焊缝成型美观、质量稳定。经过多年的磨炼，现在几十公斤重的焊材，我们照样能扛动。”

面对徒弟在业务上的困惑，王中美语重心长，言传身教：“只要手里的焊枪拿起来，就要对每一条焊缝负责。”“焊接时不要有太多想法，心要静。”只要有她在，大家心里就有底。

在她的帮助和影响下，一批批年轻人脱颖而出。现在，女子电焊突击队队员个个都是焊接能手，每个人都能独当一面。这支队伍也成了公司最能啃硬骨头的“尖刀连”，先后获得全国三八红旗集体和全国五一巾帼标兵岗等荣誉。

2015 年，中国中铁工业九桥公司成立“王中美劳模创新工作室”。创新工作室成立以来，王中美围绕施工现场技术难点和热点，先后组织开展了 20 多次材质试验和焊接攻关活动，取得了 27 项技术攻关成果、19 项创新成果，开展面向一线员工的技能培训、考试等活动 5000 多人次，不仅为企业培养出大批优秀电焊工，而且为九江市各大职业高校、工业园区企业培养了人才。

焊花在王中美身上留下了累累的印记，也留下了熠熠的勋章。

从女承父业的“新手小白”到技术一流的“免检王”，从基层一线电焊工人到全国技术能手……如今，王中美已经是公司的“首席电焊工”和电焊高级技师，可她却并不满足，依然沉浸在攻克新材质、新工艺、新工法的世界里乐此不疲。

走出一线车间的王中美，又在思考着“大国工匠”的传承问题。她说：“作为一名技术工人，今后我会继续执着钻研、爱岗敬业、精益求精，为这一领域培养出更多能够独当一面的焊接人才。”

扫码观看视频

采访手记

朵朵焊花映初心

王中美工作服上一个个火花飞溅的痕迹诉说着一名电焊工的艰辛。年逾不惑之年的王中美，身材消瘦，性子直爽，说起话来大大咧咧，一双大眼睛灵动而有神。当谈起自己和电焊的那些事儿时，她脸上绽开笑容，眼眸更明亮了。

在所获众多荣誉中，王中美最喜欢的是中国中铁“十大专家型技术工人”。她说，这个称号最贴近自己的身份。她对未来的展望很朴素、简单：把技术工人这一本职工作做到底、做到极致。

一路走来，正是始终坚守这一初心，王中美从普通焊接工人逐步成长为工匠技师，22年不懈奋斗，在钢铁与火花中谱写了一名产业工人对中国桥梁建造事业的执着追求。

（原载于2023年7月24日《人民铁道》报1版）

用焊花绘出人生华章

王中美

一桥飞架南北，天堑变通途。作为一名桥梁电焊工，24年来，我先后参与南京大胜关长江大桥、沪苏通长江公铁大桥等60多座世界一流桥梁的建设。我始终认为，焊好每一条焊缝，就是我在平凡岗位上写就的不平凡。

2001年，我从武汉铁路桥梁职业学院毕业，来到中铁九桥。刚入行，我焊接的焊缝歪歪扭扭，像条蠕动的毛毛虫。为了尽快练就“十八般武艺”，我如饥似渴地跟在师傅后面勤学苦练，仔细观察师傅施焊的站位、角度、手法等细节，牢记不同板厚、坡口工件的焊接技巧以及如何调节电流电压，有时晚上睡觉，梦见的都是师傅教的一招一式。入职仅两个月，我就基本掌握了平焊和立焊技术。

在练习高难度的熔透焊时，我几乎到了一种痴迷的状态。师傅找来试板，手把手教我熔透焊的熔池宽度、焊条走向以及焊接时需要注意的事项等，我一一牢记于心。练习时，为了不破坏焊缝的美感，焊出平滑无起伏的焊缝，即使焊花飞溅到手臂或衣服里，烫伤皮肤甚至灼痛流泪，我也硬咬着牙、强忍着痛，继续焊接。经过一次又一次的摸索，我焊接的试板终于检测合格了。

白天在现场苦练技能，晚上学习焊接理论知识，日复一日、年复一年，我的焊接技艺日益精进，焊缝一次性探伤合格率达到99%，成为驻厂代表、监理眼中的“免检王”。

做电焊工，尤其是成为一名优秀的电焊工，不仅要技艺精湛，还要在急难险重任务面前豁得去顶得上。在中铁九桥，有支赫赫有名的队伍——中国桥梁战线首支女子电焊突击队。2013年，我从师傅手中接过突击队领头人的接力棒。

铜陵长江大桥是京福高铁控制性工程，主跨630米，在当时刷新我国公铁两用桥梁跨度纪录。2013年6月的一天，我接到紧急通知，需要在半个月内，完成8个节段的桥面板顶板焊接，平均每人每天要完成至少40平方米的焊接任务，且大部分都是难度较大的仰焊，这是一场攻坚战。

当时的铜陵，室外最高温度达到了39摄氏度，密不透风的钢梁内，温度高达四五十摄氏度，像个“蒸笼”，人站着不动，几分钟就像是从水里捞出来一样。我和6名突击队成员每天戴着口罩、手拿面罩，穿着厚厚的帆布防护服，半蹲在脚手架上，进行高难度的焊接作业，常常一干就是十几个小时。

有一次，我们连续干了一天一夜，刚走出箱体，我突然眼前一黑，晕倒在现场，工友们赶紧把我送到医院。躺在病床上，我心里还在惦记工期的事。只在医院待了一天，我就返回了工地。经过大伙齐心协力，我们按期完成任务，焊缝质量一次性通过验收，为大桥12月按期合龙奠定了基础。后来这座桥斩获全国优秀焊接工程一等奖，消息传来，我们心里乐开了花，感觉比吃了蜜还甜。

为了更好地发挥带头人作用，2015年，单位成立以我名字命名的劳模创

王中美（左）指导徒弟刘青进行施焊作业　中国中铁工业九桥公司/提供

新工作室。十年来，我和团队依托平台，深耕钢结构焊接试验与技术培训，挑战不同板厚、材质、强度的钢板焊接，在超大截面高速铁路斜拉桥钢箱梁制造技术研究中，研发箱型杆件主焊缝角变形装置，控制箱体变形；完成不锈钢复合钢板焊接技术研究，解决不锈钢焊接中常出现的焊缝结晶裂纹缺陷问题等，先后取得22项国家专利。

2019年，在拉林铁路藏木雅鲁藏布江大桥建设中，我和团队遇到了前所未有的挑战。海拔4000米左右的高原，氧气少、气压低、温差大，试件焊缝时不时开裂，耐候钢焊接难度极大。

为此，我带领团队夜以继日地工作，查阅大量高原桥梁建设资料，咨询特种钢材焊接专家，不断尝试和调整焊接参数，逐一试验温度、气压等因素对耐候钢焊接的影响，分析上百组数据。经过数月的反复推敲和试验，我们终于发现了问题的核心：高原地区气压降低、空气密度减小，直接削弱了焊接作业中的气体保护层效果，从而显著影响了焊缝质量。我们通过采取焊前预热、焊中线能量输入和层温控制、焊后保温等措施，使各项焊接数据均达到焊缝设计要求。2021年6月25日，拉林铁路正式开通，结束了西藏东南地区不通铁路的历史。我很庆幸自己能和团队解决高原焊接作业中的技术难题，为这一历史性时刻贡献智慧，并推动500兆帕强度级别耐候钢在高原铁路上的广泛应用。

我的师傅赵文芳是湖北省劳模，我是全国劳模，我的徒弟刘青是江西省劳模，还是全国巾帼建功标兵。我们不仅在技术上传帮带，更是在代代传承劳模精神。工作以来，我带出20多名技术骨干，其中高级以上技师就有5名，带领的班组被评为班组文化建设五星级班组。

我们干工程的，一年到头不着家，项目在哪，人就在哪，和家人聚少离多。在春节赶工期、在节假日研究焊接工艺，都是“家常便饭”。平时跟丈夫见不上几次面，儿子也是跟着老人长大。在难得的休息日，我会边给家人包饺子，边和儿子讲建桥筑路的故事。儿子对桥梁也有浓厚兴趣，就读于武汉铁路桥梁职业学院，让我和丈夫由衷感到欣慰。

曾经，我也是一个爱美的女孩，喜欢化妆、穿漂亮裙子，看到手臂和小腿上灼伤的疤痕，挺难受。如今，穿着工作服我也觉得很美，这些越来越淡的疤痕，如同小小的劳动勋章，见证了我从一名初出茅庐的电焊工学徒成长为“大国工匠”的坚实足迹。2021年7月1日，我作为全国“两优一先”代表在天安门广场参加庆祝中国共产党成立100周年大会，激动之情溢于言表。我深知，荣誉属于每一个在新时代奋斗的铁路人，成绩得益于蓬勃发展的中国铁路建设事业。

如今，铁路网在祖国大地上越织越密。每当看到列车疾驰在自己亲手焊接的桥梁上，成就感和自豪感便会油然而生。在新征程上，我将继续弘扬和践行逢山开路、遇水架桥的“开路先锋”精神，以手中的焊枪，焊出最美的人生华章，当好交通强国的践行者、奋斗者，为中国桥梁事业高质量发展贡献自己的全部力量！

高明伟

中共党员，南宁铁路公安局南宁公安处南宁东站派出所二级警长。曾获全国公安机关爱民模范、全国铁路最美基层民警、广西壮族自治区公安厅直属机关优秀共产党员等荣誉，荣立个人二等功 1 次、个人三等功 4 次，荣获个人嘉奖 10 次。2025 年 6 月，被中央宣传部、中国国家铁路有限公司联合授予“最美铁路人”称号。

扎根车站护民安

——记南宁铁路公安局南宁公安处南宁东站派出所二级警长高明伟

李 芹 周 琼 甘 贤

在我国西南地区重要的综合性铁路交通枢纽南宁东站，旅客川流不息。南宁铁路公安局南宁铁路公安处南宁东站派出所的高明伟驾驶着以他名字命名的“明伟流动服务车”，穿行在站厅候车区与24个检票口之间。秩序维护、治安防范、安检查危……他时刻保持警惕，守护着出行群众的旅途平安。

“来车站的都是出门人，出门在外都不容易。”从警20年、客运执勤11年，高明伟扎实践行“人民铁路为人民”的服务宗旨，用心用情用力守护站区平安，高标高质高效为旅客排忧解难。荣立个人二等功1次、个人三等功4次，荣获个人嘉奖10次，获全国公安机关爱民模范、全国铁路最美基层民警、广西壮族自治区公安厅直属机关优秀共产党员等荣誉……多年来，高明伟以实际行动书写着人民警察的责任与担当。

以人民为中心，做旅客群众的“贴心人”

初见高明伟，他正驾驶着流动服务车在候车室里巡逻。“躺在按摩椅上时，请把手机放在口袋里”“注意您的包，请拿在手里或者放在脚边”“检票时一定牵好孩子”……高明伟一边巡逻，一边不时提醒旅客。

每一句叮咛，都是从无数次的工作实践中总结出来的。

执勤中的高明伟耐心回答旅客问询，并详细介绍车次信息　　姚鹏鹏 / 摄

南宁东站作为西南地区重要的铁路客运交通枢纽，高峰时期单日客流量超 15 万人次。高明伟日均巡逻步数达 1.8 万步，接受旅客咨询 500 次左右，一天中接打电话最高纪录达 100 次，捡包最高纪录达 26 次……

在日复一日的工作中，细心的高明伟成了旅客眼中的“寻包达人”，还曾被大家点赞送上“热搜”。

一次，高明伟在南宁东站南进站口发现一个无主的书包。打开一看，包里有大学生毕业证、学位证，还有一份当天的工作面试通知。高明伟立即联系车站广播寻人，并迅速调出监控回放。

很快，一位学生模样的旅客匆匆赶来。经询问得知，这位旅客当天要坐车去参加工作面试，如果遗失了书包里的重要证件和材料，她会错失这个对她来说十分重要的机会。

当时距离开车仅 15 分钟，能够找回书包，旅客十分激动；能够把书包交还给失主，高明伟也颇感欣慰。

小到一张身份证、一件随身衣物，大到名牌手表、录取通知书、重要合同……在客运岗位执勤 11 年，高明伟为旅客群众寻回丢失物品 7000 余次，挽回旅客群众经济损失近千万元，共收到310余面锦旗，仅2024年春运就收到了28面。

“旅客丢东西不丢人，作为警察找不到失物才不好意思呢!”用高明伟的话说，自己只是个热心的“小人物”。

“高风亮节好民警，明察秋毫保安全，伟绩丰功在民心”，在高明伟收到的一面锦旗上，旅客十分用心地嵌入了他的名字。还有许多被帮助过的旅客并不知道高明伟的名字。在一封感谢信中，旅客这样写道：“我好想知道他的名字，好感谢他。他拒绝了，我只记住了他的警号——101615。”

牢记职责使命，做平安旅途的“守护人”

时间回溯到1997年，高明伟在广州军区某部警卫排服役，是一名警卫班长。

翻开高明伟的全家福，一家人中，包括他和妻子在内有6个人曾参军入

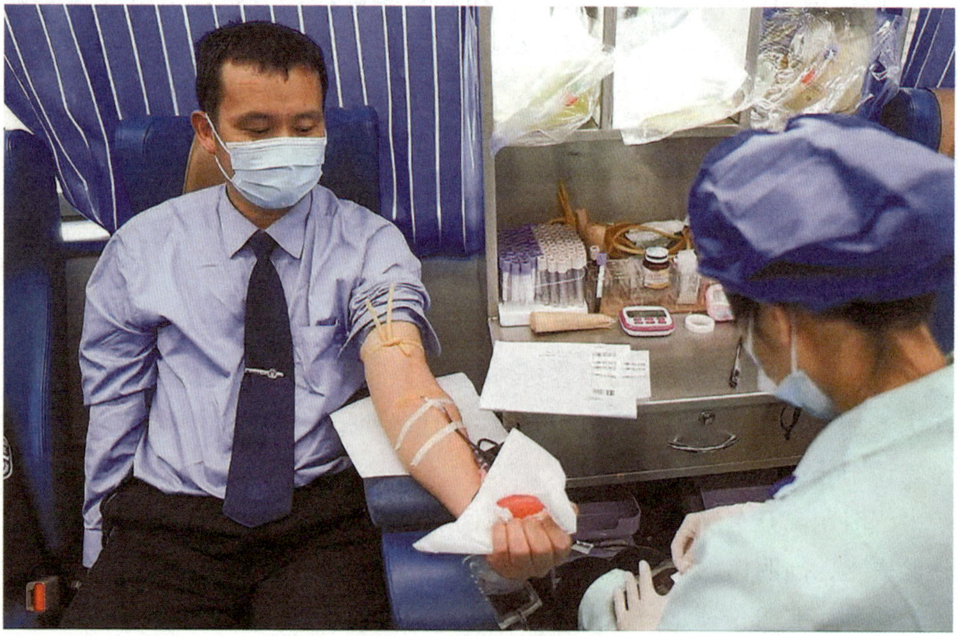

高明伟利用休班时间到站前广场上的献血车无偿献血　姚鹏鹏 / 摄

伍，在海陆空三军营地中留下了这个光荣之家保家卫国的足迹。“为人民服务”是这个军人家庭的家风传承，作为人民警察，高明伟也时刻谨记打击犯罪的主责主业。

2018 年 4 月，高明伟得知有一名因诈骗负案的在逃人员李某乘坐南宁开往北京西的 Z6 次旅客列车，立即组织当班警力上车抓捕。封锁车厢后，为了不打草惊蛇，他决定一人上前盘查。

抵达目标座位后，周围旅客表示没有见过李某，并以列车即将发车为由，劝说高明伟尽快去其他车厢查找。有多年群众工作经验的高明伟立即察觉到了异样。他耐心向周围旅客阐述了窝藏、包庇的严重后果，引导他们帮助警察寻找犯罪嫌疑人。最终，高明伟和同事在另一节车厢的厕所内将李某抓获。

在车站的工作时间长了，高明伟练出了从千万个旅客中“扫描”出犯罪嫌疑人的“鹰眼”。

2024 年春运期间，高明伟在询问旅客遗失物品线索时注意到，一名候车旅客在回答问题时词不达意。

根据多年经验，他立即将其带至派出所做进一步排查。经核查检验后证实，该男子确有贩毒、吸毒前科，曾于 2015 年被判处有期徒刑三年。

“人民警察就要在人民需要的时候挺身而出！”高明伟希望自己的守护，能带给旅客满满的安全感。

2023 年 2 月 1 日，郑女士在南宁东站进站乘车途中突然发现 4 岁的儿子不见了，心急之下找到了高明伟。

接到求助后，他立即和同事分头行动。然而，在面积超过 5 万平方米的候车大厅找到一个小孩谈何容易。

“A18 检票口附近有一名疑似走失的男孩！”高明伟听到对讲机里同事的呼喊后，立即前往，匆匆赶到检票口后，却没找到孩子。

“孩子个头小且好动，不能光站着找，要多俯身看。”高明伟对同行人说道。果然，在一个黑色的行李箱后，同行人发现了郑女士蹲在地上玩的儿子。

多年来，高明伟帮助 260 余名走失儿童、老人顺利与家人团聚，300 余名突发疾病的旅客顺利得到救治，调解旅客纠纷 400 余起，抓获在逃人员 200 余人。2017 年以来，他共办理治安案件 300 余起，刑事案件 50 余起。

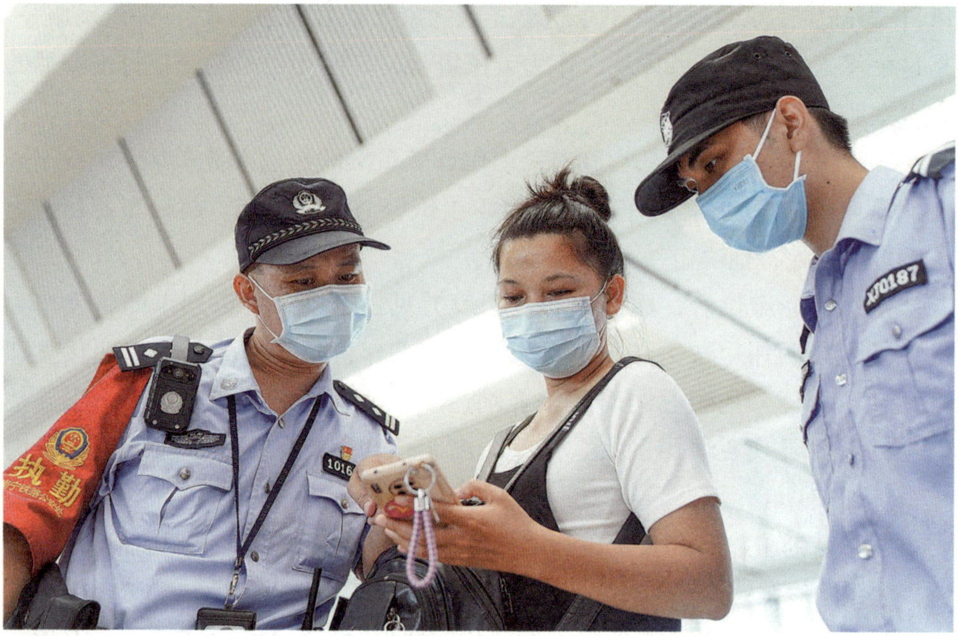

高明伟（左一）指导旅客办理线上预约出行服务事项　张一凡 / 摄

践行从警初心，做组织认可的“带头人”

从军装到警服，从“老班长”到“寻包达人”，他的初心一如来时。从警20年，他始终以帮助和守护更多的旅客群众为己任，在人民警察的职业道路上延续人民子弟兵的雄姿。

2020年初，高明伟调至南宁东站公安派出所。车站由于客流量大，旅客行李丢失是常事。

如何降低丢包率？他反复琢磨，从常见的物品遗失求助中，归纳总结旅客进出站的规律。比如，每趟列车发车前几分钟，就是旅客的行李物品最容易遗落的时候。他每天上班第一件事情就是向车站了解最新列车开行时刻。列车发车前，他会赶到对应的检票口开展安全宣传，有效控制已经落下的行李物品，防止错拿，方便第一时间联系上失主返还。这样一来，效率很快提升。

随着“枫桥式派出所”的创建，单位专门成立了爱民服务品牌——“明伟流动服务岗”，给他配发了一台四轮电动车，更方便了他为旅客服务。工作中他始终坚持“四帮四勤”工作法：“信息帮、团队帮、法治帮、综合帮，眼勤观、嘴勤问、手勤记、脚勤巡”，取得了良好效果。

2023 年 4 月，高明伟因公导致右膝关节韧带断裂，半月板、髌骨切除了近三分之一，被认定九级伤残。

和旅客打交道多年，高明伟对公安客运岗位有着太多不舍：那是把包还给旅客后，他们失而复得的喜悦；是把老兵送上车后，对方敬上军礼说：“谢谢你，老班长”……

3 年多来，通过高明伟和同事们的不懈努力，“明伟流动服务岗”成长为“明伟号”，这支为民服务力量也壮大到现在的 6 人团队。高明伟笑着说：“现在我们整个团队都在服务旅客，这个氛围越来越好，我们可以一起为旅客做更多的事情。”

在高明伟的主导下，“明伟号”团队集思广益，研究创新了一套“1+X+N1+N2+S”模式，即“‘明伟号’+‘鹰眼服务队’+车站职工+车站企事业单位安保力量+车站武警、特警等专业力量”的为民服务新模式，真正实现“让为民服务插上科技的翅膀”。这一举措，让为民服务更专业、更快捷。

“旅客的一句感谢，弥足珍贵，也是我这么多年坚守的动力。”从警 20 年，高明伟也会有遗憾和委屈，但得到旅客由衷的一句感谢，他便觉得一切都值得。

最朴素的语言，蕴含着最深沉的力量。采访结束时，高明伟郑重地在采访本上写下：“热心服务为人民”。

扫码观看视频

采访手记

丹心铸警魂　热血守平安

“有困难，找警察！”对中国人来说，这一句耳熟能详的话，意味着人们相信遭遇危难时，警察会无条件地给予救助和保障。人民群众对人民警察的信赖，源于这是一支对党忠诚、服务人民的队伍。46岁的高明伟就是这支队伍中的优秀代表。

无论身穿军装还是警服，高明伟坚守岗位、服务群众的初心始终不变。他从未忘记部队给予他坚定的政治信仰、坚韧不屈的意志品格、忠诚担当的奉献情怀，从未忘记保家卫国、为人民服务的天职，也从未忘记恪尽职守、能打胜仗的铮铮誓言。

身处铁路公安战线的平凡基层岗位，高明伟将一颗赤子之心、一腔热血真情融入日常点滴小事中，脚踏实地、挥洒汗水，默默守护着一方平安，赢得了人民群众的信赖与支持。

（原载于2024年4月22日《人民铁道》报1版）

平安路上“一路有我”

高明伟

我特别喜欢我的警号，后四位是“1615”，谐音“一路有我”守护旅客出行平安。从警21年，我干过特警、治安民警、车站派出所民警，参与办理刑事案件70多起、治安案件800多起，抓获网逃人员200多人，解决旅客求助1.3万多起。

2004年，我退伍后成为一名铁路公安。无论是当兵还是从警，只要党和人民需要，我都一如既往冲锋在前。2008年，我受命参加了抗击冰冻灾害、汶川地震抢险、北京奥运会安保等重点任务。马不停蹄的一年里，我深深感受到中华民族坚韧不拔、风雨同舟、万众一心的精神，它鼓舞我、激励我，排除万难，一路向前。

人民警察，就是要“关键时刻顶得住、危急时刻冲得上”。最开始当线路民警时，干得最多的就是巡查线路，开展护路宣传。尤其在春耕时节，为了防止大型牲畜进入线路，我们会开展夜间巡防。记得一天晚上，我和同事巡线到凌晨两点左右，突然，看到前方有个黑影在动，我用手电一照，发现信号灯旁边有个人。我大喊一声：“谁？干什么呢？”他惊慌地转过身，我看到他手上拿着一把刀，地上放着一堆拆下来的信号灯配件。

我瞬间明白了，他在盗窃铁路设备。看到我们，他掉头就跑。我们飞扑上去，一下把他按倒在地。他回手就是一刀刺过来，我顺势一闪，扼住他的手腕，和同事合力将他抓获。

当然，铁路民警的工作也不全是刀光剑影，面对更多的，是民生琐事。

2013年5月，我来到南宁东站派出所成为一名客运车站民警，工作由路外防护变成直接服务旅客。12年来，我协助救治过心脏病等突发疾病的旅客，找回过钱包、书包、准考证、笔记本电脑等，慢慢地，就有了“寻包达人”的称号。

我遇到的许多求助，背后都有令我印象深刻的故事。一张丢失的身份证，可能决定着一份重要合同的签订；一个错拿的背包，可能装的不仅是一个考生所有证件和资料，更是他一年的努力。我们眼中习以为常的小事，对离家在外的旅客而言就是天大的事。

南宁，是东盟博览会的永久举办地，多方商贸往来频繁。在南宁东站当民警，就要面对来自天南海北的旅客求助。2024年5月5日，我在安检机上发现了一个无人认领的棕色挎包。包里有一本台湾居民来往大陆通行证，还有大量的人民币和外币，以及企业公章、支票、合同等重要物品，却没有找到联系方式，我立刻联系指挥室，调取视频监控寻找失主。

恰巧这时，这位失主江先生已经到达目的地香港，发现了自己随身挎包

高明伟发现遗失物品后，打电话联系失主　甘贤/摄

丢失，拨打了 12306 服务热线报失。比对了丢失物品的细节，我确定这位江先生就是我要找的人。为了不耽误他返回台湾，我托乘警将他遗失的挎包车递到深圳北站。江先生非常感动，专程把锦旗送到南宁东站表示感谢，并对我说：“太感谢这种高效的安排，祖国的进步令人惊讶！”

作为警察，面对习以为常的求助不能麻木，与其被动等待结果，不如多走一步，主动解决问题。我的手机里存着上千个电话号码，大部分都是我曾经帮助过的旅客群众，无论他们什么时候打给我，我都会做好应答准备。

从警多年，磕磕碰碰是常事，即使受伤，我也没想过退缩。2023 年 4 月，我的右膝关节韧带断裂，半月板、髌骨切除了近三分之一。单位想给我换个少走动的岗位，但我还是想留在服务旅客群众的第一线。

一天中午执勤的时候，我接到一名中年男子的求助，说他儿子因为就业问题跟他闹矛盾，离家出走了，而且有自杀倾向，目前人就在南宁东站，请我们协助寻找。

我立即和这名求助人在站内仔细寻找，并通知视频室利用视频监控全站搜索，终于找到了这名男孩。我刚想松口气，就看见他和父亲刚见面又吵了起来。突然，他转头冲向不远处的高架桥栏杆。救人要紧，我完全不顾韧带再次断裂的风险，跑上去一把拦腰抱住他，把他拽了下来，这时候我感到膝盖开始钻心地疼。

我把他们父子俩拉到调解室，站在为人父母的角度，用我受伤的经历开导他，男孩终于理解了他的父亲。在我一瘸一拐送他们父子走出车站时，男孩回过头含着眼泪对我说：“谢谢叔叔，你让我有了新的目标和追求，我也想当个警察，去帮助更多人。”从帮助一个人，到“帮助更多人”，我相信爱心会接力，善意会传递，这样，我们的社会才能更加美好。

在这一个又一个的案事件中，我总结出“四帮四勤”工作法，主导组建了“鹰眼服务队”，依托“人脸识别”系统等科技信息化平台助力寻人找物，寻回遗失物 6000 余件，挽回旅客群众财产损失 1000 余万元。

一路走来，无论哪个岗位，大到与持刀歹徒搏斗，小到帮大叔大妈找个钱包，我都竭尽所能做到最好，无愧于“人民警察”这个称号，先后获得全国公安机关爱民模范个人、全国铁路公安“最美基层民警”等荣誉。

高铁拉近了时空、方便了出行。如今，广西已成为国内首个“市市通高铁”的自治区，作为西南地区重要的综合交通枢纽，南宁东站客流越来越大。新时代赋予新使命，新征程砥砺新作为，我将以“对党忠诚、服务人民、执法公正、纪律严明”的训词精神为指引，立足岗位、勇毅前行，不断为增强人民群众获得感、幸福感、安全感而不懈奋斗！

魏璟琪

中共党员，中国铁路哈尔滨局集团有限公司哈尔滨铁路工业集团有限公司技术研发部部长。曾获火车头奖章、全国铁路劳动模范、黑龙江省“龙江工匠”等荣誉。

向“新”而行勇攀高

——记中国铁路哈尔滨局集团有限公司哈尔滨铁路工业集团有限公司技术研发部部长魏璟琪

胡艳波　杨　琪　何佳曦

孟夏时节，万物并秀，世界目光，汇聚松花江畔。

5月16日至21日，第八届中国—俄罗斯博览会在哈尔滨举办。中国铁路哈尔滨局集团有限公司哈尔滨铁路工业集团有限公司魏璟琪团队，携铁路公路电动两用牵引车等产品亮相，借展会平台，开拓国内外市场，让更多铁路“智造”走进大众视野。

“每个人的成长都不是一帆风顺的”——别人走了而她选择留下来

28年来，魏璟琪一直用心做好一件事——围绕涉铁市场的特种设备需求，攻关技术课题。

时间回溯到1996年。魏璟琪从大连铁道学院毕业，分配到哈铁内燃机械厂。本以为是铁饭碗，去了之后发现厂子自负盈亏。

看到的是简陋的厂房、陈旧的设备，听到的是好几个月都开不出支、人才接连出走……

“小魏呀，每个人的成长都不是一帆风顺的，最困难的时候往往孕育更大的希望，厂子现在急需人才开发新产品，留下来、拼一把！”时任团队负责人、师父黄银华推心置腹地同她讲。

魏璟琪在查看配件加工质量　康健/摄

迷惘间，一张国外的公铁两用车图片闯进魏璟琪的视野，这种车既能在公路上当汽车跑，又能在铁路上当“火车头”用。国内这个领域尚没有厂家涉足，啃下这块“硬骨头”，也许能闯出一片新天地。

是啊，底子差上升空间也大，别人不干咱来干，还真不信干不出个样！

热情一下子被点燃起来，彼时留着一头短发，“假小子”模样的魏璟琪义无反顾地加入攻关组。

可激动过后，问题随之而来。她是塑形成型工艺及设备专业出身，所学与轨道车辆设计风马牛不相及。巨大的知识落差造成了她前所未有的本领恐慌……

怎么办呢？

魏璟琪咬紧牙关，默默对自己说：“搏一把，谁怕谁！”

说干就干。

她抓紧一切时间，自学了内燃机车、轨道车辆、工程机械、钢结构等实用技术。遇上棘手的车辆掉道等现实难题，在现场一次次地分析、改进、试验，一遍遍地向有经验的老师傅请教在生产组装过程中需要注意的细节，笔记足足记了三大本。

作业试验一般在野外，劳动强度大，对女职工来说有诸多不便。身为团队里唯一的女性，她愣是坚持了下来。

看到自己设计的公铁两用车车架、导向机械图纸变成产品实体时，她激动骄傲得无以言表。

汗水没有白流！艰苦的努力换来巨大的成功，公铁两用车的推广第二年就使工厂扭亏为盈，实现收入700万元。

有了这次经历，魏璟琪内心越发坚定：依靠自己的力量去创新、创造，就能变不可能为可能，让铁路装备“铁路造”不再是梦想！

干，就干到最好。有一回工厂中标一台接触网、轨道参数综合检测车，该车自带动力源，整车长度可达16米，项目运行条件非常恶劣，曲线半径仅为25米。

常规结构无法满足运用要求，方案一次次被推翻。魏璟琪日复一日扎在现场，仔细观察摸索，上网查论文找依据。线路上淤积脏物，常常男同事还没缓过神来，她已经麻利地钻到车底。“车下空间小，他们男人个子大，施展不开手脚。”她趴在下面一鼓捣就是两三个小时。

最终提出将整车改为前后两个车体，中间采用折棚式风挡铰接连接，每

魏璟琪（中）在现场给职工讲解设备生产组装过程　康健/摄

个车体配备两个单轴转向架的改造方案，成功通过了小曲线半径线路。其结构也成为国内首创，在现场一直使用良好。

“她身上就有那么一股冲劲儿，干什么都像样。”多年共事的“战友”，哈尔滨哈铁装备制造有限公司产品研发部主任李春明评价道。

“让头脑不断更新，让技术永不落后”
——在科研领域她厚植匠心

起初，他们设计的公铁两用车仅能牵引 300 吨和 1000 吨两种规格，但逐渐，受限的规格不再能满足市场需求。推进公铁两用车型系列化迫在眉睫。

难题总是接踵而至。产品系列化重点在动力系统，匹配却需要对大量复杂庞大的数据进行分析计算。许多经验丰富的老师傅打了退堂鼓，魏璟琪不服输，一定要试试。

跑现场收集用户需求信息，夜以继日分析数据，一次不对，就两次、三次，甚至几十次、上百次。

考虑到公铁两用车主要用于铁路站段、厂矿企业，存在牵引调车作业工况的差别，她逐一分析。

魏璟琪在查看配件加工质量　康健／摄

天道酬勤。最终她探索确定了增加600吨、1600吨、2000吨3个最优的牵引吨位等级以及不同的动力系统，保证了持续牵引力满足不同牵引吨位要求，扩大了公铁两用车的使用范围。

“科技创新是发展新质生产力的核心要素，让铁路装备制造业从‘跟跑’‘并跑’变‘领跑’，只有让头脑不断更新，让技术永不落后。”一路走来，魏璟琪的感受特别深。

产品的性能在不断提升，用户的要求也越来越高。

为攻克技术壁垒，有段时间她走路、睡觉满脑子都是设计构造，体重不知不觉掉了10斤。一天早上，又一夜无眠后，魏璟琪突然灵光一现——

用新能源代替原有柴油机作为动力来源，并设置高度可调牵引装置配套各种车钩连接装置，满足不同种类被牵引车辆的车钩要求……

由此逐步开发出国内先进水平、具有无排放物、低噪声、低能耗、大牵引力特点的公铁桥式电动两用车，迅速抢占了铁路系统内部市场，还因此荣获哈尔滨局集团公司科技进步奖一等奖。

在她的大力推进下，产品加速迭代升级，“智能制造”遍地开花——

四轮独立驱动转向的公铁电动两用车，通过控制系统控制四轮均可360°旋转，很好地满足了在狭窄空间上下轨道的需求。

无缝线路钢轨状态自动检测系统增加了沉降、雨量监测功能。

拓展的监测项点，为工务系统研判无缝线路状态提供数据支撑。

道砟挖掘机等15项产品科技成果通过了技术评审，其中9项产品当年即实现成果转化推广……

今天，公铁两用车已经成为工厂的主打产品，产品遍布全国各地，远销哈萨克斯坦和马来西亚等国家。哈铁工业集团也今非昔比，投资4.5亿元，占地面积12.8万平方米的哈尔滨装备制造基地拔地而起，一流的设备、现代化的厂房，实现了几代工业人的梦想。

“众人拾柴火焰高，技术研发更是如此”
——在勠力同心中再攀高峰

办公室4平方米的隔断内，电脑里存储的轨道车图纸品类繁多，粉绿黄蓝的线条，勾勒出魏璟琪眼中最美的图画。

2018年，“璟琪劳模创新工作室”成立。2022年8月，魏璟琪从公司下设的哈尔滨哈铁装备制造有限公司产品研发部，调整到工业公司技术研发部部长岗位。她更加注重培育科研团队，不断提升科研人员的素质和技能，充分发挥集体智慧的作用。

“一个人可以走得更快，但一群人可以走得更远。众人拾柴火焰高，技术研发更是如此。”如今，天命之年的魏璟琪看着新进厂的大学毕业生，就像看到28年前懵懂的自己。她想：高素质人才如此紧缺，应该把多年积累的经验贡献出来，手把手带着年轻人往前走。

在平日训练里，她对待新职大学毕业生总是严苛的，要求大家每天完成一定数量的三维图练习任务，提升设计能力。

工程师王雷在设计公铁两用车电机与车桥驱动箱联轴节时，结构不合理，径向方向无定位，她有针对性地进行讲解教学，亲自示范。

“有些设计我们觉得在一定范围内就行，她总是说不能有任何一个‘差不多’。”

“她对专业以外的液压、制动、电气全都门儿清。”

…………

魏璟琪在检查车辆装配质量　康健 / 摄

有一次，工程师王嘉彬研制一台 JN5-10 牵引车，魏璟琪虽没参与前期图纸绘制，却在审核把关时一眼就发现车辆设计安装不合理的地方，并当场给出更实用、易操作的改进方案。“干，就干到最好”的道理，如今已深深刻进这个“90 后”小伙子的心里。

一批创新能力强的年轻技术骨干纷纷加入工作室。她言传身教，已带出 13 名徒弟，其中 5 人成为技术专家。

工作室磨损的地板和工作台上留下的一处处汗渍，见证了这个团队勠力同心的付出。聚焦构建铁路“六个现代化体系”，他们致力于做专精特新“小巨人”，立足运输生产一线和“工业制造 + 智能”，与哈尔滨局集团公司工务部、货运部、车辆部对接 16 个项目，组织旗下两大装备公司集中精力共同研制站段急需科研产品，促进科技成果尽快落地见效。

目前，魏璟琪和团队已经研制了七大系列 70 多种产品，其中 5 项获得国家知识产权局颁发的实用新型专利证书、4 项获得软件著作权，为企业累计创收达 6 亿元。

魏璟琪说，她最喜欢的就是和大家一起，团队作战，攻坚克难，变无数个不可能为可能。

碧海无痕，凭巾帼踏澜。不管多难的赛道，魏璟琪都敢为人先。凭借藐视困难的勇气和不服输的韧劲儿，她不断创造着铁路装备“铁路造”的新奇迹。

扫码观看视频

采访手记

让匠心深植广袤大地

不是杰出者才做梦，而是善梦者才杰出。

从魏璟琪身上，我们看到铁路工程师的初心和品格。她追求卓越，至诚奉献；她潜心科研，兴学育人。她用二十八载匠心，不断突破技术壁垒，提升科技自立自强能力，创造了多个“国内领先”，为岗位、为企业、也为自己，留下一首致敬无私坚守的赞美诗。

上坡路注定难走，居险峰风光无限。以新质生产力引领铁路高质量发展，挺起“中国制造”的钢铁脊梁，唯有脚踏实地一步一个脚印。在更广阔的空间布局产业科技创新，于如诗如画的新时代，做敢闯敢拼的创新者，“璟琪们”重任在肩，期待更多“春天的故事”。

（原载于 2024 年 6 月 4 日《人民铁道》报 1 版）

2018
2019
2020
2021
2022
2023

2024 年度新时代铁路榜样风采录

2024

提名奖
新时代铁路榜样

提名奖

新时代铁路榜样

王 涛

中共党员，中国铁路哈尔滨局集团有限公司哈尔滨动车段动车检修车间副主任。曾获火车头奖章、全路技术能手、“龙江工匠”等荣誉，牵头完成 32 项攻关课题，获得 6 项国家专利。

守护高寒高铁“稳稳的安全”

——记中国铁路哈尔滨局集团有限公司哈尔滨动车段动车检修车间副主任王涛

胡艳波　何佳曦　陶　乐　康　健

4月的龙江大地，乍暖还寒。哈尔滨动车段检修库内，一个干练的身影被一群头戴蓝色工作帽的年轻人围住，“涛哥，辅助功率模块冷却液管接不上”“别急，这个有技巧，仔细检查输油管”。

大家口中的“涛哥”名叫王涛，是中国铁路哈尔滨局集团有限公司哈尔滨动车段动车检修车间副主任。入路25年，他凭借在动车组检修、技术攻关、人才培养等方面的突出贡献，先后获得火车头奖章、全路技术能手、“龙江工匠”等荣誉。在他心里，守护“雪原飞龙”在黑土地上安全平稳运行，自己重任在肩、责无旁贷。

扎根现场　练就一身过硬本领

黑龙江省位于祖国最北端，冬季寒冷，白雪茫茫。

2002年，王涛从黑龙江铁路高级技工学校毕业，来到三棵树车辆段任电器钳工。从25B型客车到25T型客车，他仅用了不到两年的时间就熟悉掌握了车辆各类原理构造，成为段里的首席检车员。

2012年，哈大高铁开通前夕，王涛参加培训，第一次踏进宽敞明亮的动车组车厢。看到窗外树木以300公里的相对时速向后掠去，王涛暗下决心：一定要让高铁在“高寒禁区”安全平稳运行。

王涛（右一）为团队成员讲解雨刷驱动电机的工作原理　康健 / 摄

2012 年冬，哈大高铁开通运营。黑龙江的严冬泼水成冰，动车组疾驰而行，设备舱进雪会导致牵引力降低。为减少冰雪对列车运营安全的影响，王涛半蹲着在动车组底部的设备舱现场钻研，不一会儿，腿就抖得厉害。他想了一个办法：在设备舱里安装摄像头验证进雪点，加装改良后的防雪板。几经论证，这一方法得到了厂家的认可，这一改动也被沿用至今。

从那以后，王涛像是打通了“任督二脉”，攻克难关带来的获得感、成就感、荣誉感填满他的胸膛。

2014 年，哈尔滨动车段成立，王涛入选首批动车组机械师。“普通空调列车只有几页图纸，而动车组列车仅空调系统就有成百上千页说明，摞起来有 1 米多高。”王涛说。

他一头扎进图纸里，琢磨电路和动车组构造，并记下了几万字的笔记。借来的《动车组空调软件检测》《动车组空调可视化检修工艺卡片》等教科书成了王涛的“充电桩”。

春运期间，动车组高负荷运行。动车组机械师要对入库作业的每一组动车组进行数据普查。每次处理故障，王涛都前后检查设备参数，钻进钻出疏通排风管道，对故障判断和处理进行详细的记录和梳理，每周对处理情况归纳分析。

功夫不负有心人。一段时间过后，王涛总结出一套能准确判断和处理故障的“秘籍”，只要听到故障预报，就能及时正确作出判断、提出处理意见。他将自己的研究成果编写成《动车组冬季检修作业项目指导书》《动车组应急故障的发现、判断和处理手册》，如今已成为现场作业人员的“教科书”。

2017 年，王涛刚成为动车检修车间助理工程师就遇到一个棘手的难题。一次，一列动车组在动态调试时连续报出故障，辅助电源装置停止工作，导致一个单元的动力丢失。技术人员排查了两个多小时都没有找到故障原因。距离交车仅有几个小时，如果不能及时排除故障就会耽误动车组上线运用，在场众人心急如焚。这时，他们想到了王涛。

接到电话，王涛一路小跑到动车组司机室。紧张的气氛中，他一边分析故障代码，一边下载相关运行数据。在查看了电压、频率等检测波形后，他果断指出问题出在电压互感器上。更换电压互感器后故障果然消失，司机室内一片欢呼。

“北方的冬天寒冷，受热胀冷缩影响，部件会出现细微的变化，都可能影响高铁正常运行，越是这样的时候，越需要我们用心去捕捉、倾听设备的‘声音’。”王涛说。

深挖细研　创新发明成果丰硕

哈尔滨动车段是黑龙江省内唯一的高寒动车组检修基地，负责哈尔滨局集团公司管内配属的高寒动车组检修维护任务。

近年来，随着龙江高铁网快速扩容，哈佳铁路、哈牡高铁、沈佳高铁牡佳段相继开通，动车组检修压力逐渐增大。为提高工作效率，王涛调整工作重心，牵头开展工艺优化等攻关。

过去在更换 CRH5A/G 型动车组空气压缩机时，由于缺少相应移动平台，整个移动过程很笨也很原始：先要在地上放置木方，把旧空压机拆下来后用木方顶住，再往车体外移动。安装新空压机时，又得重复拆旧空压机时的过程，整个过程最少耗时 9 小时。

为了改变这种既耗时又费力的状况，王涛和几个同事研究设计了空压机更换小车：在小车两侧设两个凹槽，槽内放置千斤顶，可以自由升降，并在小车四角安上小轮可自由移动，使更换空压机的耗时大大降低。小车的成功运用，填补了哈尔滨局集团公司空压机更换工艺的空白。

虽然动车组空调机里电器元件成千上万个，但王涛对每个元件的位置、功能、状态都了如指掌。为解决 CRH5G 型动车组空调板卡故障，他组织团队把车上换下来的旧板卡全部拿回班组，从光电耦合器、电容到模拟量二极管、输出放大器等元件，挨个拆分研究对比。经过数个昼夜的努力，他们发现是某一批次的板卡存在设计问题。看着厚厚的数据资料和王涛提出的整改意见，厂家钦佩不已，迅速修改并更换了板卡。

2023 年 1 月 23 日，“冰城”气温跌至零下 40 摄氏度，一趟动车组滞留尚志南站。王涛带领 7 名动车组机械师火速前往救援，每人负责一节车厢，顶着刺骨寒风在车下人工缓解制动。

远处，万家灯火、烟花绚烂；车下，王涛和同事仰卧钢轨，奋战了 3 个半小时。这次经历让他深深感到，必须依靠科技力量提高工作效率、改善工

王涛（中）和团队成员用电子显微镜检查主控板卡　康健 / 摄

作环境。当天晚上处理完故障回到岗位后，他开始琢磨研制一款车辆底部作业巡检机器人。经过反复试验，2023 年底，王涛研制的智能机器人成功上线。这款机器人采用履带运行方式，可以适应轨枕、砟石等多种路况；顶部安装了高清探头，可以多角度采集动车组底部图像和视频信息；通过无线远程遥控，作业者站在车旁就能准确采集数据信息。

多年来，在王涛的带领下，工作室成员先后完成动车组配件检修工艺研发 105 项，制定自主检修作业指导书 92 项，参与研发并制作 9 台动车组配件故障检测设备、12 项工装设备，获得 6 项国家专利。2021 年，“王涛劳模创新工作室”获评火车头劳模和工匠人才创新工作室。

薪火传承　培育引领时代新人

一枝独秀不是春，百花齐放春满园。王涛常说：“在现代化动车组检修作业中，仅我一身是铁，不如人人是钉！”

王涛在检查电源板卡的烧损情况　康健 / 摄

王涛对照飞机检修标准和模式，先后编制了动车组空调系统整治工艺卡片及任务清单，将庞大复杂的空调整修工作条目化。青年职工一看便清楚地知道“该做什么，该怎么做”。

王涛劳模创新工作室成员具有大学本科及以上学历的 31 人，平均年龄 37 岁，其中不乏哈尔滨工业大学、大连交通大学等名校硕士。

王涛采取师带徒、技术交流、实物案例教学等方式，加强动车组检修领域高、精、尖科技人才培养，先后与青年机械师路浩、冯垚、张蒙等青年骨干签订了师徒合同。在日常工作中，通过各种“随堂考”“现场考”，徒弟们业务技能显著提高，并积累了宝贵经验、收获了诸多荣誉。他们对王涛的尊敬和钦佩溢于言表。谈及一线青年职工的工作状态，车间领导笑着说，王涛又教出一群“小王涛”。

王涛讲究因材施教。今年 28 岁的冯垚按照王涛的建议，从便捷、安全方面切入，参考用乐高搭建模具结构，主导完成了工装设计，并申请到国家技术专利。目前，成品已在生产现场广泛应用，冯垚也成了段里的“小发明家”。“涛哥是我们的老师和榜样，跟着他干活心里特别踏实。无论是现场沟通协调，还是遇到技术难题，他都能帮我们攻坚克难。”冯垚称赞道。

王涛还牵头组织 100 名大学毕业生成立百人技术攻关团队，有针对性地开展动车组技术创新攻关。他们研究的 CRH5 型动车组途中紧急制动安全环路断开应急处理法，有效提升了高铁行车效率。

考虑到高寒高铁检修维护成本，王涛将动车组故障率高、单价高、返厂维修成本高的“三高”配件，定为团队自主维修的主攻目标。2023 年至今，他带领工作室成员累计修复配件 968 个，节约采购成本 584.59 万元。

2023 年 8 月，工作室研发项目亮相全国第二届大国工匠创新交流大会，向参会观众讲述了我国高寒高铁破解世界性高寒难题的创举，展示了中国高铁的成熟和先进。截至目前，从王涛劳模创新工作室走出的青年才俊近百人，全部成长为业务骨干，还有很多人走上了管理岗位。

今年春运期间，王涛带领团队成员以高度的责任感和专业的技能素养，恪尽职守，保证了哈尔滨局集团公司配属的 111 组高铁动车组“零差错”运行。

“以新质生产力增强发展新动能，实现复兴号动车组更安全、更快捷、更舒适目标，我和同事们责无旁贷！”王涛坚定地说。

扫码观看视频

采访手记

为了“中国速度”，再冷也要拼

黑龙江的冬季寒冷且漫长。风雪严寒中，一列列复兴号动车组安全平稳地将旅客送达目的地。高寒高铁向世界展示着科学求实、赶超一流、自主创新的“中国速度”。其中离不开像王涛一样有理想、有韧性、能坚持的中国高铁人的拼搏奉献。

“为了‘中国速度’，再冷也要拼！”面对世界级动车组抗寒难题，王涛带领团队用实实在在的行动攻克了一个又一个难关，用坚守和奋斗擦亮中国高铁的“新名片”。

从无到有、从弱到强，中国高铁的发展凝聚着一代又一代铁路人的梦想和奋斗。在探索中发展、在发展中创新，高寒高铁创造了一个又一个奇迹。莫负时光，向阳而生，铁路人用实干与担当续写传奇，把奋斗的接力棒一棒接着一棒地传递下去。

（原载于2024年4月16日《人民铁道》报1版）

马成良

中共党员，中国铁路沈阳局集团有限公司沈阳站客运车间“美丽”服务台客运员。曾获全国五一劳动奖章、火车头奖章、全路优秀共产党员、辽宁省文明优质诚信服务标兵等荣誉。

美丽驿站的温暖守护

——记中国铁路沈阳局集团有限公司
沈阳站客运车间“美丽”服务台客运员马成良

尹晨曦 杨妍俊

沈阳是全国学雷锋活动起源地之一。60多年来，这座城市的人们持之以恒讲述雷锋故事、传承雷锋精神，身体力行学习雷锋、争做榜样。中国铁路沈阳局集团有限公司沈阳站“美丽”服务台便是这样一个将学雷锋活动融入日常、化作经常的先进集体。马成良作为沈阳站“美丽”服务台成员，积极为重点旅客进出站、上下车提供帮助，让他们的出行路变成温暖通途，因此被旅客亲切地称为“轮椅哥”。

日均接到预约服务电话近30个、步行5公里，累计服务重点旅客10万余人次，走行距离达13万公里……一个个数字，见证了马成良的付出与努力，也承载着他对服务工作的热忱和坚守。他用实际行动践行雷锋精神，在一次次服务中搭起旅客出行的“美丽”驿站，也在一次次爱心奉献中成就自己的“美丽”人生。

平凡岗位践初心

成良，成为可用良才，成为良善之人。承载着父母的期盼，马成良朝着努力“成良”的方向，步履坚定地走过了求学、参军的时光。

2002年4月，马成良退役来到沈阳站工作。从“橄榄绿”到“铁路蓝”，从人民子弟兵到铁路客运员——“不论走到哪里，身份如何变化，都要为人

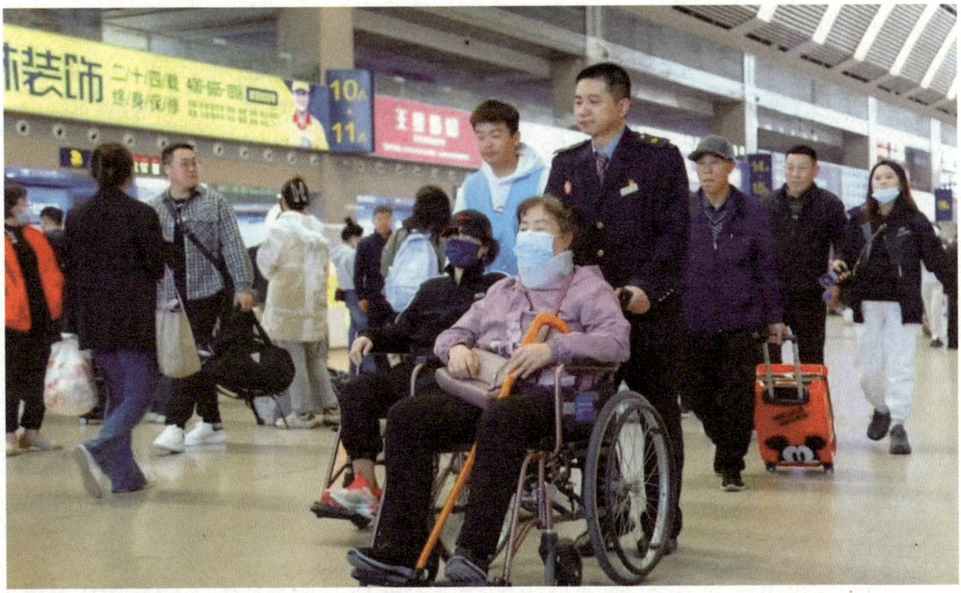

马成良热心服务重点旅客　马鑫 / 摄

民服好务”——这是马成良写在日记中的一段话，也是他始终信守的誓言。

身形瘦削结实，两眼炯炯有神，言谈干脆利落，即使退役多年，依然能从马成良言谈举止中看到军人的英姿。

甘于奉献、吃苦耐劳，马成良把这些优良作风带到了工作岗位上。参加铁路工作后，马成良成为候车室客运员。看到重点旅客行动不便，他主动利用“爱心轮椅”一路护送，而且一推就是 22 年。

服务重点旅客，业务必须过硬。马成良将客运规章熟记于心，并在工作中不断总结经验。为让旅客上下坡道时感到舒适，他学会了倒推轮椅；为增加和盲人旅客的亲近感，他不再用盲棍引导，而是直接搀扶；为解决聋哑人交流障碍，他学习服务手语，让无声的交流不再困难，让爱心的传递直达心扉。经过多年实践，他提炼总结出耐心、细心、热心、用心、诚心的“五心”服务法，将重点旅客照顾得体贴周到。

马成良有一个习惯，就是随身携带一个小本子，上面记载了有需求旅客的信息。一天下来，看着画满对号的信息栏，他的疲惫一扫而光，这代表当天的旅客全部平安乘车、出站，只有这样他才会彻底放下心来。

2012 年 7 月，“美丽”服务台成立，马成良成为服务团队的一员，服务领域也不断扩展。

旅客咨询解答、重点旅客服务、遗失品查找、站内换乘引导……他不断学习新知识、掌握新技能。他专门向红十字会专业人员学习，掌握心肺复苏等急救技能，为旅客平安出行保驾护航。

2023年暑运的一天，马成良在当班时发现前方旅客突然躁动起来。他意识到出现了紧急情况，赶紧上前查看，发现一名中年男子面色灰白地倒在地上，已经失去意识。马成良立即查看旅客的呼吸和脉搏，初步判断符合心脏骤停的特征后，指挥同事拨打120急救电话，并对旅客进行心肺复苏。

他将旅客放平躺好，对旅客实施胸外按压紧急处理。时间一分一秒过去，几分钟后，旅客手臂出现收缩晃动，胸口也有了起伏。马成良这才让同事接替自己，到一旁轻拍、呼叫旅客。救护车赶到后，他又与医护人员合力将脱离危险的旅客送上车。

在他的带动下，“美丽”服务台成员都主动钻研起服务技巧，不断提升手语、急救等服务能力。

渐渐地，重点旅客服务的预约手段从电话预约、现场求助，增加了手机预约、线上预约。为方便旅客，马成良发放“爱心服务联系卡”3万余张，坚持接听预约电话，并利用抖音、微信等媒体平台，线上线下同步为旅客服务。尽管工作量因此成倍增加，他却无怨无悔。

马成良和服务台团队成员还与全国10余个车站100多趟列车以及沈阳地铁、沈阳公交集团等单位建立联系，实现重点旅客进站、乘车、出站等全流程无缝衔接。

“我愿做重点旅客的‘眼’和‘腿’，让他们受到尊敬和爱护，服务他们顺利出行。我用真诚和周到的服务，为旅客搭建起温暖驿站。”马成良言语质朴却掷地有声。

情暖旅途显担当

近年来，随着高铁成网运营优势凸显以及沈阳文旅持续火热，沈阳站重点旅客出行数量与日俱增。因为耐心、细致的服务，马成良逐渐被旅客熟识和信任，“轮椅哥”也成为车站对外展示的一张名片。

2015 年 9 月，沈阳站在“美丽”服务台南侧设立“轮椅哥爱心服务区”，马成良成为带头人。他发挥自身优势，培育多名青年生力军，一起为重点旅客提供一站式服务。

“我在五龙背泡温泉时摔伤了，想尽快回沈阳就医，希望沈阳站能帮我快点出站……”不久前，服务台接到了这样一通求助电话。经验丰富的马成良连忙询问旅客详细情况，考虑到旅客年逾七十，以及摔伤可能对老人身体造成的严重影响，他意识到必须尽快帮助他回沈就医。

马成良提前来到站台，做好接站准备。待列车停稳后，他小心地将老人搀扶到轮椅上，一路上尽量平稳地推着轮椅，努力减轻他的疼痛感。将老人护送到家人身边后，马成良递给他们一张“爱心服务联系卡”，嘱咐他们有需要随时联系，方才放下心来。

22 年来，热心服务行动不便的旅客，为急需就医的孩子争取宝贵的救治时间，帮助与老伴儿走散的大娘坐上返乡列车……在一桩桩为民小事中，马成良扛起了铁路人的责任和担当。

马成良为一些重点旅客服务多年，和他们成为老朋友。让他印象最深的是家住锦州的姜阿姨，马成良为她提供轮椅接送服务有 6 年多的时间。

马成良解答旅客问询　马鑫 / 摄

姜阿姨患有卵巢癌，前几次到沈阳看病时，情绪十分低落。之后的日子，每次到车站，马成良就用轮椅推着她，给她讲抗癌成功的故事，鼓励她积极治疗。“在我的鼓励下，姜阿姨不但有了生存的勇气，而且申请加入锦州市志愿者行列。”马成良说。

在每个被需要的时刻，马成良都给予旅客最暖心的守护。“我出行不便，每次出门都得有两个家人陪着我。现在只要和马成良预约服务，我一个人也敢坐火车了。”旅客王先生动情地说。

“为旅客服好务是我责无旁贷的职责和使命，看到旅客顺畅出行，再苦再累都不算啥!”马成良诚恳地说。

处处为旅客着想，让重点旅客出行顺畅、舒心。马成良用真诚服务架起了车站与旅客的“连心桥”。

已经52岁的马成良，从“轮椅哥”小马到“轮椅哥”老马，工作热情没有一丝消退。随着服务方式的拓展、范围的延伸，越来越多职工加入了他们的队伍，“美丽”小事越来越多，感人故事不断延续。

为民服务释大爱

“马成良同志把群众的小事当成自己的大事，雷锋精神在他的身上得到了充分体现”“感谢沈阳站培养出马成良这样的好职工，他真是当代‘活雷锋’”……一封封热情洋溢的感谢信道出了百姓的心声。

作为第九批全国学雷锋活动示范点“美丽”服务台的一员，在雷锋精神的感召下，马成良无时无刻不在用实际行动践行雷锋精神。

遇到困难旅客求助时，马成良自掏腰包给旅客买票、买饭，解燃眉之急；重点旅客因生病情绪低落、感到绝望时，他用温暖话语鼓励旅客重拾信心。他还将爱心延伸至车站之外，让更多人感受到人间真情，将良善之风传递得更广更远。

常年和重点旅客打交道，马成良对于怎样推轮椅病人会更舒适、怎样搀扶能让老人更有安全感、怎样解答问询更周到等方法十分了解。每次去社区五保户家中走访、到医院看望服务过的重点旅客，他们都会很快与马成良亲近起来。

王丽和老人丧失劳动能力，常年独居。为了不让老人感到孤单，马成良一有空就去看望他，送去生活用品，与他闲话家常，让老人倍感温暖。每次老人都握着马成良的手，嘴里念叨着："好人呀，你就是当代雷锋！"

"这一刻，我更加坚定了投身公益事业，践行'全心全意为人民服务'宗旨的决心和信心。"马成良坚定地说。

他还带动同事共同投身公益。"美丽"服务台与新民市杜板牛村村民谢宁结对，开展定点帮扶，大家经常利用休班时间到谢宁家中帮扶慰问，送去温暖和爱心。

此外，马成良和服务台团队成员还联合10余所高校，建起志愿服务基地，吸纳1万多名大学生利用假期到车站开展志愿服务。在他的影响下，学生们不仅在志愿服务中学雷锋、献爱心，还在生活中传递温暖力量，播撒爱的种子。

马成良参与志愿服务长达20多年，先后30多次为孤寡老人和弱势群体送去大米、白面等，多次到周边学校讲雷锋故事和客运服务经历，为低收入家庭孩子送去学习用品，还资助了两名困难学生。

"做一件好事容易，难的是做一辈子好事。22年如一日，把小事做好，凭的是什么？是以大局为重，把维护旅客顺畅安心出行，当作自己的首要责任，把'人民铁路为人民'作为根本宗旨。"沈阳站沈阳客运车间党总支书记蔡佳锟这样评价马成良。

"服务群众是一个永恒的课题。我要把为人民服务体现在工作中，融入生活里。"马成良是这么说的，也是这么做的。工作20余载，他用轮椅丈量出当代雷锋的忠诚与担当，也用轮椅铺就了诗与远方的温暖通途。

扫码观看视频

采访手记

点滴见真情　坚守映初心

火车站，记录着道不尽的历史过往，也同样见证着马成良职业生涯的雨雪风霜。服务台的工作繁忙而琐碎，而在马成良看来，这里承载着万千旅客的信任和期盼，自己多做一点，旅客就会少麻烦一些。他用奉献和坚守，为旅客打造了安心一隅。

他的臂膀结实有力，这双臂膀曾背过许多行动不便的旅客上下列车；他的双手布满茧子，这双手曾推过数不清的旅客进出车站；他的微笑亲切温暖，让重点旅客在车站如同到家一般。

光阴拾走了青春，却也让他的内心更加炙热，“全心全意为人民服务”的信念越发笃定。“这都是我应该做的，希望通过我的行动让更多的旅客便利出行。”马成良的简单话语，道出了一代代铁路人的不懈追求和执着心声。

平凡小事总能给人温暖力量。马成良坚守在小小的服务台，成为流动中国的一处温暖风景。

（原载于2024年5月16日《人民铁道》报1版）

张 跃

中共党员，中国铁路北京局集团有限公司天津机务段派驻雅万高铁运维联合体动车组司机。曾获北京局集团公司先进生产者、技术能手和“2023 年最美京铁人”等荣誉。

用心守护，擦亮“金字招牌”

——记中国铁路北京局集团有限公司天津机务段派驻雅万高铁运维联合体动车组司机张跃

李 蓉 柴 娜 靳 迪

在印尼，雅万高铁列车有一个响亮的名字“Whoosh”。“Whoosh”是形容高铁列车呼啸而过的声音，它还是印尼语“省时”、“高效”和“先进”的首字母缩写，代表了印尼民众对雅万高铁的亲身感受和由衷赞美。

“我驾驶着中国制造的动车组奔驰在雅万高铁上，作为一名中国高铁司机感到很自豪。”谈到在雅万高铁联调联试期间驾驶动车组的场景，中国铁路北京局集团有限公司天津机务段的张跃至今激动不已。走出国门开高铁列车，对这位有着9年驾龄的火车司机来说，光荣与挑战同在。

雅万高铁，一张闪亮的“金色名片”，全长142.3公里，不仅是印度尼西亚乃至整个东南亚地区第一条高速铁路，也是中国高铁首次全系统、全要素、全产业链在海外落地的“第一单”。

高铁技术走出国门，向世界展示了中国高铁的成熟和先进。张跃作为第一批参与雅万高铁提前介入工作的中国高铁司机，在异国他乡坚守打拼的日子里，他的目标只有一个：擦亮“金字招牌”，让中国高铁在海外安全平稳地飞驰！

不负韶华，逐梦中国高铁

“我要成为一名高铁司机！”

2013年夏，张跃在入路培训时，聆听了“中国高铁第0001号司机”

张跃对照自己手绘的雅万高铁线路图查找安全风险点　杨庆/摄

李东晓的宣讲报告，便暗暗定下目标：逐梦中国高铁。

毕业于石家庄铁道大学机械设计与自动化专业的张跃，跨专业走进天津机务段，最初的心潮澎湃一度转为情绪低落。“真的是隔行如隔山！难度有点大。”他回想起入路时的懵懂，不禁笑着摇摇头。

张跃从学习行车规章制度、作业指导书入手，多次以参加技术比武为契机，不断充实专业知识储备。他利用休班时间到机车整备场练习实作。许多个夜深人静的夜晚，他都在司机室内模拟操作流程和故障应急处理。

功夫不负有心人。张跃以优异成绩通过了一次次考试、测评、选拔，从学员到电力机车司机，再到动车组司机，从驾驶电力机车到复兴号动车组，历时六年两个月，他的高铁梦终于实现了。

“我特别庆幸曾在中国首条设计时速350公里的高铁——京津城际铁路上学习锻炼，在每位师傅身上都学到了成熟的动车组操纵法。”2019年11月的一天，张跃独自驾驶复兴号动车组从天津站始发。推动闸把的那一刻，他的脑海中只有两字：安全。

真正的成长，是不断超越过去的自己。2021年，张跃作为北京局集团公司的一名青年技术尖兵，被抽调参与雅万高铁作业指导书编制工作。雅万高铁作为印尼第一条高铁，没有参考经验，如何编制一套让印尼人“读懂”的高铁司机作业标准成为他的新命题。

语言是了解一个国家最好的钥匙。张跃选择先学习印尼语，查工具书、学字母发音、熟悉语法使用，多听多看印尼相关新闻视频，让自己迅速掌握印尼语言的基础知识。随即，他便紧锣密鼓地投入到雅万高铁基础设计资料和相关人文环境的研究。

“隧道多、坡度大……这与我曾经值乘的津秦高铁有许多相似之处。”他找到另一把打开难题的“钥匙”后，综合应用扎实的英文功底和初学的印尼语，经过准确核对专业词汇，确保了“出口版”规则标准的质量。

2022年10月，在他和团队的共同努力下，机务规章交流工作率先完成，并得到印尼中国高速铁路有限公司（KCIC）的高度认可。

张跃（前排中）给印尼籍学员讲授高铁业务知识　岳阳/摄

走出国门，护航雅万高铁

2023 年 2 月 20 日，张跃跨越万里第一次登上爪哇岛。他忍着强烈紫外线带来的不适和水土不服引发的腹泻，立刻投入规章现场交流和 KCIC-400AF 仿真模拟驾驶设备建设工作中。

印尼正值雨季，降雨频繁，蚊虫飞舞，热带蛇随处可见。在高温闷热的天气中，白天张跃与团队成员穿着胶鞋在泥地里徒步，到建设中的车站和线路上实地勘察，了解车站环境、线路设备等实际情况；晚上回到驻地，还要从大量施工资料中筛选机务相关数据进行比对，第一时间建立起雅万高铁机务风险隐患库。

“刚来的时候特别惦记家里。”出国前夕，张跃的妻子突然早产，3.7 斤的女儿让他牵肠挂肚。“是家人的支持给了我更多的工作动力。”张跃说。

2023 年 5 月，雅万高铁开始联调联试。由于是境外建设的新线路，联调联试时没有列车运行监控记录装置基础数据提示，给试验工作带来很大困难。

张跃在雅万高铁德卡鲁尔站站台上立岗接车　岳阳 / 摄

在联调联试的冷滑试验中，张跃登上轨道车，沿线采集信息、消除隐患，制作了更有针对性的线路数据提示卡，为动车组逐级提速和长大坡道动车组救援等重点试验项目的开展提供了数据支持。同时，他拿出参与京哈高铁京承段联调联试时的工作日志，再次复盘了所有工作项点和难点，将经验借鉴到雅万高铁，实现试验最高时速达到385公里。

“中国标准‘走出去’并不是完全照搬复制，而是进行优化和本土化处理。”张跃在制作提示卡时，针对帕达拉朗站站台长度，重点“圈注”动车组进站速度等项点；在协助建设雅万高铁司机模拟驾驶室时，结合印尼地质环境特点，增加了应对强降雨、地震等突发情况的应急处置操纵。

“张跃的实践经验丰富，工作中有高度的纪律性、态度很严谨，是一位非常难得的好老师！感谢他为雅万高铁作出的贡献。”KCIC机务部经理Joko Susilo说。

2023年10月17日，雅万高铁正式开通运营。当天，张跃一直在德卡鲁尔动车段的机务应急指挥台上忙碌。后来，他反复回看了两国元首共同为雅万高铁正式开通运营揭幕的报道。

“好几次眼泪马上就要流出来了。作为一名新时代铁路人，能够参与中印尼共建‘一带一路’合作旗舰项目，并为之拼搏奋斗，我无比自豪与骄傲！”张跃的激动之情溢于言表。

美美与共，教授外籍学员

3月11日，张跃再次远渡重洋来到印尼，刚走进雅加达国际机场入境处，他的护照签证就吸引了工作人员的目光。“你是雅万高铁的司机，太了不起了！我们非常喜欢乘坐雅万高铁。”机场工作人员与张跃合影留念。

张跃在雅万高铁运维联合体运营系统中，负责对高铁司机培训、机务专业应急指挥和救援组织等工作。他结合雅万高铁实际情况，制作机务专业适应性培训课件10个，手绘线路图、制作提示卡、翻译设备品名，为到印尼开高铁的中国司机准备了既专业严谨又通俗易懂的“教科书”。

"刚到印尼的时候，我们语言不通，也不了解线路情况，就把张跃做的提示卡贴满宿舍的墙壁，哪有坡道、在哪限速……每次值乘前我们都要看一看。"北京局集团公司高铁司机王建强说。

授人以鱼不如授人以渔。雅万高铁运维联合体不仅承担着雅万高铁的运维任务，还肩负着对印尼籍高铁从业人员的"传帮带"任务。

"安全！平稳！我不仅要让中国高铁司机做到，而且要全力以赴让印尼籍高铁司机也能做到！"张跃主动请缨，将全部业务知识和驾驶技术倾囊相授给印尼籍学员。

印尼的电气化铁路区段较少，当地的司机学员基本没有经验可循。一次，张跃在授课时，提到 KCIC-400AF 型动车组的再生制动功能，印尼学员无法理解，他便通过多种方式查找英文注释的解说视频，将相关物理知识归总整理后，一对一向学员讲解，做到了全员学懂弄通。

"老师很棒！帮助我们了解很多铁路电气化知识原理。"印尼学员 Ali Mustofa 和张跃已经成为好朋友，还经常将自家美食带来分享。工余时间，一些印尼学员会主动向张跃询问操作技巧和相关业务，在教授知识的同时，张跃也收获了友谊。

印尼火车运行最快时速从 50 公里跃升至 350 公里，雅加达到万隆的出行时间由 3 个多小时缩短至 40 多分钟，雅万高铁让印尼民众真正感受到了"中国速度"，也让他们对中国有了更深入的了解。

"自雅万高铁启用后，上座率持续高位，每天都有很多旅客在站台的车头位置排队拍照留念。"张跃经常到雅万高铁列车上添乘指导，当他在车厢内看到旅客举着手机拍下"350 公里"时速显示时，也会跟着大家一起欢呼雀跃。

扫码观看视频

采访手记

雅万的红飘带

了解张跃，是通过数次的越洋电话和微信视频连线，他总能给人一种阳光、向上的力量。交谈中，他多次描述雅万高铁列车以时速350公里飞驰在美丽爪哇岛上的画面。这些画面深深定格在他的脑海中。雅万高铁将雅加达和万隆之间的时空距离拉得更近，也将中印尼两国民众的心拉得更近。能为这条高铁贡献力量，他感到光荣和自豪。

“我梦中有一条红色的飘带，在千岛之国穿行……”采访中，张跃为我们哼唱起这首中印尼双语网红歌曲《雅万的红飘带》，骄傲的心情溢于言表。他的歌声充满着对祖国的热爱、对铁路的热爱。沿着雅万高铁这条联系着两国民众的红飘带，张跃追逐着自己的梦想，也把铁路人最优秀的专业素质和良好形象展现在国际舞台上。

一次次挑战、一次次超越。张跃说：“我们超越的不是别人，而是我们自己。”从学员到电力机车司机再到高铁司机，他一步一个脚印、稳扎稳打，仅用6年多的时间就实现飞速成长；从京津城际铁路到津秦高铁再到雅万高铁，他凭借扎实过硬的业务能力，成为中国高铁司机中的一颗闪亮之星，为中国高铁海外“第一单”保驾护航。

（原载于2024年4月11日《人民铁道》报1版）

刘星星

中共党员，中国铁路太原局集团有限公司太原工务机械段综合机修车间工长。曾获太原局集团公司安全生产标兵、先进生产工作者以及山西省五一劳动奖章等荣誉。

星光不负赶路人

——记中国铁路太原局集团有限公司太原工务机械段综合机修车间工长刘星星

申　娟　杨云龙　张文昌

曾经，他是一名普通的内燃机车钳工。如今，他是掌握自动控制等5项铁路专业技术的“大机医生”。

最初，他是一个面对大机手足无措的技术小白，如今经他培训的几百名检修人员已成为大机检修的中坚力量。

44岁的中国铁路太原局集团有限公司太原工务机械段综合机修车间工长刘星星，10多年来始终立足岗位、孜孜以求，在大型养路机械维修保养上刻苦攻关，把青春献给为之奋斗的铁路事业。他撰写的《大型养路机械故障案例手册》、参与编制的《大型养路机械年修指导书》已被广泛推广使用。

勤学苦练　隔空诊脉

3月的南同蒲线上，清筛车、捣固车、配砟车、动力稳定车……一台台连挂编组的大型养路机械，犹如一条钢铁长龙行驶至施工地点，快速展开维修作业。“这些作业车都是集机、电、液、气等多种专业技术于一体的高新技术装备，是快速恢复线路设施设备性能的‘大力神’。”身为维护大机设备的专业检修人员，刘星星介绍道。

随着铁路技术装备革新，线路设备维修作业方式已全面转向“机械修、

刘星星（右一）为新职人员讲解线路捣固车捣固装置作业原理　陈志敏 / 摄

集中修、专业修”，高性能、高效率的大型机械化装备成为工务大修主力军。

2012 年，为适应大机检修组织需要，刘星星从侯马北机务段调入成立不久的太原工务机械段。这是太原局集团公司唯一的工务机械段，担负着管内线路捣固、清筛、打磨、更换钢轨等重要施工任务。

“最初设备出了问题只能找厂家，但维修周期长、费用高。自主掌握检修技术势在必行。”面对着十大类、100 余台大机，刘星星心想，“我原来是修机车的，现在维修大机，肯定没问题。”

但是真正干起来，刘星星才真切认识到隔行如隔山，维修大机远没有想象的那般简单。过去只修内燃机车，现在要修多种类大机；修内燃机车要求机械知识“专精尖”，修大机则需要专业技术“一专多能”。技术知识结构的巨大变化激发了刘星星内心不服输的劲头。“自己还年轻，来得及学，干就干出个样子来！”刘星星暗暗下定决心。

一台车，上千个螺栓，上万个端子接口，最重的部件几百公斤重，刘星星反复拆装了上百遍，逐步摸清了车辆的基本结构和检修流程。可没多久，他就遇到了真正的难题——液压油温度升高导致作业车自动泄压。为了找出问

刘星星在动态试车前进行呼唤应答作业　申娟／摄

题症结，刘星星两天两夜没下车，直到无意中听到一阵喇叭声，他才想起自己的汽车曾因线路虚接出现水温升高的问题。循着这个思路，他终于找到了液压油温度升高的原因。

深刻体会到检修模式完全不同的刘星星，开始全面学习电气化、自动控制等专业知识。“一次他在外跟车60天见不着人，回到家后，一靠在沙发上就睡着了。”刘星星的妻子心疼地说。他的家里堆满了各种大机相关的专业书籍和资料，还有密密麻麻写满数据和检修经验的笔记本。

经过两年钻研摸索和现场锤炼，刘星星的技术突飞猛进。为了更好地发挥技术优势，他开通了“千里传音”服务热线，24小时为运输一线服务，为车辆故障“隔空诊脉”。

无论是拨道系统不工作还是捣固装置不下插，电话里他总能迅速给出解决方案。作为“隔空诊脉”受益者，湖东捣固车间主任陈军说：“遇到疑难问题，首先想到的就是给刘星星打电话。他不仅能快速精准指出问题、给出解决方案，之后还会专门到现场核对，确保问题症结分析准确无误。”

精准调试　攻坚克难

2019年，张大高铁进入关键的线路精捣精调阶段。肩负设备调试重任的刘星星面临前所未有的挑战：在3个月内，要将100多公里的有砟轨道TQI值从8降至2.5以下，意味着每次大机动作误差必须控制在0.3毫米以内。

尽管困难重重，刘星星和团队仍然斗志昂扬，但TQI值在降至2.7后陷入停滞。那段时间，他们夜以继日地分析上万组数据、尝试几百种方案，经过无数次的失败与尝试，终于成功破解了捣固车作业精度控制的难题，创造了太原局集团公司精捣精调TQI值1.8的新纪录。这一技术创新不仅在张大高铁上得到应用，而且在后续的郑太高铁等线路建设中广泛推广，使线路质量达到全路领先水平。

考验一轮接着一轮。

近几年，大秦线日均运量在110万吨左右。为确保施工、运输两不误，太原局集团公司把每一次集中修任务都精确计算到分钟。刘星星深感责任重大："集中修期间最担心的就是大机发生故障，一旦'天窗'内的维修任务延后，就会影响当日货运量的完成。"

2022年国庆节期间，刘星星遇到了在大秦线上最棘手的问题——桥梁偏心和落道问题集中整治。

大秦线采用重轨重枕，桥梁大部分在弯道处，拨偏心量超过以往单次最大拨道量，而且留给大机作业的时间仅有1个小时。"大拨道量、多次作业、钢轨回弹、人员操作、石砟密度等影响因素非常多，"刘星星说，"任何一个环节的微小变化都会带来严重后果。"

为了攻克这一难关，太原局集团公司召开专题会议，太原工务机械段成立攻关课题组。刘星星作为中坚力量，迅速召集小组成员根据线路数据对捣固车性能进行综合评估检测，研究确定施工方案：1.5公里、1200余次捣固动作。为确保每一次精度达标，他逐一检查车辆零件磨损情况，想方设法消除捣固车本身微小的电气、机械误差。在曲线与直线线路的过渡区段，他组织小组成员车上车下同步配合，及时调整捣固数据，并指导车组人员控制回弹量，确保拨道精度，最终圆满完成集中整治任务。

根据不同线路、不同操作手的情况，按需调整车辆作业状态，基本做到

刘星星在检查稳定车传动轴十字轴 陈志敏 / 摄

一线一策、一车一策，这是刘星星主动深入一线、应急抢修总结出的“安全宝典”。从2013年至今，他平均每年有200多天日夜驰援于各施工现场，共计处理故障4000余件，累计行程超10万公里，脚步遍布管内所有铁路干线，哪里有困难，哪里就有他的身影。

传授技艺 百花齐放

独木不成林，众志可成城。作为一名在大机检修领域有着丰富经验和精湛技能的领军人物，他最想做的事，就是将自己的知识和经验传授给更多的同事，带领整个团队共同进步，为铁路的安全与畅通贡献更多力量。

作为劳模创新工作室负责人，刘星星积极发挥“传帮带”作用，带领身边职工进行故障溯源，把故障配件原理、结构、动作过程、养护维修方法制作成电子故障库；编制“运、检、修”闭环流程和电气组标准化一次作业流程，满足16种车型调试以及百余台大机年修调试的需求。团队累计完成职工创新成果200余项，其中50项成果获局集团公司级合理化建议改进奖，风动齿轮箱报警装置、集中润滑自动控制系统等 30 余项成果在全局集团公司范围推广应用，5 人获得局集团公司级技术能手。

33 岁的杨薛峰跟随刘星星学习大机的调试技术。起初他对此感到有些吃力：“不仅需要掌握扎实的专业知识和实践技能，还需要转变思维，从车辆设计的角度去用心揣摩。”

在完成郑太高铁精捣任务的过程中，杨薛峰在液压系统控制环节不能清晰感受到参数与压力的直接关系，刘星星耐心地为他讲解每一个细节，一边调整参数，一边教授杨薛峰仔细观察液压油缸的活动状态，感受数据微调对作业质量的影响。在刘星星的精心指导下，杨薛峰逐渐从新手成长为调试领域的佼佼者。

“现在每年大修、维修线路总里程超一万公里。大机不断升级换代，我们的检修能力也要与时俱进。”为此，刘星星牵头成立大机现场课堂，举办大机检修人员专项培训班，传授大机结构原理、故障维修、检修规程等理论知识，利用施工保养间隙，手把手指导故障排查、应急处置、精捣调试等多专业实操，为施工现场输送近 300 名检修人员，显著提升了全局集团

刘星星（中）组织工作室成员研究大型养路机械电气系统线路图　陈志敏 / 摄

公司大机检修技术水平。

一提起刘星星，该段道岔捣固车间党支部书记王龙满是感激：“他的精湛技艺和严谨的工作态度，使许多棘手的设备问题得以圆满解决。可以这么说，开车是师傅教的，而把车开好管好却是他教我的！”

星光不问赶路人，时光不负有心人。刘星星记不清有多少个夜晚是在线路上度过的，但他知道只要不停下前进的脚步，就能战胜困难，实现自己的梦想。

扫码观看视频

采访手记

能吃苦　不服输　敢担当

在采访刘星星的过程中，总能听到周围的检修人员、操作手称赞他是“大机医生”，很多人处理不了的大机故障，特别是原因难辨的故障，他总能精准诊断、手到病除。受到众人赞誉的刘星星说：“保障大机安全，我们责无旁贷。”

大机维修需要常年在外作业，是一项十分辛劳枯燥且充满挑战的工作。10多年的时间里，刘星星从机车卫士成长为“大机医生”。从现场检修到“隔空诊脉”，在他身上，我们看到的是那股能吃苦、不服输、敢担当的劲头。他用实际行动展示了新时代铁路人昂扬向上的精神风貌。铁路高质量发展呼唤更多像刘星星这样的技能人才。

（原载于2024年3月31日《人民铁道》报1版）

薛　娇

中共党员，中国铁路呼和浩特局集团有限公司集宁工务段卓资山东线路车间助理工程师。先后获得全国五一劳动奖章、火车头奖章、全国铁道团委春运立功竞赛优秀个人等荣誉，带领车间女子质检组荣获火车头奖杯。

柔肩扛重任　铁志绘通途

——记中国铁路呼和浩特局集团有限公司集宁工务段卓资山东线路车间助理工程师薛娇

常　乐

初夏时节，内蒙古大草原气温逐渐回暖，但夜间行走在京包线上，寒风依然凛冽。

2时许，一队身着橘黄色对比服的女工，推着轨检小车沿京包铁路快步检查线路几何尺寸。她们是中国铁路呼和浩特局集团有限公司集宁工务段卓资山东线路车间检查工区“95后”女子质检组的女工。

“525公里100米左股轨钢轨纵向位移量2毫米，右股2毫米……”听到工友报出的读数，薛娇在位移记录本上记下数据，将红外测距仪从接触网立柱上取下，招呼大伙儿继续前进。

女子质检组负责京包铁路120.48公里正线、11组道岔、5条股道设备的日常检查和病害观测任务，为旅客列车安全运行保驾护航。现任卓资山东线路车间助理工程师薛娇是她们的“领头雁”。

用“铁脚板”练成看家本领

2017年，薛娇入路不久就被分配到集宁工务段卓资山东线路车间福生庄工区，负责提报计划、打印派工单和梳理台账等内业工作。

铁路是一台大联动机。要干好内业工作也得了解掌握现场设备。来到工区的第二天，薛娇就主动请缨要跟随检查组一起上道熟悉设备。工区管内是

薛娇在观测钢轨纵向位移 常乐 / 摄

客运线路，检查工作全部在夜间进行。有一次，8 公里长的隧道还没走到一半，薛娇的脚底已磨起了好几个水泡。漆黑一片的隧道里只有头灯闪烁着微光，薛娇只能紧紧跟在师傅后面小心翼翼地前行。回到宿舍后，她的小腿僵硬得动不了，大腿一直在发抖。

“别人能干的，我也一定能干。”薛娇下定决心。隔了一天，她又检查了 7 公里线路。看着眼前这个淳朴还带着几分倔强的姑娘，师傅们不禁竖起了大拇指。凭着这股韧劲，她的工务“轨枕步”迈得又快又标准，有时连老职工都追不上，工友们都很佩服。

但薛娇深知，干好测量工作不仅要“走得快”，更要“走扎实”，必须积累大量的现场经验。一次大机捣固施工前夕，工区人手不足，薛娇临危受命承担起优化捣固量数据的任务。从来没有干过这项工作的薛娇，为了顺利完成工作任务，付出了超出常人的努力。

万事开头未必难。抱着这样的想法，薛娇拿出了备战高考的劲头，抓住一切可利用的时间学习数据优化方法。她从如何测量轨距、观察线路高低水平等基础知识学起，梳妆台、床头边随处贴满了技术规章小纸条。她对照以前的测量数据反复练习，画图对比，一个数据算错就从头再来。功夫不负有心人，按照她给出的优化数据进行大机捣固施工后，线路质量TQI指数明显下降。为此，薛娇开心了好一阵子。

然而，一次大机捣固施工时，薛娇按照以往经验给出数据优化方案，作业后效果却很不理想，事后分析发现是没有考虑长短波结合的问题才导致的。虽然没有人指责薛娇，但她觉得脸上火辣辣的，更加懂得了全面掌握设备状态的重要性。

从那以后，薛娇往现场"走"得更勤了，只要有机会就跟随作业班组上线路。无论是轨检小车测量、零级道尺复核还是激光检查钢轨位移，测量作业中所有的项目她都干了个遍。慢慢地，她对现场设备状况了如指掌，大机捣固抬道量数据优化做得也越来越得心应手，车间管内设备质量直线上升。

2019年，工区成立女子质检组，业务水平过硬的薛娇被提拔为组长，与9名女职工共同担负起京包铁路设备检查任务。班组累计徒步质检线路6000余公里，在她们的努力下，取得连续4年"零漏检"的好成绩。

薛娇在测量钢轨焊缝平直度　常乐/摄

将“不走样”作为人生信条

走得久了，薛娇渐渐发现自己身边正在发生变化。“现在作业都是依靠数据分析提前规划好，一个‘天窗’能顶过去两三个。”她自豪地介绍，“线路数据至关重要，一个毫米、一个小数点都不能‘走样’！”

入路伊始，薛娇最喜欢听前辈们扎根大山的奋斗故事，身临其境感受养路工引以为傲的“福生庄精神”。在备受鼓舞和感动的同时，一颗坚持“不走样”的种子也埋进了她的心底。

“无论是工区内业、编制计划还是整理材料库房都非常标准，就连出工前点名摆放工机具都是整整齐齐，让人看了就舒服。”两年的时光让薛娇悟出了一个道理：想要在工作上不走样，必须先在思想上打好样。

2021 年，为了配合车间推进的“数据指导生产”作业方式革新，已经成为“95 后”女子质检组组长的薛娇牵头成立数据分析室，向实现科学养修的目标发起冲击，主动要求到有丰富经验的高铁车间学习数据分析。为了将数以千计的数据分类运算，她自学办公软件编程程序，通过前期测量出的钢轨几何尺寸数据分析线路病害成因并制订作业方案，具体到哪根轨枕，精确到垫几毫米的垫板。如此一来，给所有轨枕编号就成为当务之急。

漫长的铁道线上，每 0.6 米就有 1 根轨枕，1 公里就是 1600 多根。工区管辖 120 多公里线路，这工作量简直是个天文数字。

“只要思想不滑坡，办法总比困难多！”那段时间，薛娇总是拿这句话鼓励大家，每天坚持跟作业人员一起上线路、打标记、录数据。为了保证数据分析的精准性，她要求每个数据都至少要复核两遍，不准出现“可能”和“大概”的情况。她带领同事利用“天窗”作业时间上现场给轨枕编号，回办公室录入数据，第二天再回到现场复核数据准确性，有时为了一根轨枕编号要反复上道两三次。经过几个月的努力，薛娇带领女子质检组完成了“一枕一档”基础台账 20 多万条数据的创建工作。

薛娇常对工友们说：“福生庄的工务前辈们用肩扛手抬铺下一条条枕木，用人力挥舞大锤钉下一根根道钉，用‘不走样’的标准创造了几十年无事故的好成绩，也留下了‘福生庄精神’这笔宝贵的财富，我们必须把这根历史的接力棒接好、接稳。”

随着“数据指导生产”作业方式的推行，薛娇开始尝试依托轨道测量数据制订维修作业计划。由于缺少经验，在实际作业过程中经常发生病害位置不准确、作业计划不合理的问题。那几个月，薛娇既要跟随质检组现场测量数据，一有空还要跟着线路工区学习垫板、改道作业方法，上百斤的内燃双头扳手、两指粗的撬棍都用得驾轻就熟。

在一次次的实践中，薛娇制订的维修方案越来越精准高效，使卓资东线路车间现场作业有效率由原来的 82% 增长至 100%，作业质量优良率由以往的 85% 提高到 98%，“用数据精准指导线路工区科学养护维修”的目标成为现实。

靠“快步跑”收获家业两全

作为组长，薛娇在工作中一丝不苟，对工友们要求严格；在生活中，她承担着“大姐”的角色，对班组里的每一个人照顾有加。

“暖宝宝是我们冬天作业的必需品，每次娇姐都会买上一大袋子分给我们。”女工赵艺博介绍，“知道我们怕冷，她就成天给我们推荐她自己用过、保暖效果好的鞋子、围巾、帽子等，她是大伙心目中的‘暖姐姐’。”

出生于 1995 年的薛娇是“95 后”女子质检组里的大姐，也是女子质检组的第一位女工。她笑称是自己提高了班组年龄的上限，“95 后”这个名称完全是为了“照顾”她的年龄取的，其他女职工都比她小。

班组里的女工大多都是生长在城市里的大学毕业生，突然要面对荒郊野外的作业环境，心里的不安和失落薛娇特别能理解。工余饭后，她都会主动找这些新职工谈心，叮嘱她们每天要关注天气预报，随时增添衣物、带好雨衣，告诉她们上线行走时不要一直盯着脚下的枕木以防头晕，传授她们查看零部件状态、发现安全隐患的方法。

“娇姐耐心地安慰我们，给我们讲了很多女子质检组的奋斗故事，特别是养路工引以为傲的‘福生庄精神’由来。渐渐地，我们也就不觉得工作有多苦了。”罗玥回忆起刚入路时的情景。

一旁的尹婕接过话头：“最让我们佩服的是娇姐身上那股拼劲儿，感觉她就是个女超人，无所不能。”

薛娇在推行轨道检查仪检查线路　常乐 / 摄

“能这么‘拼’的工作，离不开爱人和婆婆的支持。”每当提及家人，薛娇的脸上总会泛起暖暖笑意。2022 年，孩子出生后不久，薛娇便返回了岗位，为了不影响工作，她把婆婆和孩子接到班组附近的城郊出租房，带着正处于哺乳期的孩子一住就是一年多。

这一年时间里，薛娇每天像一个飞快旋转的陀螺。虽然为了方便照顾家里，车间只安排她负责内业工作，但她知道，自己的“铁脚板”还得提速。为了与时间“赛跑”，薛娇专门买了一辆电动自行车，早晨上班前给孩子喂足奶水，到了车间抓紧一切时间做好数据分析、编制作业计划、主持班前会，中午前赶回出租房照看孩子，有时一天得来回跑三四趟。虽然很是忙碌，但也收获了一个又一个幸福的惊喜：在这个温暖的出租房里，孩子学会了翻身、坐立，还长出了第一颗牙。

那段时间，加速奔跑是工作生活中的主旋律，薛娇回忆道：“上班路上想着将要制订的方案又能消灭几处病害，下班路上想想孩子可爱的笑脸，这样的幸福感也让疲惫减轻了不少。”

一年的时间里，薛娇虽然瘦了很多，但总算是“跑”赢了时间。看到孩子一天天健康长大，她既开心又自豪。如今，婆婆已经带着孩子回到了城里的家中，每天睡觉前她都会通过视频和小家伙道晚安。

2024年，薛娇凭借优异的成绩成功竞聘成为车间助理工程师，并荣获全国五一劳动奖章。得知消息的那一刻，她既开心又感慨："这份荣誉对我来说既是鼓励也是责任，在今后的工作中，我会继续在岗位上发光发热，保障每一趟列车安全平稳运行。"

扫码观看视频

采访手记

刚柔相济的奋斗青春

在薛娇的身上，既可以看到一股巾帼不让须眉的"刚"，又能找到女性细致入微的"柔"。工作中，薛娇意志如钢，面对恶劣的工作环境和巨大的工作压力，从未退缩，始终坚守在岗位上默默耕耘，对待工作严谨认真，不断挑战自我、努力提升专业能力。生活中，薛娇柔情似水，用细腻和关怀温暖着工友们的心，鼓励大家互相学习、互相帮助，共同面对工作中的挑战。她用自己的实际行动诠释了新时代铁路工作者的责任与担当，也为广大青年树立了榜样。

（原载于2024年6月12日《人民铁道》报1版）

张生周

中共党员，中国铁路郑州局集团有限公司郑州东高铁基础设施段焦作西高铁综合维修车间信号工。享受国务院政府特殊津贴，曾获全国技术能手、全路首席技师、铁路工匠等荣誉。

匠心护航前行路

——记中国铁路郑州局集团有限公司郑州东高铁基础设施段焦作西高铁综合维修车间信号工张生周

肖培清　高广义　王　玮　崔激激

“转辙机锁闭杆距离锁闭框边缘不能小于1毫米，注意杆件联结螺栓不要过紧……”2024年7月4日凌晨，在郑太高铁修武西站，中国铁路郑州局集团有限公司郑州东高铁基础设施段焦作西高铁综合维修车间信号工张生周对身边的青工叮嘱道。

转辙机是控制道岔转向的关键设备，也是电务信号核心设备。作为郑州局集团公司电务专业技术“领军人”之一，张生周就像安全高效运转的转辙机一样，用一颗炽热的匠心守护列车前进的方向。

28年来，张生周潜心钻研电务设备的维修养护技术，高效处置150多起设备故障，解决关键性技术问题4项，获得全国技术能手、全路首席技师、铁路工匠等荣誉称号，并享受国务院政府特殊津贴。

入一行精一技，孜孜不倦育匠心

“生周，你真帮了我们大忙，解决了‘卡壳’的大问题！”近日，张生周接到新乡电务段狮子营信号工区一位老同事的电话，感谢他在轨道电路标准化专项整治中的倾力相助。

狮子营信号工区是张生周20多年前工作过的地方。说起张生周的故事，大家纷纷打开了话匣子。

张生周在检查高速道岔尖轨密贴状态　王玮 / 摄

职工们回忆，张生周出门时，总是背着一个工具包，包里装着两件“宝贝”，一件是从不离身的笔记本，另一件是装满技术课件的 U 盘。那本翻得发黄、卷边的笔记本里，密密麻麻记着 100 多个电务设备故障的分析处理方案。

1996 年 7 月，张生周中专毕业后到新乡电务段焦作车间狮子营信号工区工作。国字脸、浓眉毛、外表憨厚的“小张”很快就给工区带来了惊喜。一次，车站一组道岔定位“断表示”，如果处理不及时会直接影响接发车。张生周根据自己掌握的知识，使用万用表测试，很快找到了问题：“室内设备开路，电没送出去！”仅用 3 分钟，他就排除了故障。

这“3 分钟”，给初入职场的张生周带来了满满的信心和力量。

“信心是一切可能性的开始。”张生周很喜欢这句话。他说，如果没有当初的成功，他不会对这个专业爱得这么深沉！

随着工作经验的积累，张生周决心要成为行业的“高手”，想在练功比武的赛场上证明自己。但初上赛场的经历，让张生周体会到，“高手”的成长之路绝非坦途。

2001 年 6 月，张生周第一次参加段里的技术比武。没想到，他竟看错了图纸端子号位置，连天天打交道的“老伙计”万用表也使用失误。10 分钟下来，两处故障排除“全军覆没”。

经验不足、见得太少、练得不够、思路不对……回到工区，师傅们帮他总结查找原因。

知道了不足与短板，努力就有了方向。向师傅学，向书本学，向实践学……张生周的一颗匠心茁壮成长。

道岔转辙机是关键电务设备，电务职工必须熟练掌握其维修技能。张生周的进阶之路，就从“吃透”转辙机开始。在深入研究设备原理的基础上，张生周每天拆装转辙机 3 遍，用时也从 20 分钟开始逐渐缩短。在一次业务大赛中，他以 13 分钟的成绩获得转辙机拆装比武第一名。

赛促练，练促干。在备战各层级练功比武的过程中，他结合日常工作，总结出“先室内、后室外，先机械、后电气，先启动、后表示，先测试、后判断”的“四先四后”快速判断处理道岔电务故障工作法，在一线现场推广后，有效压缩了故障排除时间。

入一行精一技，孜孜不倦育匠心。张生周以谦虚的品行、驰而不息的韧劲，在专业的道路上精进前行。2011 年 6 月，他参加了第三届全国铁道行业职业技能大赛，一举夺得车站区间信号项目比武第二名，被授予全国技术能手称号。

守一方倾一力，毫厘必较显匠心

近年来，神州大地上，高铁建设如火如荼，为广大铁路职工提供了施展才华的舞台。2015 年，郑徐高铁、郑渝高铁郑襄段、郑阜高铁河南段相继开工建设。当时，郑太高铁郑焦段筹建施工介入组，张生周因此成了一名“高铁人”。

“高铁高标准”，进入新的赛道，这句话被张生周牢牢地记在脑海里。他意识到，高铁养护必须具备更精细的检修技术和更精准的现场作业能力。

2024 年 7 月 9 日，在郑太高铁焦作西站道岔捣固施工中，张生周和工友们负责更换道岔外锁闭装置。

“道岔外锁闭杆件换上去后，螺丝、垫片都要检查仔细，千万不能出现错装、漏装；拆卸外锁杆件过程中一定要双人配合，避免磕碰损伤。”施工前，张生周反复叮嘱道。

0 时 10 分，施工“天窗”命令下达。张生周和工友们立即上道，一会儿，就将道岔外锁闭装置拆了个干干净净。随即人员立即下道，待捣固车对该区段进行捣固作业后，人员再次返回线路开始安装工作。

“往右再移动 1 厘米，对准位置再撒手，落槽时注意安全。”张生周提醒。施工现场，敲击声、联控声、机器动作声……相互交织，组成了一首美丽的“协奏曲”。

施工作业在精准和高效中有序推进。

高铁道岔决定着动车组前进方向，道岔的驱动装置——转辙机是张生周最看重的电务设备，对其检修，张生周认真得有点“轴”。检查转辙机时，他要求内部锁舌、检查柱等不易检查的部位，必须做到一项不少、一处不漏、一点不落；自动开闭器接点柱和接点座要像两只手那样“紧紧相握”，实现耦合完全。

转辙机中的“道岔缺口”数值是判断道岔动作是否到位的关键参数。普

张生周在作业现场开展教学　王玮 / 摄

铁“道岔缺口”数值允许误差是 ±0.5 毫米，高铁则是 ±0.1 毫米。张生周说，原来在普铁工作时，他可以靠肉眼评判这项数值。“在高铁上肯定不行，必须有更精准高效的检测办法。”张生周严肃地说。

心中有责任，眼中有问题，手中有方法。张生周牵头反复试验，根据塞尺原理，研制出高铁“道岔缺口”专用检查工具——弓形“检查棒”，其两端厚度分别是“道岔缺口”被允许的最大、最小值。“数值是否超标，两头一试结果立现。”张生周介绍，这个小工具把“道岔缺口”调整、校核精度提升了近一倍。他还研究创立了“一次性‘缺口’调整法”,一体解决了“道岔缺口”数据采集校核误差偏大，以及标准化调整较难的技术问题。

如果说执行标准不走样，反映的是张生周认真负责的工作态度，那么，落实标准的创新做法，则彰显了他严谨的科学精神。

在高铁岗位工作期间，张生周进一步丰富和发展了“四先四后”工作法，形成了“先分析、后处理，先测试、后判断，先室内、后室外，先机械、后电气，先启动、后表示”的“五先五后”工作法，并探索实施故障模块化处理，有效压缩了现场故障处理时间。

“高铁高标准就体现在这些细枝末梢上。”在张生周看来，哪怕只增加了一句话，调整了一下检查顺序，但安全就多了一道保障。

守一方倾一力，毫厘必较显匠心。在高铁岗位工作的 11 年里，张生周负责的设备质量鉴定优良率达 100%。入路 28 年来，他所检修、包保过的设备未发生过一起责任故障。

择一事终一生，扎根基层固匠心

7 月 8 日凌晨，郑太高铁修武西站夏雨簌簌。此时，杨磊正带着数名新职工开展电务设备防洪巡查。

杨磊是焦作西高铁综合维修车间修武西工区副工长，也是张生周的徒弟之一。他讲述了张生周给他上的“第一堂课”。

在郑太高铁联调联试期间，修武西站有一组道岔采用的是 ZYJ6 型液压转辙机。在安装调试该设备时，施工人员忙了一整天也没有调好。一筹莫展之际，有人向他们推荐了介入组的张生周。

张生周欣然领命。他一方面与设备厂商对接技术要点，一方面带杨磊到现场研究设备。不到两小时，他们就完成了道岔缺口调整和电路调试。事后，张生周还总结了 ZYJ6 型液压转辙机的技术特点，牵头制定了该型道岔日常养护的标准化流程。

这次经历让杨磊收获颇丰。“现场才是最好的老师。”杨磊说。

“只要当天有‘天窗’，你就能在现场找到张师傅！”焦作西高铁综合维修车间党支部书记王波说。

近年来，张生周坚持扎根现场吸收营养，又把新理论、新技术、新工法、新装备等创新成果“反哺”高铁运输生产现场。

2024 年 4 月 26 日，新建日兰高铁河南段动态验收工作正如火如荼。“兰考南至庄寨区间轨道电路发生Ⅲ级报警，需要立即处理！”郑州东高铁基础设施段日兰高铁介入组发现，部分轨道电路小轨电压小范围波动，他们立即联系施工单位及设备厂家人员到现场检查，但只得到了一个反馈信息：轨道电路室外设备正常。

眼见波动现象依然存在，大家意识到这是一处隐患，但一时找不到解决方法。在破题乏术之际，一个电话打给了张生周。

张生周接电话后马上乘高铁赶往现场。经过实地调查，张生周将目标锁定在监测采集系统上。在他组织厂家更换采集线后异常现象消失。张生周又一次成功地解决了现场偶发的“疑难杂症”。

中国高铁科技迅猛发展，复兴号奔驰在祖国广袤的大地上，离不开无数像张生周这样的基层技术型人才的支撑。

单丝不成线，独木不成林。已成为高铁电务领域“蓝领专家”的张生周经常把自己比作是一台转辙机。“一个 1/12 型的普速道岔需要 2 台转辙机牵引，一个 1/42 型的高速道岔则需要 9 台转辙机同时牵引。”张生周说。他认为，要实现高铁电务事业的高质量发展，需要更多像他一样的“转辙机”共同发力。

近 3 年来，张生周培养高级技师、技师等技术骨干近 30 人。他手中的那本“辟邪剑谱”，已成为青工心目中的“武功秘籍”。2023 年，郑州东高铁基础设施段 32 名青年职工在他一手培养下，顺利走上了一线工班长岗位，成为护航高铁安全的中坚力量。

择一事终一生，扎根基层固匠心。2023 年，以张生周名字命名的劳模工作室成立，他决心以此为新机遇，围绕新质生产力在中国高铁的应用领域继续攻坚，在勇当服务和支撑中国式现代化“火车头”新征程上再展作为。

对未来，张生周充满期盼。

扫码观看视频

采访手记

匠者，以技艺铸魂

三百六十行，行行出状元。从“学徒”到“名师”，从“名落孙山”到“摘取桂冠”，28年来，张生周与道岔电务设备为伍，以骄人的业绩诠释了“匠者，以技艺铸魂”的内涵。

“我赶上了高铁快速发展的好时代。”谦虚低调的张生周认为自己的成长进步归功于时代的发展。接受采访时，张生周20多年前工作过的新乡电务段狮子营信号工区职工发来微信，请教轨道电路调整业务，他始终耐心讲解，脸上洋溢着笑容。就像他的微信昵称“陀螺”一样，张生周在工作中往复奔忙，但从不抱怨。今年上半年，在不影响工作的情况下，他还外出授课30多次。

中国铁路日新月异的发展，需要许多像张生周这样的一线职工，踏踏实实、勤勤恳恳走好自己的路，在普通岗位上创造不平凡的业绩。

（原载于2024年7月17日《人民铁道》报1版）

黄　忆

中共党员，中国铁路武汉局集团有限公司武汉大功率机车检修段总成车间质检员。曾获全国技术能手、火车头奖章、全路青年岗位能手、湖北省学习型职工等荣誉。

永不服输的“机车医生”

——记中国铁路武汉局集团有限公司武汉大功率机车检修段总成车间质检员黄忆

王 强 廖 超 徐安宏

仲夏时节，荷花飘香。6月14日，位于严西湖畔的中国铁路武汉局集团有限公司武汉大功率机车检修段里，“机车医生”黄忆正拿着摄像手电对和谐型电力机车走行部进行全面检查，时而弯下腰，时而伸出头，时而做记录……

他所在的武汉大功率机车检修段是华中地区唯一的路网性和谐型机车高级修单位，被称为火车头“4S店”。在这里，一台台机车经过拆解、检修、组装、调试等工序后精良上线。

11年来，黄忆靠着一股不服输的钻劲和韧劲，从一名业务小白成长为技术大拿；经他检修的2600余台机车，牵引着客运列车及重载货运列车，安全驰骋在京广、京九、陇海、兰新、浩吉等铁路大动脉上。

干就干出个样子来

位于巍巍大别山南麓的京九铁路，穿越黄忆的家乡浠水县。小时候，看着一列列火车从家门口飞驰而过：成为火车司机的梦想在他心里悄然生根。

2013年，21岁的黄忆毕业后被分到了武汉大功率机车检修段。未能成为火车司机让他心里多少有些失落，但很快他就调整好了心态：“当不了司机就好好修车，干就干出个样子来！”

黄忆在检查大功率机车轮对　徐安宏 / 摄

说易行难。当好一名修车工并非易事，现实很快给他上了一堂课：机车制动管路错综复杂，图纸上密密麻麻地铺满了管道线路，图纸中生僻拗口的专业名词也很难理解，而实操机车制动软管连接时，还会发生管路漏风问题。理论知识不扎实，动手能力有欠缺，这都没有让黄忆气馁，反而激发出内心深处那股子不服输的钻劲。

提升业务技能没有捷径，唯有苦练。“师傅，为什么你们检修的管路不会出现泄漏?”“师傅，紧固的力度怎么把握?”白天，黄忆追着师傅学习制动管路检修要领、登上机车对照实物反复琢磨；晚上，回到宿舍他专攻管路图纸、“啃”专业书籍……他拿出滚石上山的精神，孜孜以求，在提升业务技能的道路上不断攀登。

努力的汗水终究没被辜负。超常付出让他在同辈中脱颖而出，黄忆被选拔为制动组负责人。2018 年，在他的带领下，制动组被授予全国青年安全生产示范岗称号，他也晋级为单位最年轻的技师之一。

2020 年 5 月，经过层层选拔，黄忆代表武汉局集团公司参加第六届全国铁道行业职业技能大赛。集训的暑期正值武汉最热季节，练习时需进入没有空调的机械间，内部温度在40摄氏度以上，黄忆沉浸在艰苦的训练之中，全身湿透也不休息片刻。他深知，跟全国的高手过招，技能上不能有任何死角，每个细节都必须搞准搞透。

在钳工实作项目中，工件配合精度要达到0.04毫米，各尺寸偏差要在0.02毫米以内，相当于一根头发丝的直径，如此高的精度光凭眼力是很难实现的。为短时间解决这个难题，黄忆在网上如饥似渴地搜索资料进行学习借鉴，终于探索出利用游标卡尺测量爪来校验工件的不平整位置，继而通过不断锉修使工件实现无缝密贴。经过上千次的练习，黄忆最终熟练掌握了这种高精度加工方法。

同年10月，黄忆出征全国铁道行业职业技能大赛，一举夺得机车车辆制动钳工（机车）项目第一名，成为“制动状元”，被人力资源和社会保障部授予全国技术能手称号。

没有攻克不了的难关

武汉大功率机车检修段主要负责HXD1、HXD3两个系列5种车型C4、C5修程的检修，承修机车辐射武汉、南昌、郑州、呼和浩特等10余个铁路局集团公司。

近年来，随着检修能力提升和承修范围的扩大，该段不仅每年要承担300余台的机车高级修任务，还要负责京九、京广等铁路干线及浩吉铁路等重载线路700多台机车的质保服务。如何确保机车状态良好、破解惯性质量难题成为该段主攻方向。

机车制动系统是确保行车安全的重要设备，多而复杂的制动管路更是重中之重。在一线摸爬滚打多年的黄忆深知，技术的创新和进步才是提高机车检修技术的关键。

一天，黄忆在医院看到心电图时突然想到，机车管路类似人体血管，管路内压力的变化数据能不能和做心电图一样进行采集呢？如果将制动管路各类风压数据通过外接端口采集起来，再分析采集到的数据，是不是就能快速检测出部件故障处所呢？

说干就干，黄忆从网上淘来一台二手平板电脑，并购买模拟量采集卡、数字量模块等电器元件进行组装。工件组装好如何进行数据处理却让黄忆犯难了。向技术人员求助无果后，黄忆决定自学编程语言，没有现成的代码就上网找资料再有针对性地进行修改。凭着不服输的韧劲，黄忆完成了数据处理及显示界面的编程，一台自制的“风压波动检测仪”诞生了。实践证明，该检测仪能在机车调试过程中通过数据快速判断制动管路和功能模块的故障点，大幅提高了机车检修故障查找效率，为制动系统核心部件自主修开发提供了新路径。

奋力攀登，不负韶华。多年来，黄忆为打破和谐型机车自主修技术瓶颈，主动担当起攻克难关的重任。他总结提炼的“气动刮雨器检修”系列作业法，使单台机车刮雨器检修工时由 144 小时缩短至 48 小时，有效提高劳效，高质量保障机车运力供给。他还先后设计制作 17 种机车检修专用工装，拥有 2 项国家实用新型专利，攻克 20 多项机车惯性质量难关，为企业高质量发展奠定了基础。

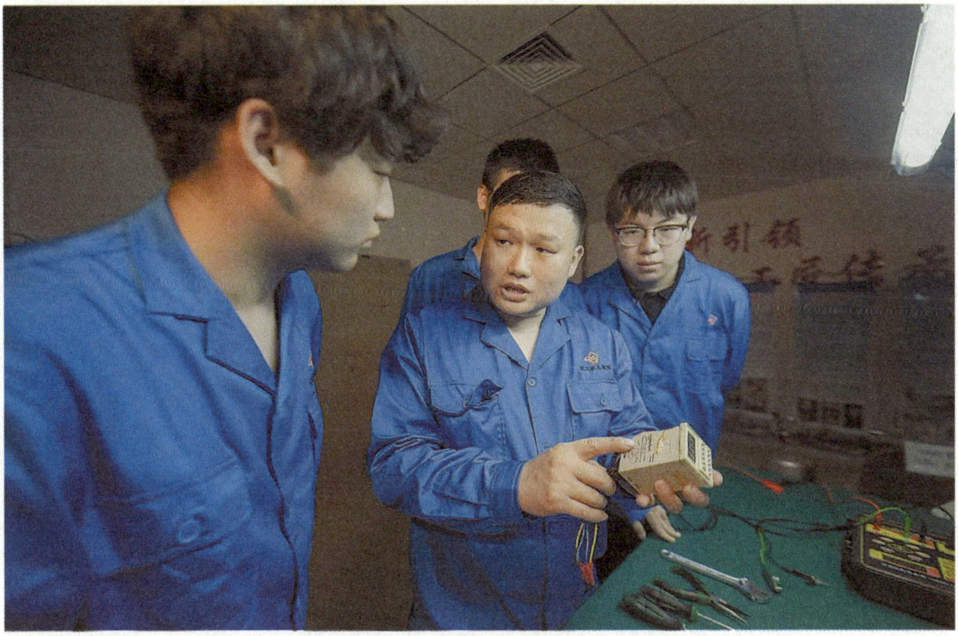

黄忆（左二）在给青年职工讲解时间继电器检修试验要点　彭琦 / 摄

在青春赛道上努力奔跑

“能吃苦、肯钻研、敢挑战、有担当，是不可多得的技术好手。”提起黄忆，车间党支部书记李建伟赞赏有加。随着名气越来越大，黄忆成了青工们争相学习的榜样、努力超越的标杆。

一花独放不是春，万紫千红春满园。武汉大功率机车检修段是一个年轻的单位，职工平均年龄31岁，“90后”青工占多数。近年来，在干好本职工作的同时，黄忆发挥自身专长，积极做好“传帮带”工作。黄忆把多年来摸索总结的“望闻问切四步工作法”“质量弓步检查法”等检修、查验工作方法图文并茂地汇编成册并发给青工学习。“有故障问题，找黄忆！”现在，工作中遇到“疑难杂症”，青工们总是喜欢找黄忆请教。

2021年，黄忆开始担任武汉局集团公司兼职教师、考评员、段技能大师工作室成员。每年的新入路青工岗前培训中，武汉局集团公司和武汉大功率机车检修段都会安排黄忆授课，并让其在各类技能竞赛上担任

黄忆在为新入路大学毕业生传授专业知识　彭琦/摄

集训教练。

“别看黄教练平时话不多，和我们讲起业务来，知无不言。他经常问我们典型故障特点、故障原因等问题。”第一次参加武汉局集团公司机务系统制动钳工技能竞赛就夺得第二名的电力机车钳工周国治深有感触地说，能取得好成绩，离不开黄忆的无私传授和悉心指教。每次集训，黄忆总是从劳保着装、故障查找、方法步骤、活件描述等方面“挑刺”，一遍又一遍不厌其烦地指导每名集训队员，认真总结复盘，直至全员熟练掌握所有模拟故障处理技巧。

3 年来，黄忆先后参与编写电力机车钳工、制动钳工等多个工种培训教案，完成“三新”人员、适应性培训授课 100 多场，现场听课的职工近万人次；先后带出高级技师 2 人、技师 6 人，帮助 200 多名职工提升了职业技能等级；作为教练带队参赛 3 年，有 6 名队员在全路机务系统职业竞赛中取得优异成绩，其中 5 人荣获全路青年岗位能手称号，可谓是桃李满天下。

在一代又一代检修青年职工的传承下，学技练功在该段蔚然成风。目前，武汉大功率机车检修段已成为全路自主修能力最强的检修段之一，率先形成规模化、区域化检修能力；2023 年全年承修量、2024 年计划承修量在全路和谐型机车检修单位中均排名前列。

千川汇海阔，风好正扬帆。以黄忆为代表的青年骨干们通过自身钻研摸索，勇攀技术高峰，为新时代铁路机车检修事业贡献了青春的智慧和汗水。

扫码观看视频

采访手记

奋斗是青春最亮丽底色

“干就干出个样子来!”入路以来，黄忆瞄准和谐型机车自主修的技术瓶颈，攻坚克难，奋力攀登，全面提高综合素质及检修能力，为推动企业高质量发展贡献力量。

“他是真的爱钻研,浑身上下充满‘打破砂锅问到底’的劲头。”身边的同事们这么评价黄忆。

对于工作永不松懈，对于困难永不服输，对于成绩永不自满。黄忆用实际行动展现了“90后”铁路职工不懈努力、执着追求、勇于创新、砥砺奋进的精神风貌。“在我们同一批入段的近200名青工中，黄忆最勤奋好学，业务水平也是最高的!”说起黄忆，同事们连连称赞。

百舸争流，奋楫者先。怀着对铁路事业的热爱和执着，黄忆一步一个脚印，在青春的赛道上努力跑出最好成绩，用奋斗成就精彩人生。“把最清澈的爱，献给铁路事业”，这是黄忆发自内心的最强音。

（原载于2024年6月26日《人民铁道》报1版）

高　川

中共党员，中国铁路济南局集团有限公司青岛供电段青岛检测车间工长，曾获全路技术能手、全路青年科技创新奖等荣誉。

创新实干铸匠心

——记中国铁路济南局集团有限公司青岛供电段青岛检测车间工长高川

李锡秉　杨婉清　曲宝骏　王景涵

夏日岛城，夜色融融。

2024 年 7 月 30 日晚，中国铁路济南局集团有限公司青岛供电段“创新工作室”里依然灯火通明。暖色灯光下，一名职工正娴熟地操纵着手中的欧姆表，在操作台上认真检验数据……他就是全路技术能手、青岛供电段青岛检测车间运行工区工长高川。

他编制的《新建接触网设备“三测三整”参数调整指导标准》，为高铁新线项目接管积累了宝贵经验。

他创新研发的“接触网棘轮补偿装置防鸟网”获国家实用新型专利，管内 6 年来未发生因鸟巢引起的跳闸故障，合计减少工区“天窗”点 336 个。

他刻苦钻研，潜心学技术、学业务，被工友们称为供电“活字典”。

“争做创新实干型技术工人。”入路工作 20 年来，高川胸怀梦想，创新实干，由一名普通接触网工成长为铁路供电领域技能大师，以追求卓越的匠心为推动铁路高质量发展贡献智慧和力量。

爱啃硬骨头　争当急先锋

近年来，随着日兰高铁、青盐铁路、潍莱高铁等一批重大铁路建设项目先后开通，山东高铁运营里程不断刷新，不仅为区域经济社会发展按下“加

高川对接触网 b 值进行调整　曲宝骏 / 摄

速键”，还为山东加快建设绿色低碳高质量发展先行区注入强劲动力。

高川所在的工区主要负责日兰高铁、青盐铁路等多条线路接触网设备的检测分析工作。接触网是高铁供电的重要设备。必须确保其可靠接触、安全供电，保持非常平顺，列车经过时才能正常取流，从而为高铁列车提供动能。

2020 年 7 月 28 日，潍莱高铁验收现场，骄阳似火，热浪灼人。对讲机里传来高空作业人员的大声呼叫：“发现一处问题，疑似接触线变形！”一个微小的接触线硬点都可能引发高速行驶的列车出现拉弧，产生电火花故障，更不用说接触线硬弯，极易造成燃弧，甚至导致高铁列车供电中断。眼看“天窗”作业时间就要到了，正在邻近高空支柱上作业的高川主动请缨，迅速从高空支柱上下来，抓起工具袋，又迅速爬上问题点所在的支柱。

只见高川拿出平口螺丝刀，模拟高铁受电弓运行状态，一寸一寸地进行检测。阳光刺眼，汗水顺着他的脸颊不断滴落。经过 10 多分钟，高川凭借着耐心和细心，确定了接触线上一个 4 毫米的凸起。随后，他又利用水平测量尺检查接触线偏移方向，使用特有的正弯器逐一进行恢复，成功解决了接触线变形的问题。

每当遇到急难险重任务，大家挠头棘手时总是第一个想到高川。

2023年的一天，当时距离莱荣高铁联调联试还有20天，需要摸清全线供电设备的全部参数。由于这项工作涉及检测分析、接触网运维多个专业，能够驾驭这项工作的人员屈指可数，而高川正是其中之一。

高川接到任务立刻对图验收，用了两周的时间从荣成走到莱西，手推测量仪徒步走了300多公里，检查了9000多根支柱、50000多根吊弦的接触网参数。他几乎每天上午走20多公里，14时以后再进行数据对比。当被问到忙完一天的工作感受，他憨厚地笑着说："脑袋里只想着明天继续推。"

就这样经过连续作战，他通过图像分析和数据对比的方法，发现了200余处定位器安装不符合设计规范、1600余处吊弦高差超标等问题并督促施工单位进行整改。调整之后他还是放心不下，在联调联试期间又对全线测量了两遍，并经过不断优化调整，最终实现莱荣高铁接触网动态性能指标CDI和接触网静态质量指标CQI双百分，成为全路新建高铁线路的典范。

高川还总结编制《新建接触网设备"三测三整"参数调整指导标准》，为高铁线路后续维护工作提供了科学指导，也为新线项目接管积累了宝贵经验。

发明新工艺　巧手解难题

"创新是企业发展的灵魂，只有不断创新才能推动铁路高质量发展。"高川始终秉持着这样的理念，并将其落实到实际行动。

吊弦是承载接触线平顺性因素之一。传统的吊弦更换及调整作业需要两人进行，且调整时没有标尺，只能凭借经验进行初调，安全风险较高，每次作业耗时耗力。

"看到工友更换吊弦费尽心力，一次作业下来累得筋疲力尽，我就开始想办法解决这个问题。"回忆起当时的情景高川说。

钻研吊弦的结构和更换流程，观察现场操作，详细记录每一步的耗时和潜在改进点，深入研究吊弦的物理特性和力学原理……高川乐此不疲。

在多次实验和改进后，"快速更换吊弦专用工具"诞生了。这种装置将刻度尺、棘轮伸缩钩、摇把、拉伸带等部分集合在一起，可以快速准确地更换及调整吊弦，轻便易携带。

该工具实用效果表明，吊弦更换误差从以前的 10 毫米降低到 2 毫米，同时更换效率提升了 50%，大大降低了人员的劳动强度，更保障了工友们的安全。

“不服输、爱钻研，既苦干又巧干，所以高川总能攻下别人攻不下的‘山头’”。车间党总支书记朱毅说。

青荣城际铁路的莱西北至莱阳区段地处平原，是桥梁高架线路密集的区域。这里的支柱多为格构式钢柱，其结构稳固、位置高耸，成为鸟类“安家”的理想场所，也是鸟害频发的重点区段。在每年 1 至 5 月份，工区处理鸟窝的“天窗”数占到了全月计划的一多半，带来了不小的安全隐患。

高川看在眼里，急在心里。爱动手动脑的他，将宽 2 米的细铁丝网裁剪成边长 2 米的方形大小，并卷成小捆，绑定在莱西北网工区高危支柱上，使支柱上方平面与外界隔离开来。

一天、两天……十天、十五天，一眨眼半个月过去，原来日复一日出现在监控中的树枝，竟然神奇消失了。“我们观察到鸟类接近设备时会迅速改变飞行路径，避开这些区域。”高川开心地说。第一张防鸟网取得了成功。

历经 300 多个日夜，他利用数字仿真模型测试 5000 余次，收集数据近万个，终于研发出棘轮补偿防鸟网，在青荣城际铁路共计安装 800 余处，6 年间减少棘轮处鸟巢 3800 余个，同比降低 44.7%，合计减少“天窗”336 个，创造经济效益 200 余万元。

2023 年经过不断改进，高川又研发出了棘轮补偿装置“三防一驱”和隔离开关“一驱两护”两种防鸟法，使用后未再发生因鸟巢引起接触网跳闸故障。

高川马不停蹄，又先后研制出“高速铁路接触网在线监测集成装置”等 16 项创新成果，其中 10 项获得了国家实用新型专利。

近三年来，他总结归纳出供电检测监测“3C 缺陷多场景区域分析法”“4C 缺陷 Z 形五步分析法”等工作方法，完善《3C 装置应急处置方案》《4C 检测标准化作业流程》等技术类作业标准，成为推动大数据转型升级的“启示”。

高川还创新集中修方式，按固定人员、固定设备、固定标准、固定流程、固定记录的“五固定”检修模式配合“一正、二紧、三补、四标、五涂抹”的检修十一字诀，使作业效率得到显著提高；总结制定的“三换两推一紧固”接触网硬点燃弧处理法，使此类缺陷得到全部处理。

潜心练内功　练就“活字典”

2004年，高川从学校毕业后来到济南供电段，成为一名接触网工。当时正赶上胶济线电气化改造，这是济南局自管的第一条27.5千伏高压输电线路。回忆起当年的情景，高川脸上露出怀念的笑容：“那时候，设备新、知识新、人员新，一切都是新的，心里既激动又紧张。”对于他来说，铁路电气化不仅是技术上的飞跃，还是实现梦想的起点。

为了更好地掌握专业知识，高川利用业余时间翻阅大量技术手册和维修指南。他的书桌上堆满了各种设备说明书和专业书籍，遇到不懂的，就仔细地将每个问题进行归类、梳理，逐一对照图纸进行深入分析，撰写技术总结。接触网上螺栓与螺帽之间的紧固，接触线与吊弦以及承力索间的配合协调，他不放过任何一个细节，每一次缺陷的成功消除都是对他能力的验证，每一次夜以继日的坚持都是在为梦想铺路。如今，他不仅掌握了最新的行业标准和技术规范，还深入研究大量的专业知识，涵盖了电气工程、机械结构等多个领域。

尽管工作很辛苦，但高川从未有过任何怨言。“我始终坚信，只有通过

高川（左）与同事对3C设备进行检修维护　曲宝骏/摄

不断地学习和实践，才能真正成长为一名优秀的接触网工。”他坚定地说道。从基层工人到技术员，再到工长，高川的职业生涯就像一列加速前行的列车，一路攻克难关，不断前进。

在工友眼中，无论遇到再大的困难，高川始终乐呵呵的。工区内，高川被大家亲切地称为“活字典”，每当遇到技术问题时，大家总是第一时间向他求助。工友宿琪鑫感叹道:“高川的记忆力惊人，他就像一本厚厚的技术手册，总能迅速找到答案。”

有一次，工区管内的隔离开关设备出现故障，工友们尝试了多种方法都未能找到问题的根源，情况紧急。高川得知后立即赶到现场，仅仅查看了几分钟就指出问题症结所在。这种设备内部的连接端子片故障极为罕见，高川曾在一本国内的技术资料中看到过。由于他的精准判断和快速反应，这个复杂问题得到成功解决，确保了设备正常运行。

高川还非常注重对年轻职工的培养，常常利用休息时间组织小型技术培训会，分享积累的经验和心得。高川的办公室门总是敞开的，无论是白天的繁忙时段还是深夜，只要有职工遇到问题，他都会耐心解答。从接触网的基本结构到最新的技术更新，从常见的故障处理到突发状况应对，高川总能用通俗易懂的语言将复杂技术问题讲解清楚。

2021 年二季度，青岛供电段成立了以高川为领头人的“高川示范级创新工作室”。他毫无保留地将自己的工作经验以及技艺方法传授给身边的工友。工作室内，常常可以看到高川带领团队热烈讨论、认真钻研的情景。

水滴汇成海，细流聚成江。在高川的影响和带动下，团队先后培养出技术比武“种子选手”8 名，班组长 2 名、副班组长 6 名，济铁工匠 1 名，局集团公司首席技师 1 名、高级技师 3 名、技师 3 名，成为铁路供电事业的中坚力量。

扫码观看视频

采访手记

不惧挑战　勇敢前进

“每一次的挑战都是一次学习的机会，每一个小小的改进，都是向着更好的方向迈进。”这是高川始终坚持的工作信条。

不惧挑战方能愈战愈勇、愈战愈强。20年坚守付出，20年创新创造，高川正是秉持着这样的工作态度，以拼搏精神和前行姿态一步步攀上铁路供电领域技术高峰。

复兴号奔驰在祖国广袤的大地上。守护高铁列车安全行驶的背后，还有许多像高川一样奋斗的身影。他们用汗水和智慧书写了一篇篇动人的故事，他们用执着和信念谱写了一曲曲奋斗的赞歌。

（原载于2024年8月9日《人民铁道》报1版）

邓志俊

中共党员，中国铁路上海局集团有限公司芜湖工务段探伤车间探伤工。曾获全国五一劳动奖章、全国铁路劳动模范、铁路工匠、国铁集团“百千万人才”工程专业带头人等荣誉。

躬耕毫厘间 匠心护坦途

——记中国铁路上海局集团有限公司芜湖工务段探伤车间探伤工邓志俊

吴少妮 许媛媛

春到江南，水墨徽州再添新绿，一条条铁路纵横其间。在绵延千里的钢铁大动脉上，中国铁路上海局集团有限公司芜湖工务段探伤工邓志俊留下一串串闪光的足迹。

28 年来，他与钢轨伤损“较量”，在毫厘之间打磨匠心，守护着一列列火车安全驰骋在这片如诗如画的热土上。

抽丝剥茧、精益求精，毫厘之间见真章

2023 年 11 月，长江之滨，寒风阵阵。在南京至芜湖普速铁路采石至黄梅山区间 76 公里处，邓志俊一边推着超声波钢轨探伤仪缓步向前，一边聚精会神地盯着仪器显示屏。

在一个焊缝处，他停了下来。看着显示屏上波形图的细微变化，旁边的辅助人员蹲下身子，认真查看焊缝外观状态，并与显示波形反复比对：“这个焊缝轨颚有溢流，应该是溢流边引起的回波，不是伤损。”

然而，邓志俊仍紧紧盯住显示屏，将探伤仪的灵敏度重新调整，同时改变探头扫查的位置。一次次探头微调、一遍遍往返复探，他作出判断：“这个回波不像是单纯的溢流边回波，应该是溢流边边缘还有伤损存在。”

发现异常波形只是第一步，找出真正的伤损才是关键。

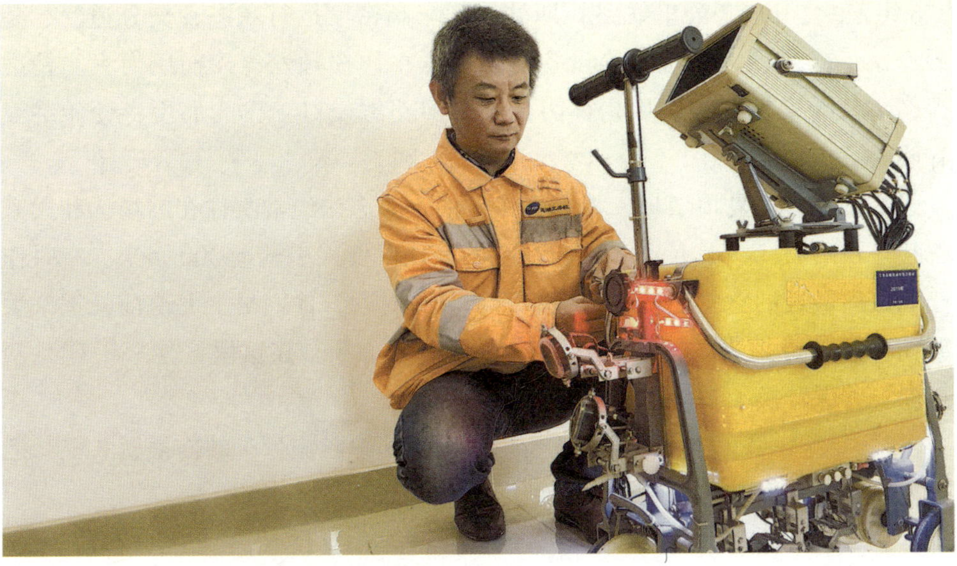

邓志俊在给钢轨探伤仪安装照明灯　阳扬 / 摄

只见邓志俊根据波形显示位置，拿着镜子趴在钢轨焊缝旁仔细查看，最终发现钢轨在焊接时轨头下颚处有钢水溢流。随后，他拿出校对探头认真校对，最终确定裂纹进入钢轨母材深度超过 2 毫米。

钢轨伤损千差万别，只有熟知各类伤损的出波规律和显示特点，才能精准发现伤损并将其消灭在萌芽状态。

心心在一艺，其艺必工；心心在一职，其职必举。

邓志俊是一个非常爱钻研的人。每发现一处伤损，他就用探头从各个角度复探，仔细辨别波幅差别和出波规律。28 年来，他探伤检查过的钢轨长度累计超 4 万公里，检测出有伤损钢轨 400 余根。

透过波形异象“抽丝剥茧”，在毫厘之间坚守匠心。渐渐地，“铁路神探”邓志俊名声在外。

“钢轨不同部位伤损在各种角度探头下呈现的波形图，牢牢刻印在邓志俊脑中。大家每次碰到‘疑难杂症’，首先想到的就是向他请教。”芜湖工务段探伤车间党总支书记陶红卫说。

2015 年 4 月，邓志俊被任命为芜湖东编组站线路探伤攻坚小组组长。该站位于华东二通道中部，是华东路网货物列车重要的“中场发动机”。站场内

278组道岔、117.7公里线路长期处于列车高密度运行状态，交分道岔、菱形道岔、减速顶、缓行器等设备复杂多样，伤损频发，探伤压力大。精准探伤不仅要聚精会神，更是体力活儿。但邓志俊对工作的那份责任始终没有放松。

冬踏积雪、夏顶烈日，为了工作方便，邓志俊经常吃住在站场，和大家一起守在站场。一天下来，35公斤重的探伤仪要人工搬运300多次。有时作业地点离最近的食堂超过2公里，为了节省时间，他们早上上道前就把午餐放在包里随身携带，饿了就蹲在线路旁凑合一顿。在这里，他一干就是两年多，劳保鞋换了20多双。

“两年间，我们共查出伤损钢轨62根，其中影响行车的伤损轨8根，把行车安全隐患消灭在萌芽状态！”邓志俊自豪地说。

匠心独运、敢为人先，创新突破不停步

皖南山区，崇山峻岭，段管内宁芜、皖赣、宣杭等普速铁路曲线地段多，钢轨核伤及鱼鳞伤多发。使用超声波钢轨探伤仪每完成一处曲线作业，7只探头至少需要人工弯腰微调近30次，仅此一项就耗时超过10分钟。

“天窗”时间有限，必须分秒必争。在一次检修仪器时，邓志俊一边用电动螺丝刀快速上下螺丝，一边想：“要是能将探伤仪探头调节由手动改为电动该多好！”

一念既定，再苦再难也要迎难而上、快马加鞭。

邓志俊很快设计出电动调节探头图纸，边试验、边完善，电机和集中控制器越换越小。一个月后，一套专为超声波钢轨探伤仪量身定制的电动调节探头架诞生。新装备投用后，所有探头实现电动遥控，既可以同步调节，也可以单独调节，不仅省时省力，探伤数据也更加精准。

由此，他开启了革新改造、提质增效的创新实践。

2020年2月，合杭高铁进入开通前的冲刺阶段，设备管理单位在对钢轨焊缝进行探伤时发现部分铝热焊接头存在问题，可一时找不到好办法彻底解决。

“必须把隐患消灭在通车之前！”邓志俊带队对焊缝逐个开展排查，收集

作业结束后，邓志俊对双轨探伤仪对中机构进行日常保养　黄纲纲 / 摄

探测钢轨焊缝的所有数据，对相同环境下焊接的焊缝使用不同工艺和仪器进行探伤。仔细排查后，他发现高铁钢轨探伤各方工艺标准不一，不同方法和仪器探伤发现的伤损定量有差别。

有了这个发现，他向段里提出，高铁新线探伤必须要求各方统一探伤工艺标准和仪器设备，严格执行焊缝判伤标准。此举让焊缝探伤效率得到大幅提高。

凭借一股韧劲儿，邓志俊不懈努力、不断攻关。

探伤仪在编组站作业时，遇到减速顶和缓行器地段，必须事先拆除线路上相关设备，程序相对烦琐。针对这一情况，2023 年 3 月，邓志俊牵头研发适用于大站场全区域双轨式手推探伤仪。他多次到芜湖东编组站现场测量减速顶和缓行器各部位尺寸，与合作单位反复讨论修改设计方案。

从探头组合形式到仪器整体重量控制，再到仪器快速组合拼装……面对一道道技术难题，邓志俊步步推进、精益求精。样品试用期间，他发现部分站线钢轨存在高低接头，不方便探伤仪回拉复探。不久之后，一套探头同步提升装置加装完成。

如今，新设备已经定型，正处于上级验收阶段。邓志俊信心满满："新设备一人推着可以对两股钢轨同时探伤，而且组装简单、拆卸方便，编组场内的减速顶、缓行器等特殊地段钢轨探伤效率至少提升 4 倍。"

对邓志俊而言，他从没想过走一蹴而就的捷径，而是坚持在百转千回中追寻最璀璨的创新之光。

自2020年“邓志俊钢轨探伤技能大师工作室”成立以来，在他的带领下，团队创新能力不断提升，探伤仪运输专用固定架、探伤仪辅助照明灯等10项科研成果均已有效运用在生产一线。

弦歌不辍、薪火相传，阔步春风再出发

2024年3月22日18时，已过下班时间，邓志俊还在为几位青年职工讲解实训项目操作要点，为即将到来的职业技能大赛作准备。

作为“邓志俊钢轨探伤技能大师工作室”的带头人，邓志俊除了疑难伤损复核、积极创新攻关，还要挤出时间给车间年轻职工进行技能培训，帮助他们提升业务水平。

车间业务骨干孙龙至今记得备考技师资格的那段日子。

“那时我刚从其他单位转岗过来，实作相对薄弱。邓师傅发现后，就每

邓志俊（中）为工作室成员讲解超声波探伤仪器性能测试要点　黄纲纲 / 摄

天下班主动陪我练习，一遍遍教我识别波形图、查找典型伤损。在他的帮助下，我很快掌握了技术要领，如愿通过考试。”孙龙的话语间满是感激。

薪火相传、生生不息。邓志俊如同一棵大树，引领护佑着大家茁壮成长、拔节向上。

“技能大师工作室现有成员 9 人，每个人都是他手把手带出来的，现在都是探伤骨干。”陶红卫说。

目前车间最年轻的工长杜亚星就是一个例子。

师徒二人结缘于一次“偶遇”。那是一个盛夏夜晚，刚入路的新职工杜亚星正在练兵场研究钢轨伤损裂纹，当时的练兵场只是一个简易工棚，没有空调，蚊虫飞来飞去。邓志俊看到杜亚星一动不动，着迷地盯着钢轨，就问道：“为什么不点蚊香？”杜亚星这才回过神来，笑着挠挠头，有点不好意思地说忘了。

杜亚星学业务的钻劲打动了邓志俊，他暗下决心，一定要把这个徒弟带出来。于是，邓志俊带着杜亚星用探伤仪探遍管内的每寸钢轨，手把手教他复核各类疑似伤损。杜亚星的业务能力突飞猛进，在上海局集团公司的职业技能大赛中崭露头角。

现代化生产需要团队支撑。为了培养更多的钢轨“神探”，邓志俊结合自身实践，注重收集教材里没有提及的钢轨伤损现象，并一一拍成视频、制作 PPT，作为职工学习教材。他常说，探伤工作不可能仅靠几个人，而要让每个上道的人都练就火眼金睛，才能第一时间查出钢轨损伤，消除隐患。

因选择而热爱，因责任而坚守。工作室成立 3 年多来，邓志俊现场教学 432 次，培养技师 2 名、高级工 5 名、工长 3 名，6 人在局集团公司和段职业技能大赛中获得全能第一名。

28 年弹指一挥，又到春花烂漫时，邓志俊用智慧和坚守守护着一列列火车安全运行。他的橙色背影，为水墨皖南增添一抹亮丽色彩。

扫码观看视频

采访手记

把一件事　做到极致

钢轨探伤，看似十分普通的工作，想要做到极致却十分不易，而邓志俊在此领域钻研了28年。这么多年里，他主要干一件事，就是研究各类钢轨伤损。一次次解决探伤难题，一回回攻克常人眼里的“不可能”，凭借的是他日复一日的刻苦钻研和反复试验。

邓志俊说，在自己的岗位上，把工作做精做专、成为行家里手，就是他自身价值的体现。天下大事必作于细，从邓志俊身上可以看出，再平凡的事，只要做到了极致，就会闪闪发光。奋进在新征程上，需要千千万万像邓志俊这样的技能人才，做一事专一事精一事，为铁路勇当服务和支撑中国式现代化的“火车头”添砖加瓦。

（原载于2024年4月7日《人民铁道》报1版）

胡登良

中共党员，中国铁路南昌局集团有限公司南昌铁路物流中心向塘营业部工程师。曾获得全路技术能手、全国铁路青年岗位能手、全国铁路优秀共青团员等荣誉。

为物畅其流注入青春“铁”力量

——记中国铁路南昌局集团有限公司南昌铁路物流中心向塘营业部工程师胡登良

李一民　毕嘉伟　王　璐

虽已立秋，酷热依旧。南昌向塘国际陆港内，集装箱整齐码放，龙门吊作业繁忙，股道线停满货列……身着蓝色工作服、头戴红色安全帽的中国铁路南昌局集团有限公司南昌铁路物流中心向塘营业部工程师胡登良，沿着一列满载集装箱的平板车边走边检，时而驻足平视，时而下蹲细察。汗水浸透他的衣背，可见站场的温度和作业的强度。

今年以来，铁路部门深入贯彻落实习近平总书记对铁路工作的重要指示批示精神，加快现代物流体系建设，有效助力降低全社会物流成本，举措扎实、成效显著。放眼神州，车轮铿锵，物畅其流。其中，胡登良和同事们立足岗位、心系客户，为物畅其流贡献了青春“铁”力量。

后来居上：爱拼才会赢

1993年出生的胡登良，从华东交通大学物流管理专业毕业后进入铁路工作。入路以来，他先后干过货检员、货检值班员、货装值班员。

向塘西编组站地处京九、沪昆铁路交会点，也是向莆铁路的起点，是铁路特等编组站，日解编车辆数高达13000辆以上。“江西南部70%由铁路运输的货物，都要经过这里发向全国各地。我当时的工作就是在货物发车前检查车门车窗、捆绑加固等情况，确保货车安全抵达目的地。”说起入路后的第

胡登良在检查集装箱堆码情况　毕嘉伟 / 摄

一个工作岗位，胡登良的语气中充满自豪。这里，正是他逐梦奋进的地方。

刚上班没几天，胡登良就遇到了第一个挑战：物流管理专业毕业的他，对货检知识却是“小白”，需要取得货检员和车号员“双职业资格”才能上岗。面对挑战，胡登良暗下决心：从头学起，奋力打拼！

岗位知识薄弱，那就拿出当年高考的劲头学习货检专业知识。哪怕下班后累得浑身酸痛，他也要冷水洗脸给自己加一堂“晚自习”。缺乏现场经验，他不放过任何一个现场作业的机会，跟着师傅攀高爬低学技术，每班检车500辆，仅仅半年就磨坏了3双鞋。学习时间紧张，他索性吃住在单位，省下通勤时间学规章。他干完外勤学内勤，死磕难题不认怂，把“八小时之外”的大部分时间都用来钻研业务。

有志者事竟成。寒来暑往，胡登良从“门外汉”成长为技术骨干。他不仅熟练掌握货检业务，还摸索出许多作业“小诀窍”：拿拳头测车门是否外胀，用石笔量货物有无窜动……这些简单实用的“秘籍”让胡登良保持工作零失误，成为单位的“安全之星”。有这样的徒弟，师傅李齐欢感到十分欣慰，多次在众人面前夸赞“登良爱动脑筋，点子多多”。由此，“多多良”

的绰号叫开了。

勤学善钻的胡登良不仅得到了师傅和工友的认可，也为他在局集团公司乃至全路技术比武中争金夺银打下了坚实基础。2019年，胡登良先后获得南昌局集团公司货运系统技能竞赛货检员工种冠军、中国国家铁路集团有限公司货运系统技能竞赛货检值班员工种第三名，并被授予全路技术能手称号。2020年，胡登良调到货运车间任货运值班员。两年后，他又获得南昌局集团公司货运系统技能竞赛货装值班员专业第一名。

从赛场回到工作岗位，对规章熟稔于心的胡登良将理论、实践融会贯通，工作更加得心应手，成了单位的“问不倒”和“活规章”。

后会有期：客户系于心

作为全路现代物流体系建设先行试点局之一，南昌局集团公司加快推进铁路现代物流体系建设。从“坐商”到“行商”，从“骨干”营销到“全员”营销……现代物流体系建设带来了营销和服务模式的改变，也对胡登良和同事们提出了更高的要求。

2024年1月，南昌、福州铁路物流中心挂牌成立。胡登良成为南昌铁路物流中心向塘营业部工程师，他下定决心：要以实际行动擦亮铁路物流的金字招牌。

“一车货刚好装满，空间用足了，费用也降低了不少。小伙子真不错，我对你这个‘私人订制’的方案很满意，下次运货我还找你。”今年5月7日上午，首次与铁路合作的客户陈先生，开心地拍着胡登良的肩膀说道。

就在几天前，胡登良走访潜在客户时了解到，陈先生有一批40余吨的生活用品想运往俄罗斯，但纠结于采取何种运输方式。胡登良立即上前介绍铁路运输在安全、价格和时效方面的优势。陈先生虽有些动心，但仍担心因运输距离长，货物安全无法保证，运费也会很高。

“请给我一天的时间，我一定给您设计出最佳方案！”胡登良向客户保证道。于是，他果断放弃“五一”假期的休假安排，一门心思扎进装运方案的制订中。铁路货运按货车标重计价，通常使用的棚车标重为70吨，如果客户采用此型棚车，就意味着要多花钱，客户肯定不愿意。找到合适的车型是当务之急，胡登良苦苦思索着，忽然，他灵机一动，PB 型棚车浮现在他的脑海中。“PB 型棚车标重 45 吨，完全符合客户需求！”他高兴得喊出了声。胡登良抓紧时间联系车站调度部门，提前选扣 PB 型棚车，为客户量身定制了一套最佳运输方案，既保证了货物运输安全，又省下了不少运费，最终成功赢得客户的订单。

为适应现代物流转型发展需要，胡登良和同事们紧贴客户需求，以“素质优良、服务优质、流程优化”为工作标准，用实际行动提升服务水平和质量，树立起铁路现代物流新形象。如何让“老客户成为老朋友，头回客变成回头客”？胡登良的答案是必须做好货物全流程服务，将“客户至上”理念贯穿每个服务细节。

2024 年 7 月 22 日，江铃汽车集团有限公司下辖工厂的露天厂区内，胡登良带着几名青工在密布的货物箱间穿行忙碌，仔细测量货物尺寸，豆大的汗珠顺着他晒得通红的脸庞不断往下滚落……

江铃汽车集团有限公司是中国汽车行业重点骨干企业，经常与铁路合作运输汽车。近期，该公司准备从向塘发 50 吨汽车配件齿轮箱到佳木斯。然而这批货物与以往不同，不仅价值高、种类多，而且外形不规则、尺寸不统一，如果不能合理规划装载空间，货物有可能在运输过程中受损。

接到发货需求后，胡登良积极落实“首问负责制”，主动与客户进行多沟通。为了搞清楚货物精确的尺寸数据，他带人赶往工厂，进行现场测量。同时，他还联系中铁特货物流股份有限公司等相关企业，共同研究特种货物装车方案，并绘制了 30 多种不同规格的木质框架草图。当胡登良把精心设计的草图和装载方案发给客户后，满满的诚意令客户非常感动。

为了确保货物全流程运输安全，胡登良亲力亲为，对车内装载加固过程进行精心指导。货物顺利发出后，他的心依旧没有放下，针对货主对运输时效要求高的实际情况，他每隔一段时间就登录一次货运票据平台进行查询，及时掌握和反馈货物在途运输情况，让客户准确掌握动态。“非常感谢你们全过程的用心服务！”货物抵达终点后，客户专门给胡登良打来电话表示感谢。

今年以来，胡登良与同事们心系客户、用心服务，努力打造商品车运输品牌，为江铃、上汽等车企提供“高效、优质、专业”的国际联运服务。截至目前，向塘铁路物流中心累计发送商品车约 8.5 万台，助力江西名优产品跨越山海、走向世界。

后生可畏:“青创”真给力

近年来，海铁联运班列已开启常态化运行模式。自 2022 年开始，南昌向塘国际陆港海铁联运班列每天至少开行两列。为保证班列开行质量，向塘西站货运车间党支部以打造“陆港先锋”党内服务品牌为抓手，不断深化“创岗建区”活动，充分调动党员职工干事创业的积极性。

班列的装卸作业主要依靠陆港的两台集装箱门式起重机，门式起重机的运行状态和作业效率决定了班列的开行效率。随着集装箱作业量的不断攀升，门式起重机的使用频率明显增加，随之而来的是故障时有发生，虽然能及时得以维修，但时修时停仍会影响现场运输效率。

如何解决装卸设备方面的问题，着实让胡登良犯了难。但事情越是具有挑战性，越能激起他不服输的劲头。胡登良带领“陆港先锋”党内服务品牌

胡登良（右一）带领青工学技练功　邹碧峰 / 摄

的 8 名青工共同开展攻关。

为了解装卸专业知识，胡登良带领团队成员现场跟班学习门式起重机装卸业务，下班后又自学装卸业务知识，还向设备厂家要来几本厚厚的起重机设计专业书籍，一边“硬啃”一边上网学习。具备专业知识后，胡登良和团队成员如虎添翼，很快又梳理出容易发生设备故障的四大类问题和 13 项关键因素。一次，为了测量门式起重机小车端档的安全距离，胡登良克服恐高心理，跟着门吊司机攀爬到距离地面 20 米高的起重机顶部去测量数据。

经过 3 个月的现场踏勘和挑灯夜战，大家终于发现症结所在：门式起重机走行轨道水平有偏差，导致滑触线在作业过程中经常受损，所以故障频发。胡登良立即联系轨道设备维保单位，制订了详细的轨道水平整治方案。经过半个多月的施工整治，问题终于解决，门式起重机故障率由 14.08% 降至 4.06%，大大提升了作业效率。

破解了一个重点技术难题，让胡登良和团队成员尝到了甜头，并乐此不疲。此后，胡登良还带着大家“脑洞大开”，通过制定集装箱摆放、堆码的新规则，调整门吊滑触线水平偏差、更换吊具限位器等手段，让装卸箱数从之前的每小时 11.6 箱提升至 16.41 箱，作业效率提高 41.5%。

2022 年以来，胡登良所在的“陆港先锋”团队成绩斐然。他们通过走访企业、运用新媒体平台等方式，宣传铁路运输高效便捷优势，吸引了几十项新货源。同时，他们努力提高在途运输效率，缩短在站停留时间，充分发挥跨局集团公司协调机制，实现了海铁联运班列发车 24 小时内到达港口。2023 年，南昌国际陆港内开行的中欧班列、海铁联运班列突破 400 列，发送集装箱近 3 万标箱，同比增长 68.41%。

发挥专业优势、承担整章建制、完善安全卡控……胡登良如一簇浪花汇入铁路物流改革大潮。营业部青工多，胡登良就根据每个人的特点制订学习计划，创新“菁英青工技能竞赛 +3D 货运实训”考评制度，打造货运“精英班”，帮助青工熟练掌握岗位作业流程和标准。在胡登良的悉心指导下，向塘营业部有 4 名青工在南昌铁路物流中心职业技能竞赛中获得名次。

“后浪”激荡奔涌，勇立物流改革潮头。今年上半年，南昌向塘国际物流港顺利开出赣闽“丝路海运”第1000列海铁联运班列，这背后，正是有胡登良这样的青春力量厚积薄发、助推出发。

扫码观看视频

采访手记

因为热爱 所以精彩

从2017年大学毕业入职铁路从事货检工作，至2024年任南昌铁路物流中心向塘营业部工程师，7年间，胡登良的岗位发生了多次变动。不变的是，每到一个岗位，他都能干出彩。

采访中，胡登良被问及何以取得如此突出成绩，“讷于言而敏于行”的他憨厚一笑：“我喜欢干货运！”话虽轻描淡写，却令人顿悟。

因为热爱，所以无论在风吹日晒的编组场上检车，还是在酷暑闷热的集装箱中抽检货物，他始终坚持一丝不苟的严谨作风；因为热爱，所以自愿放弃休息上门为客户排忧解难，为拿出一份让客户满意的运输方案绞尽脑汁，生动诠释“客户至上”的专业精神。在胡登良身上生动体现了新时代铁路青年“干一行，爱一行；爱一行，精一行”的可贵品质和责任担当。

这是青春该有的模样！在铁路货运市场化改革和现代物流体系建设中，要像胡登良这样不负韶华，精彩绽放。

（原载于2024年8月15日《人民铁道》报3版）

廖 春

中共党员，中国铁路南宁局集团有限公司南宁电务段南宁检修车间工程师。曾获火车头奖章、全路技术能手、南宁局集团公司先进工作（生产）者标兵和优秀共产党员等荣誉。

妙手匠心守护列车“千里眼”

——记中国铁路南宁局集团有限公司南宁电务段南宁检修车间工程师廖春

李港兴 李楚桐 梁瑞宸

入夏的八桂大地暑气如蒸，闷热难耐。近日，在中国铁路南宁局集团有限公司南宁电务段南宁检修车间的工作间里，车间工程师廖春正全神贯注地维修着一台信号继电器。半小时后，他依然保持端坐的姿势，额头冒出细密的汗珠。小小的器件在他长满老茧的手掌上仿佛有了生命一样，由散落的零件变成一台完整设备。

信号设备被称为列车的“眼睛”。从业32年，廖春保持潜心钻研的专业精神，不断突破自我，练就一手“妙手回春”的绝技，组织修复各类信号设备30多万台，用一颗匠心守护着千里铁道线运输安全。

勤修内功：初生牛犊到“妙手神探”的跨越

廖春成长于铁路工人家庭，铁道兵出身的父亲扎根在铁道线上、忠诚担当奋斗了一辈子的形象深深印在他心里。“老铁道兵身上那种一往无前，特别能吃苦、特别能战斗、特别能奉献的精神激励着我。”廖春说。

1992年，从铁路院校毕业后，怀着对铁路事业的赤诚之心，他来到原玉林电务段湛江领工区，成为一名见习信号工。白天，他跟在老师傅后面，每遇新设备安装、新故障处置，都主动上前打下手，缠着师傅问原理；晚上回家，他便与《电子报》《家电维修》等报刊书籍为伴，如饥似渴地汲取知识。他还

廖春在测试设备数据　卜锡龙 / 摄

抓住进修机会，脱产考入齐齐哈尔铁路运输职工大学，并以优秀毕业生的身份回到工作岗位。

“不拿出拼的狠劲，练不出硬的本领！”从校园回到熟悉的铁道线上，廖春把现场作业当作学技练功的最佳课堂。20 世纪 90 年代，黎湛线信号设备大修改造工程铺开，他常年奋战在 300 多公里的线路上。在湛江站、贵港站等大站改造工程中，他多次请缨，盯控风险最高、难度最大、工期最紧的项点，参与的 10 余次现场重点施工电务设备全部一次验收达标。经过多年的现场工作磨砺，他掌握的系统理论知识得以在作业现场一一印证，他对信号电路原理理解得也更为透彻，从见习信号工到信号工、高级信号工，一路进阶。

2004 年，因生产力布局调整，廖春调入南宁电务段南宁检修车间，从事信号设备的出入所检测和维修工作。从现场转到室内，全新的作业方式让他面临角色转换的挑战。

“现场工作的经历，让我懂得设备是有生命的，只有让它动起来，对其运行原理的认识才更深刻，也更理解守护设备安全的重要性。”为掌握继电器、转辙机等信号设备的结构和运行原理，廖春把书本上的信号设备电路图临摹下来，在作业现场对照检修步骤，一边啃着压缩饼干充饥一边在电路图上做标记，手中的图越来越皱，心里的图却越来越清晰，直至能脱稿将图默画出来。

"将一件事情反复做就是高手，反复的事情认真做就是专家。"车间的工作标语，成为廖春的座右铭。经过不断学习和钻研，他掌握了 40 多种型号继电器检修技能，总结出"望闻问切""一电二偏三出四反馈"等 6 项检维修工作法。他参与编写的《信号继电器及检修》在局集团公司推广使用，摹画的电路图被复印成教材，供局集团公司电务系统职工学习研究。他自己也从高级信号工逐步进阶为技师、高级技师、首席技师、技术员、工程师，并获得火车头奖章、全路技术能手等荣誉，成为远近闻名的"妙手神探"。

当好"守关人"：零故障是坚守的职业底线

"嘀嗒、嘀嗒……"5 月 8 日，走进南宁电务段南宁检修车间南宁信号检修工区，一阵清脆的声音此起彼伏。测试台前，廖春如调音师一般，手法娴熟地翻转调簧钳，很快让"带伤患病"的继电器涅槃重生。

"信号设备的检修工作，就是毫厘之间的较量！"作为控制行车信号传递的继电器尽管只有巴掌大，但是零部件多达 60 种，最小的只有 1 毫米，检修起来有 50 多个工序，每道工序都需要像绣花一样精雕细琢。

作为车间技术带头人，廖春要求把继电器检修的标准值误差控制在规章规定标准的 1/6。他的严管带来了硬质量，检修工区继电器检修一次验收合格率月均常年达到 99.5% 以上，设备运用质量 100% 合格。

2013 年，广西进入高铁时代，一条条高铁线在青山绿水间建起。习近平总书记多次强调："要大力推进西部陆海新通道建设，推动沿线地区开发开放，深度融入共建'一带一路'。"加快构建技术先进、优质高效的高铁路网已经成为铁路人的冲锋号。

伴随着高铁开通，电务信号技术迭代升级，对验收标准和检修质量也有了更高的要求。"高铁上来后，我们车间管内信号设备达到 30 多万台（件）。仅是信号继电器，每名检修工区职工每月要完成 50 余台的检修任务。"车间主任谭国营介绍。

“新时代我们要牢记总书记嘱托，把好设备关，坚守‘零故障’的职业底线，建设高质量的中国高铁。”面对新设备、新工艺带来的挑战，廖春没有退缩，每次上新设备，他都会第一时间摸透设备工作原理、熟练掌握检修技巧，学懂后向职工进行“首件示范”。同时，他坚持带着大家执行信号设备检修作业标准，提升设备故障应急处理能力，积极钻研和总结，形成了独具特色的“廖春工作法”，有效提升工区检修效率和质量。

作为信号设备出所的“守关人”，廖春至今对南昆客运专线贯通前夕的信号设备测试过程记忆犹新。一个夜晚，南宁西站因消防装置故障触发喷洒泡沫，波及车站300多台信号继电器，造成信号故障。由于计划第二天进行信号测试，车间没有足够的继电器更换，当晚必须对送来的这300台故障继电器进行检修。

“要保证把每一台过关的继电器送到现场！”当夜，在廖春的组织下，检修工区职工全部到岗，连夜鏖战。在一双双巧手的拨弄下，300多台从“流水线”下来的继电器发出欢快的“嘀嗒”声，在凌晨时分准时出库。此时，廖春才发觉肩膀早已酸痛得难以动弹。

面对贵南、南崇、南玉等重点高铁工程带来的6万余台信号设备检测工作压力，廖春带领工作室成员夜以继日研发出“转辙机测试台”，既提高了信号设备测试的准确性，保障了设备的安全出所，又减少了返厂修复的环节，有效提高了检测效率，提前半月完成检测工作，为西南地区新的交通大动脉开通运营打下坚实基础。

32年来，他组织检修了300多种型号、超30万台继电器、综合设备、转辙机，且保持零责任事故纪录。

创新研发：带领团队勇攀高峰

走进廖春家的书房，一张简易的工作台上摆满了琳琅满目的电子设备。“也许每个电子爱好者都有一个发明家的梦想！”廖春的妻子介绍，这些她一次次想丢出家门的“破烂”却是廖春的“宝贝”，他的很多灵感都来源于此。

2012年，抱着对研发的浓厚兴趣，廖春加入了段里的“周玲技能服务队”。入队不久，他就迎来第一个攻关项目。当时老线的微机房使用的双熔丝转换器易烧坏，由于其已停产，只能从新线上淘汰下来的转换器中调配更换。旧设备好坏掺杂，如果研制出测试仪，就能快速判断出可用的设备。廖春说干就干，他将转换器进行拆除，研究电路走向，利用回收的零配件进行组装并测试，一个月后终于研制出了稳定双熔丝转换测试仪。

成功的经验激发了廖春创新研发的潜能。他再接再厉潜心钻研，又完成25赫兹相敏报警盒测试仪等多项技术革新项目，破解了多个信号设备检修的技术难题，很快成为服务队的带头人。2018年，以廖春名字命名的“廖春创新工作室”挂牌成立，研发的梦想在他的岗位上照进现实。

有了“金刚钻”，敢揽“瓷器活”。作为技术带头人，廖春领着工作室的技术骨干攻克了一个又一个技术难关。2021年前，发挥驼峰防溜作用的停车器油缸都是委外维修，一年的维修成本高达10多万元。为了达到节支降耗的目的，段里针对停车器油缸的自主修成立了攻关项目。由于停车器油缸元器件众多、构造复杂，要研发出能实现自主修的测试台极为困难。凭着对研发的执着追求和不服输的干劲，廖春主动挑起了研发的重担。

廖春（右）与现场职工开展设备调查　李芹／摄

“我一直认为，科研工作就是爬坡过坎，把不可能变成可能。”资料不完善、没有图纸，廖春用最“笨”的方法，将每一个部件拆开研究，对照着里面的元器件分布画图，并用电烙铁一个个焊下来进行试验，近千个元器件被他研究了两个月。他还把器材搬回家试验，一头扎进项目常常忘记吃饭，妻子把饭菜热了一遍又一遍。

功夫不负有心人，在修改的图纸堆成小山后，他和团队终于研制出了停车器油缸测试台。投入使用后，不仅提高了检修效率，还节省了每年10多万元的委外修费用。

“研发就是从易到难，从简到繁，从每一个小部件入手。”这是廖春总结的经验。一段时间，管内进站信号机“黄闪黄”电路故障频出，大家却找不到解决办法。由于电路结构特殊，哪怕继电器性能细微变化，也能影响信号机的闪光频率，假如提前试验闪光继电器性能、确保品质，就能够减少设备频繁更换。有了思路，廖春牵头开展研发。通过利用废旧零件，他们很快研发了两台闪光继电器筛选台，不仅解决了设备的稳定性问题，还在修旧利废方面省下6万元。

靠着科技创新的“杠杆”，廖春带领技术骨干从小件着手，先后研发了隔离盒智能设备、扼流变压器测试台等53项技术改进项目，设备修旧利废节支价值1500多万元。

“一人是铁，不如人人是钉。”作为工作室的“领头雁”，廖春坚持领着队伍一起成长，依靠团队的力量做出更大的成绩。2018年担任车间教员以来，他把自己工作30多年来处理故障的经验进行收集整理，图文并茂地总结成作业方法，毫无保留地传授给工友和徒弟，使车间职工的整体业务水平不断提升。在南宁局集团公司第六届职业技能竞赛中，廖春和高珠师徒分别获得铁路信号工个人全能第一、第二名，上演了师徒同榜的佳话。

廖春还充分发挥“廖春创新工作室”的平台优势，鼓励技术苗子参与技术革新，帮助青年才俊成长为独当一面的行家里手。多年来，他为单位培养出10多名电子电气类技师，其中有2名荣获南宁局集团公司“新长征突击手”称号，1名荣获“宁铁工匠”称号。2023年，“廖春创新工作室”被评为广西劳模与工匠人才创新工作室。

电务信号技术的发展日新月异，怀着“快马加鞭未下鞍”的使命感，廖春团队又开始布局点光源测试台、绝缘处理器等多个技术攻关项目。已经51 岁的他对未来充满信心，怀揣着对中国铁路事业的激情，继续埋头苦干、创新争先，带领一批又一批电务人为推动铁高质量发展贡献力量。

扫码观看视频

采访手记

把事情做到极致就是行家里手

“将一件事情反复做就是高手，反复的事情认真做就是专家。”这是廖春的座右铭，也是他的真实写照。

信号设备的修复工作是一个细活儿，设备精密、检修流程复杂不说，还特别考验人的耐心。一块拇指大小的电子芯片，可能就有成百上千根细如牛毛的电路和布线，要从中找出和处理故障，就像医生在心脏上飞针走线。最难的不是技术上的障碍，而是攻坚克难时的勇毅、反复失败后的坚持。

身为大家口中的“妙手神探”，廖春其实并没有什么奥秘：在平凡的岗位上做专做精，反复的事情做到极致就是行家里手。从他的身上，我们看到，无论多么平凡的岗位，只要勤耕不辍、精业笃行，就能绽放光彩，为铁路高质量发展添砖加瓦。

（原载于 2024 年 5 月 30 日《人民铁道》报 1 版）

万江平

中共党员，中国铁路成都局集团有限公司兴隆场车站运转车间主任。曾获全国铁路劳动模范、火车头奖章等荣誉。

躬身耕耘“奋斗热土”

——记中国铁路成都局集团有限公司兴隆场车站运转车间主任万江平

刘　晓　谢雨彤

山城盛夏，歌乐山下，西南地区最大的编组站兴隆场编组站热气腾腾。中国铁路成都局集团有限公司兴隆场站运转车间主任万江平在车间10个作业点之间来回穿梭——开展安全检查、兑现编组计划、攻关技术课题……

工作30年来，在编组场上，万江平总是风尘仆仆且步伐坚定。从制动员到运转车间负责人，他用敢担当、善担当的“铁肩膀”勇担破解车辆运转难题重任，护航中欧班列安全开行，在改革浪潮中耕耘一片“奋斗热土”。

解难题，运转老将显身手

1994年，退役后的万江平把恪守纪律、雷厉风行的作风从军营带到了工作中。在兴隆场站前身重庆西站，作为一名制动员，他跟车辆打交道，成了编组场里“停不下来”的人，忙碌时一天要走20多公里，上下车100余次，弯腰1000次以上。

在掌握调车技能的基础上，万江平还抽出时间学习调车计划编制、到发线运用、车辆构造和工务线路等相关业务，练就了一身保安全的过硬本领，成了小有名气的调车能手。

2013年秋，共建“一带一路”倡议提出，重庆对内对外开放迎来了重大机遇。重庆铁路枢纽建设如火如荼、环环相扣，重庆西站搬迁至兴隆场站，

万江平在作业现场向职工提示安全要点　任巧珍 / 摄

兴隆场编组站开通运营。

这一年 11 月，身为运转车间副主任的万江平带队组成“先遣部队”进驻兴隆场编组站。距开通不足 9 个月，面对初期后勤保障难、设备设施不稳定等问题，万江平披挂上阵，跨出了“破冰探路”的关键第一步。

万江平主动挑起担子，进行新站开通前极为关键的驼峰溜放实验，不停地奔波在各种受测设备之间，一趟趟完成实验动作。

当时，驼峰及峰尾调车室还未修建完工，车站内部多数道路尚未修好，多处水电未通。踩着满地的稀泥，伴着呼啸的冷风，万江平口渴了就喝点凉水，冷得不行了就搓搓手跺跺脚。经常是一天忙完，回到宿舍的他累得倒头就睡。大冬天里洗的是冷水澡、吃的是方便面，万江平和同事们一干就是 15 个日夜，最终确保了兴隆场编组站安全开通。

在车站有这样一句话：哪里需要破解运转难题，哪里就有万江平的身影。

2022 年底，受寒潮天气影响，西南地区气温骤降，电煤运输需求激增，缓解电煤入渝压力的难题摆在万江平面前。

打通堵点要找准源头。根据重庆火电企业分布，万江平携手货运工作人员一家一家走访企业，对企业用电需求进行摸底，共同解决难点堵点问题。为了扩大“视角”，他主动联系广元车务段对兰渝铁路交界口车流开展实时盯控，及时掌握车流情况，下好“先手棋”。

万江平说：“像电煤这种民生保供物资的运输，疏解车流、提高效率尤为重要。”

驼峰推峰解体作业是最影响效率且安全风险最大的调车作业，需要提钩、分离、再提钩、分离……作为经验丰富的“老运转”，万江平能够精准确认提钩时机。为确保列车能够及时“上峰”，万江平在峰顶平台来回移动着，仔细检查车辆走行部，不时通过信号控制推峰节奏，对电煤车辆逐车盯控、逐列追踪，使有调电煤列车在站中转时间压缩 2 小时。

近年来，冬季大量电煤专列上线，万江平把工作重心放在压缩电煤列车在站内集结中转时间上，实现无调车作业电煤专列在站中转时间压缩至 1 小时，提高了电煤运输组织效率，为保障民生物资供应、推动区域经济社会发展提供了有力支持。

十年磨一剑。在运转一线的千锤百炼，让万江平“吃透”设备状态。他敢打“拦路虎”，能拔“铁钉子”，成为领导眼中的“放心人”，职工眼里的“贴心人”。

万江平叮嘱驼峰调车长注意作业安全　任巧珍 / 摄

促改革，狠抓质效绘新景

“主动迎接风吹雨打，勇立潮头劈波斩浪。”兴隆场站领导班子这样评价万江平。

党的十八大以来，西南铁路迎来高速发展时期。万江平勇立潮头，在探索适应西南山区铁路特点专业化管理路径上当好“排头兵”。

2012 年，万江平担任运转车间分管安全的副主任。为了抓好安全隐患排查，他常常扎根现场，对线路、停留车辆情况细致检查，拿着作业计划表找准每批作业的重点。他紧盯作业不放松，加强观察、及时提醒，有效避免了作业风险乃至安全事故的发生。

扎根基层就要干出样子。几年来，万江平带领业务骨干将调车人员把控计划、执行作业的过程剖析分解，明晰关键风险项点，总结提炼出一套驼峰调车工作法，并编制了运转职工“十要”行为规范和“调车作业安全顺口溜”，优化工作理念、完善作业体系，将车间安全局面推上新台阶。要把准改革脉搏，既需敏锐的认知力，又考验勇气和担当。随着高质量共建“一带一路”深入推进，身处货运物流改革前沿的万江平带领车间探索更高效、更安全的发展道路。

为引导职工努力适应铁路货运向现代物流转型发展的新形势、新要求，万江平深入班组开展货运物流改革宣讲，不仅让货运职工明白怎么干、运转职工清楚干什么，更讲透了大家应当怎样立足本职为物流改革作贡献，帮助职工树立大局意识。

他瞄准提升效率的“内因”，主持制定了“调动辆工资制”，将工作量、工作质量、安全成绩与收入分配挂钩，运用经济杠杆调动职工的主观能动性。车间工作氛围转变为“争先恐后提效率保安全”。“大家多劳多得，干得痛快。”这是职工最朴素、最真实的感受。

同时，车间推行驼峰解体“53141”半分格精品作业法，将驼峰推峰解体一次作业分成 5 个环节，每环节的量化用时为 5、3、1、4、1 分钟，并把操作流程和时分标准精准固化至“每半分格”，破解了机车从“一挂三停”到“一挂一停”的难题，一辆车解体时间平均压缩了 6 分钟，为加快铁路物流转型发展、降低社会物流成本作出了贡献。

万江平坚信“懂业务才能保安全。”他坚持定期抽问班组职工岗位应知应会业务知识，发动职工操练手信号操、铺画兴隆场站场示意图、动态静态观距观速，培养全能型人才，向打造“一流车间”目标迈进。

看似寻常最奇崛，成如容易却艰辛。连续实现12个安全生产年——这一成绩来自西南地区规模最大编组站的运转车间。这背后，离不开万江平敢为人先的胆识和勇于挑战的气魄。

高标准，护航班列出国门

占地5200余亩的兴隆场编组站，目前日均办理货车超过1.7万辆。作为中欧班列的重要始发站之一，一趟趟重庆始发的中欧班列在这里完成编组，驶向欧洲。

万江平一刻不敢松懈。他说：“我们是站在‘一带一路’建设前沿的人，要不折不扣地执行标准，才能让‘中国铁路’这张名片走出国门，走向世界。”

不同货物对应哪类空车、哪些车接近检修周期不能上线、哪类车需要优

万江平为红岩小小护路队的小朋友讲解铁路安全知识　任巧珍 / 摄

先解体、如何挑选出匹配中欧班列的优质空车……所有问题需要万江平的大脑快速响应。检车、送车，与调度车间紧密配合，也时刻考验着万江平的处理能力。

2020 年初，上千吨国际邮包急需转运至全球。4 月 12 日，万江平接到上级通知，急需在当天下午将 3 列会集于此的列车编组成一趟发往欧洲的国际邮包专列。

时间紧、任务重、风险挑战多。万江平立即安排到达车辆的排风、解体、集结，对车流编组进行重点布置。13 时，第三列车还未进站。得益于万江平打好“提前量”，对已集结好的 38 辆邮包物资车及时组织连挂作业，当第三列车到达时，一切准备就绪，解体作业高效而平稳。15 时许，班列进入出发场 10 道驶向欧洲。

这是首次通过中欧班列运输的国际邮包专列，中欧班列为国际运邮提供了“中国方案”。关键时刻，万江平和团队不负使命，书写着“中国铁路”的担当。

多年来，为确保中欧班列畅通无阻，万江平和团队运用“畅通中欧班列精细组织”创新品牌，优先为班列提供所需空车，实现快看、快卸、快入、快装、快检、快发的全流程优化。

寒来暑往，万江平的白发已悄悄爬上双鬓。在万江平带领下，全站职工人数最多的运转车间已形成了高度的思想自觉和行动自觉，曾创下 3 天打破 2 次办理车纪录的佳绩。

2023 年 6 月 30 日，兴隆场编组站扩能改造工程完工，增加了 9 条编组作业线，总办理能力提升 10% 左右。

施工期间，需要新增大量调车信号机、联锁系统等设施。在保障既有线正常运营的同时确保施工安全，成了万江平的首要任务。万江平几乎住在了施工现场。根据经验，他提出将扩能改造区域细分为 3 个作业单元，实行逐一施工，将集中施工单元“天窗”时间从 2 小时增至 6 小时，使工期缩短了一个月，为运输生产争取到宝贵时间。

10 年来，经兴隆场编组站开行的中欧班列、西部陆海新通道班列等国际铁路班列超过 1.5 万列。

乘着“一带一路”的东风，兴隆场编组站整体能力仍在不断提升。万江平也始终坚守在运输一线，在提质增效上再发力，在安全稳定上再提升，在严管厚爱上再用心，以一腔热血耕耘西南铁路发展热土。

扫码观看视频

采访手记

“实打实”换来“心贴心”

多岗位锻炼的经历，让万江平成长为一名敢于较真、敢于碰硬的管理干部。他深知调车职工的不容易，用真心为车间职工解最盼最急最忧之事。

在车间，万江平是职工们的“引路人”。近十年来，每年的除夕夜万江平都是在车间度过。他煮好汤圆、带上对联，送给当班的每一名职工。以身作则、坚守实干，他用“实打实”的真心换来了“心贴心”的信任和回馈——“这是最有人情味的车间”“放心，人前人后我们都一样能干好”。

对于万江平来说，安全生产是铁路永恒的主题，运输提效是铁路长久的追求，而团结带领职工为铁路发展再立新功、再创佳绩，是奋斗的目标。

（原载于2024年7月28日《人民铁道》报1版）

杨利林

中共党员，中国铁路昆明局集团有限公司滇西铁路建设指挥部工程管理部主任。曾获火车头奖章、昆明局集团公司劳动模范、云南铁路建设先进个人等荣誉。

满怀热爱勤耕耘　潜心建设铸精品

——记中国铁路昆明局集团有限公司滇西铁路建设指挥部工程管理部主任杨利林

宋佳伶

苍山脚下、洱海之畔，大理至攀枝花铁路引入大理枢纽工程建设正在如火如荼地进行。建设者们争分夺秒抢抓施工黄金季，全力以赴推进工程建设。

前期审查、现场调研……在忙碌的施工现场，每天可以看到一个面色黝黑的忙碌身影，他就是杨利林。作为中国铁路昆明局集团有限公司滇西铁路建设指挥部工程管理部主任，杨利林参与开通大临铁路、丽香铁路等8条新建铁路，牵头组织破解技术难题120余项，持续为铁路建设贡献智慧和力量。

不惧挑战，铁道线上展作为

云南大理，是滇西交通要道，大瑞铁路、大丽铁路、昆楚大铁路等多条铁路在此交会，也是杨利林的家乡。2003年，大学毕业的杨利林怀揣着满腔热情，投身火热的铁路建设工作中。

刚工作的几年里，杨利林跟着建设团队穿梭于多个铁路建设项目施工现场，不畏风吹日晒雨淋，争分夺秒抢工程进度，确保建设项目能够按时高质量推进。他的意志也从中得到磨炼。

2020年12月30日，大临铁路正式开通运营，标志着云南省临沧市结束不通铁路的历史，杨利林感慨万千。2020年初，随着确保大临铁路年底开通运营的冲锋号吹响，他所在的滇西铁路建设指挥部作为该项目的建设管理单

杨利林（右）检查站场填料土工试验试件　杨梦旗 / 摄

位，立即优化施工组织，倒排工期节点，全力保障开通任务，而他则带领团队全面负责大临铁路的铺架工作。

很快，他们就迎来一项重要挑战。“当时工期紧张，但大临铁路的杏子山、红豆山、白石头、大邦五、石房子等多个隧道还未贯通，从一个方向铺架已经没有足够的时间了，我们需要制订一套更合适的铺架方案。”杨利林回忆道。于是，他和团队成员连续驻守在大临铁路铺架现场，白天在现场盯控铺架作业，晚上带领专业技术人员研究铺架方案，最终决定在“以大仓、云县、临沧为辐射点，公、铁架梁互补，人机混合换铺”总体铺架方案基础上，根据隧道完成节点科学动态地调整细化铺架方案，并结合现场实际，督促施工单位按方案适时补足资源。之后，他便带领团队以空间换时间，打通铺架关键线路，38 天完成 9 孔 T 梁架设、133.6 公里长轨换铺、15 万立方米道砟装卸，确保了长轨换铺节点按计划兑现。

铁路密布，高铁飞驰，天堑变通途。多年来，一条条铁路线，记录着新中国砥砺前行的奋斗历程，也见证了铁路人的辛苦付出。

2023 年 11 月 26 日，丽香铁路通车运营，这项工程也凝结了杨利林很多心血。在丽香铁路建设项目中，虎跳峡金沙江铁路大桥是全线控制性工程，该桥全长 882.5 米，桥面离江面垂直距离约 250 米，相当于 80 余层楼房高度，主桥采用悬吊上承式钢桁梁悬索结构，大桥两端均与隧道连接。

据杨利林描述，在铺设线路过程中，受热胀冷缩影响，温度每变化 1 摄氏度，桥梁中跨拱顶标高就会随之变化，进而影响线路铺设的精准度。在此情况下如何让线路达标，成为他需要解决的问题。

于是，杨利林带着技术人员以及施工单位测量人员蹲守在现场，仔细观察分析着数据的变化。他说:“我当时提出应该测量相对标高，初步确定线路起拨量，再利用计算机分析拟合，一旦拟合就能确保线路达标。”考虑到测量方法可能带来的不确定影响，杨利林决定让两个测量队分别以自上而下、自下而上的方式进行测量。“最后两种方法测量出来的数据差值在 2 毫米以内。”他兴奋地表示，“我们又用计算机拟合了一下，是没问题的，当时大家都非常激动。”这个方法也在之后的实地铺设线路工作中得到验证。

工作多年，杨利林不惧挑战，带领团队扎根铁道线，打造了众多精品项目，先后参与了浅埋隧道施工技术控制、邻近营业线边坡控制爆破、营业线路基

杨利林在介绍隧底处理方案　杨梦旗 / 摄

注浆加固、软基处理、改良土等 12 个课题的研究，为铁路建设持续贡献了力量。

探索实践，巧为站场解难题

神州大地，铁路建设如火如荼，一条条钢铁巨龙风驰电掣，一座座铁路站房星罗棋布。多年来，杨利林带领团队积极探索实践，在线路建设的同时，也为站场建设贡献了慧心巧思。

丽江站既有路堑扩宽工程是杨利林近年来参与的一项重点站场建设工程。根据站改工期安排，路堑扩宽施工工期仅有 20 天。为保证工程进度，路堑扩宽所需石方必须采取爆破方式开挖。当时，爆破区位于丽江站大理端咽喉区，平行分布在既有铁路左右两侧，爆破环境非常复杂。“传统的深孔、中孔爆破法容易引发飞石、滚石、溜坍，我们必须找到新的爆破方法。”杨利林说。为此，他带领团队成员一起深入现场调研，对爆破参数进行周密计算调整，从爆破作业面和爆破体量大小，到孔位及深度布设等，每一个细节都不放过。最终，他们研究出了一套成熟可行的方案，即利用预裂与浅孔松动联合微差控制爆破技术进行大规模爆破施工：边坡采用预裂爆破方式，主体采用浅孔松动爆破方式，线路侧预留岩墙做防护，有效解决了爆破震动、爆区飞石、滚石、溜坍等影响运营线施工安全和运营安全的问题。

“老杨为站场建设付出了很多心血。”“他身上总有那么一股韧劲，一心带着大家解难题。”……同事们谈起杨利林，言语间总是流露出对他的赞美与敬佩。

在昆明南站施工过程中，站场旁的施工便道经常尘土飞扬。该区域膨胀土的含水率高，亲水性强，且现场无翻晒条件，如果直接采取包心填膨胀土的方法，既影响工期，又很难控制质量，长此以往将出现建筑物变形的风险。对此，杨利林总结以往成功经验，带领参建单位专业技术人员，结合现场条件，尝试通过往膨胀土中添加隧道弃渣快速提升膨胀土压实强度。然而，周围隧道每日的出渣量是有限的，如何利用有限的隧道弃渣改性大面积膨胀土成了横在他们面前的一道坎。他带领团队成员驻扎现场，不断试验和改进，最终确定了“隧道弃渣 + 膨胀土”物理改良中和含水率填筑法的最佳隧道弃渣掺量。实践证明，这一方法大幅提高了现场施工进度和填筑质量。

数十年如一日，杨利林不断用慧心巧思破解着工程建设中遇到的各类难题，在平凡的工作岗位上持续贡献自己的光和热。

周密考量，深谋远虑出精品

“唯有从长远发展角度周密考量，把各个细节做好，才能提升工程总体质量。”谈及参与的重大工程项目，杨利林眼中闪光地说，他的成功建设经验之一就是“打造精品需要深谋远虑”。

位于昆明南站西侧的白龙潭水库是昆明市水源的重要储备地，兼具防洪、灌溉、农业生产、绿化、景观等功能，而位于东侧的白龙潭泉水则每天源源不断地汇入水库。与一般的建设项目相比，昆明南站设计为大型综合性交通枢纽，污水排放量大，加之昆明干湿季节分明，雨季排水量大，需要考虑到雨污顺着泉水汇入水库等情况。因此，在昆明南站建设之初，如何兼顾工程施工与水源保护、环境保护成了摆在工程建设者面前的一个棘手问题。

为破解这一难题，杨利林积极组织设计方案研究，带着团队成员频繁深

杨利林（左）与测量人员讨论测量方法和控制要点　杨梦旗 / 摄

入现场踏勘，并与施工单位、地方政府多次对接，反复比选方案，最终确定了排水总体方案，即将雨污分流进入市政管网，白龙潭泉水汇入白龙潭水库。经过长年累月的验证，这个方案已在水环保方面取得了较好成效。

随着参与的工程建设项目越来越多，杨利林慢慢养成了周密考量、深谋远虑的习惯。

2021 年 11 月 6 日，大临铁路小湾东站正式开通运营，接入全国铁路网。这是全国首个为巩固脱贫攻坚成果，全面推进乡村振兴而特别设立的火车站。

小湾东站位于云南省大理白族自治州南涧彝族自治县小湾东镇澜沧江江畔，一半建在隧道里，一半建在大桥上。考虑到降低铺轨后天桥上跨工程线的施工风险，杨利林针对天桥钢桁架结构及现场作业场地狭小的实际情况，思索着一种全新的桥梁组装方式。他带领团队成员每天蹲点现场进行课题调研，回到驻地后立即组织专家、团队骨干讨论分析，一周下来仅记录内容就积攒了厚厚一大摞。“当时，我们还面临雨季施工难、材料进场难、有效作业时间短等诸多困难。为了保证工程质量和施工进度，我们反复模拟试验，一有新想法、新思路就找施工方沟通、论证。”谈及如何破解小湾东站建设难题时，杨利林记忆犹新地说。最终，他带领团队提出了“支架拼装 + 吊装组合”的施工建议，并制订出行之有效的推进方案。功夫不负有心人，在杨利林和众多建设者的共同努力下，小湾东站顺利开通运营。

当前，杨利林依然带着团队奋战在铁路施工现场。未来，他还会在铁路建设之路上继续乘风破浪、逐梦前行，为铁路高质量发展贡献更多力量。

扫码观看视频

采访手记

笃志逐梦　躬行致远

虽已入秋，杨利林办公室里的绿植仍然郁郁葱葱。养绿植一直是他的一大爱好，他觉得绿植是生命力的象征，带给人希望和无限能量。

杨利林有着和绿植一样的秉性。多年来，他坚持低调做人、认真做事，在矢志不渝中坚守初心、在基层一线中淬炼技能。在参与铁路项目建设、牵头组织破解技术难题过程中，他始终为梦想不断拼搏，展现出踏实的工作态度，也终有所获。

新时代为每个人提供了人生出彩的机会。相信只要像杨利林一样怀揣对事业的热爱，每个人都能找到实现梦想的广阔舞台，在平凡的岗位上书写不平凡的人生。

（原载于2024年9月28日《人民铁道》报1版）

程　栩

中共党员，中国铁路乌鲁木齐局集团有限公司阿拉山口站货装车间货运员。曾获火车头奖章、全路先进女职工、新疆维吾尔自治区劳动模范等荣誉。

坚守国门二十八载

——记中国铁路乌鲁木齐局集团有限公司阿拉山口站货装车间货运员程栩

关拥军　胡志刚　王忆晴　张志华

春分时节，阿拉山口国境站，积雪消融。伴随着声声风笛，一列列中欧班列向西远行，一趟趟返程班列隆隆而来。东进西出的“钢铁驼队”汇聚在这里，绘制着经贸往来、人文交流的多彩画卷。坚守在国门口岸的机车司机、连结员、货运外勤值班员、货运内勤等，在岗位上履职尽责，护航“钢铁驼队”驰而不息。

2024年3月20日9时，每日例行的早点名过后，中国铁路乌鲁木齐局集团有限公司阿拉山口站货装车间货运员程栩快步回到电脑前，开始当天的工作。她神情专注、指法娴熟地计算着前一天的货运营业收入款项……

今年47岁的程栩曾担任阿拉山口国境站货装车间外勤货运员、内勤货运员，从事过外勤监装监卸和中欧班列制票、计划、核算等工作，在保障中欧班列运输畅通中尽职尽责，为身边职工树立了榜样。目前，她承担货装车间精密统计核算工作，负责中欧班列进出境票据复核任务。

精益求精　磨砺成长

阿拉山口国境站是中国联通中亚、通达欧洲的重要国际联运枢纽，也是中欧班列出入境的重要铁路口岸。

这里常年大风，“一年一场风，从春刮到冬”，是阿拉山口自然条件的真

程栩（右一）和货运员核对货运票据　关拥军 / 摄

实写照。1996 年，19 岁的程栩走出校园来到阿拉山口国境站工作。“当时最大的感受就是风的威力。”程栩回忆道。怀揣着梦想和激情，她开始了铁路口岸职业生涯。

阿拉山口国境站自 1991 年开办国际联运业务后，口岸过货量逐年攀升。程栩一到口岸就投身火热的国际联运大通关运输现场。

她身上似乎有着使不完的劲儿，作为外勤货运员，每天在货运装车现场奔走忙碌，经常顶着大风从车尾走到车头，查看线路上的车辆情况，施封棚车的车门。风里来、风里去，巡回监卸、清点数量、查看车门关闭状态、处理票据、与货主办理交接……她就这样风雨无阻地在行走中慢慢成长。

在阿拉山口国境站，进出境换装完毕后的列车检吨数据要及时传送到货运制票岗位，才能确保上行列车按时发车。入境货物运单制票是进口货物的最后一项作业，也是复杂且重要的一道流程。

1998 年，熟悉现场流程和业务的程栩开始联运业务岗位锻炼，负责进出境列车计划和制票业务。一个计算器、一张复印纸、几支彩色笔，程栩在师傅的带领下，开始了烦琐枯燥的数字计算。一切都是手工作业，每天计算数据、填写票据。“要牢记《全国铁路货运营业站示意图》，用计算器反复核算所有运费，才能在十几分钟内手写出一份计算单。”说起那时的工作，程栩满是骄傲。

这份骄傲的背后，是程栩的辛勤付出。票据上记载了重要的货物信息，制票工作不仅要快，更要准。“不能出现一丝一毫的差错，这关系到班列开行的质量。”程栩以严谨负责的态度，熟记货运规章制度、运距、各类货物运费，成为制票岗位的佼佼者。

共建“一带一路”倡议提出以来，“钢铁驼队”驰而不息，中欧班列从全国多地陆续通过新疆开往中亚、欧洲地区。阿拉山口国境站因为日益密切的亚欧贸易，已逐渐发展成为丝绸之路经济带上的重要枢纽。阿拉山口国境站被国家列为重点建设和优先发展口岸，基础设施日臻完善，大通关机制不断健全，通关过货能力日益提升。

随之而来的是货运改革与升级，制票 2.0 系统上线、95306 货运电子商务平台投入使用、数字口岸实施……这些信息化技术加快了口岸通关效率，但也对制票业务人员提出了新的挑战和更高要求。系统初次投用、定期升级时，程栩都是昼夜坚守在岗位上。

白天忙工作，晚上琢磨窍门，不懂的就连夜给开发技术人员打电话。慢

程栩（右二）和职工交流分享工作经验　关拥军 / 摄

慢地，她熟练掌握了系统使用技巧，从 20 分钟填写完一张票据，到一个班完成 70 张；从半小时开具一张专票，到一个班出具 200 张税票······程栩的业务水平逐步提升，成为职工口中的“活规章”“问不倒”。

从最初的外勤货运员，到制票、计划、核算等岗位，程栩几乎把货运相关岗位干了个遍。28 个年头里，她踏实肯干、勤奋刻苦、善于思考，不断磨砺提升业务技能，从一名货运“小白”成长为同事们公认的“技术大拿”。

精密核算　追求卓越

每天 18 时要准点提报当日的营业收入精密统计数据，所以在这之前程栩最为忙碌。她现在从事的精密复核工作是阿拉山口国境站货装车间每天统计报表和收入统计的重要环节。她要精密统计每日装车的货物品类和货发量等精细数据，仔细审核每一张货票，确保没有误差。

“只有精密核算各种收费事项，才能更好地服务客户。”这是程栩经常挂在嘴边的一句话。多年来，程栩始终保持钻研业务知识的韧劲和细心严谨的工作态度。

一张出口货票上包括发货人、到发站、国境站、承运人、包装种类、货物件数等 28 项信息，程栩要认真核对每一项信息，确保出境中欧班列信息准确无误。

“数字口岸系统投入使用后，中欧班列票据信息就在始发站录入完毕，我们只需核对无误即可放行，大概 20 分钟整列运单就能核对完毕。”程栩介绍。精细核算票据、加快中欧班列通关效率，这样的服务让客户对铁路大加赞赏。

在核算岗位工作时，为了保证数据的准确性，程栩下班后经常加班加点，对每项收费逐一复算。“我们的工作要细心、用心、耐心，只有确保各项信息准确无误，才能助力中欧班列跑出‘加速度’。”程栩认真地说。

一次办理业务时，细心的程栩凭手感发现一车废钢的票据比往常稍厚一点。经过逐张核对，她找到了中间夹杂的一张铝锭票据。她立刻联系客户，及时交还了票据。这不仅保证了班列的正常出境，而且减少了客户的滞留费用。“全流程高度负责的工作态度，让人心生敬佩。”客户事后感谢道。

程栩在为职工强化培训业务　关拥军 / 摄

2022年11月，兰新铁路精河至阿拉山口段增建二线工程开工建设。为确保中欧班列安全高效开行，在此期间，程栩和同事们根据现场的实际情况，结合数字化口岸的使用优势，确认装车品名、车辆、到站等装车信息，采取预先精准提报的方式，提前做好各项申报准备手续，再盯着现场完成当日装车任务。“即使有困难，我们也要想方设法做好中欧班列的开行组织工作。”程栩每天按时按点精准完成货运提报工作，从未出现过一次统计差错。

“每次遇到棘手的问题，程栩大姐都能及时拿出有效的解决方案，‘有困难找程栩’成了我们的口头禅。”货装车间副主任郭华深有感触地说，“28年奋斗在口岸货运岗位，程栩大姐早已成为大家心目中的‘活规章’、把关人。”

多年来，程栩经历了货运票据电子化的改革创新，参与了国境站的扩能改造工作，和同事们一道探索总结出进口货物现车系统录入、舱单信息录入和翻译审核的“三项同步作业法”，有效压缩了宽轨列车入境后的作业时间。

接力传授　共同奋斗

“数字化口岸投入使用后，实现了货运业务统一管理，效率高了、计算更精准了，但还有很多工作不能完全依赖电脑完成，所以必须组织大家认真学习规章制度，掌握真功夫、真本事。”程栩强调。

39 岁的张艳师从程栩学习精密统计和数字化口岸系统操作技能。“刚开始她有畏难情绪，我就耐心地一遍遍教。”在程栩的悉心指导下，张艳由“菜鸟”逐渐成长为行家里手。

程栩深知，一个人可以跑得更快，但一群人可以跑得更远。作为一名拥有过硬业务技能和丰富货运工作经验的带头人，她决心和师傅一样，把自己的经验和方法传授给更多人，带动全车间同事一起进步。

“加快推动铁路货运向现代物流转型，需要掌握对中欧班列进出境各环节都了如指掌的真本事。”货装车间近期转岗 12 名新职人员，程栩负责对他们进行业务适应性培训。只要有时间，她就组织举办小课堂，会议室、统计室、业务办理点都是她授课的地方。刚刚转岗成功的内勤货运员杨亚南说：“程栩姐的小课堂深受大家欢迎。”

程栩还肩负着货装车间兼职教师和新职人员考评工作。她通过全年 40 多节课的业务知识讲授和严格的考评把关，让青工们提高了业务技能。“程栩就是我们车间新职人员的上岗把关人。”郭华说道。

加快建设铁路现代化物流体系，提升数智化物流服务水平，增强铁路物流时效性，面对新课题，程栩感到了压力，但有一点她坚信不疑：基本规章、业务技能是立足岗位推动改革的基础，教学的目的就是要把讲授的知识运用到实际工作中，职工们能消化吸收上课内容，并在现场实践中举一反三加以应用，“传帮带”的目的就达到了。

“我从他们身上看到了自己以前的影子。”程栩深情地说，国门口岸人身上都有一股子拼劲，他们肯吃苦、能沉下心来钻研业务。正因为职工们都拥有这样的品质，阿拉山口国境站过货量才能实现逐年攀升。

“她经常鼓励大家，要热爱自己的工作，这样才有钻研业务的动力。”回忆起向程栩请教学习货运业务的时光，获 2023 年度乌鲁木齐局集团公司“百名优秀年轻大学毕业生”荣誉的毛睿感到无比充实。

28 年来，程栩见证了阿拉山口国境站运量稳步增长、进出口贸易大幅提升，见证了“一带一路”建设的丰硕成果和中欧班列越开越多的繁荣景象，与口岸共成长是她职业生涯浓墨重彩的一笔。

“我赶上了充满机遇而又幸福美好的时代，有机会在国境站发挥专业专长，挥洒青春，成就梦想，我感到很幸运。”程栩感慨地说。

扫码观看视频

采访手记

大风吹不动坚定的心

祖国西北边陲阿拉山口国境站承担着大量中欧班列出入境运输任务。这里自然条件艰苦，一年 8 级以上的大风天气达 180 多天。

28 年来，程栩就工作生活在这里，传承着铁路人特别能吃苦、特别能战斗、特别能奉献的精神和作风，用对工作精益求精的态度展现着新时代铁路人的责任担当。

程栩的身上散发着国门铁路人的魅力。她乐观豁达，坚守国门二十八载，不怕吃苦，勇于拼搏，亲眼见证了阿拉山口国境站由名不见经传的小口岸到“一带一路”重要节点的蜕变，她立足铁路口岸和自身岗位实际，创造性地提出了“三项同步作业法”“预先提报走流程”的工作方法，压缩了货运货票出票、货款复核等环节时间，提高了中欧班列出入境开行效率。

程栩的身上折射着国门铁路人的品格。为确保中欧班列一路畅行，程栩和同事们顶着阿拉山口常年大风，战斗在畅通口岸运输的最前沿，用汗水和智慧护航“钢铁驼队”安全高效通行。阿拉山口的风再大，也吹不动她那颗坚守国门一线、彰显使命担当的决心。

（原载于 2024 年 3 月 26 日《人民铁道》报 1 版）

马海龙

中共党员，中国铁路青藏集团有限公司西宁通信段格尔木通信车间工长。曾获全路技术能手、火车头奖章、铁路青年五四奖章等荣誉。

“生命禁区”追逐青春梦想

——记中国铁路青藏集团有限公司西宁通信段格尔木通信车间工长马海龙

赵风斌　周悦翔

中国铁路青藏集团有限公司西宁通信段位于可可西里地区，海拔 4525 米，驻地前不远处就是四季白雪皑皑的玉虚峰，四周全是苍凉戈壁，方圆 20 公里荒无人烟。从列车车窗远眺，工区就像一叶扁舟，漂泊在空旷辽远的大地上。

填写台账、查看工作记录、制订作业计划、准备工具材料……35 岁的清水桥通信综合工区工长马海龙总是早早来到工区，将当天的工作布置妥当。自 2018 年来到清水桥至今，2000 多天里，马海龙坚守在“生命禁区”，发扬“挑战极限、勇创一流”的青藏铁路精神，胸怀梦想、笃行实干，为确保雪域高原铁路安全稳定而默默奉献。

不负韶华，砥砺青春执着前行

1989 年，马海龙出生于青海省海南藏族自治州共和县的一个农牧家庭。2014 年，他以全系第一的成绩从青海建筑职业技术学院毕业，成为西宁通信段格尔木通信综合工区的一名见习生。

见习期间，马海龙与公司首席技师李平签订了师徒合同。李平精湛的技艺、卓越的风采、优良的作风给他留下了深刻的印象，也在他的心里埋下了一颗梦想的种子——“我也要成为像师傅一样的人，当高原铁路的首席技师”。从那时起，马海龙一直跟随李平学经验、钻技术，在李平的言传身教下，一路

马海龙（左）给青年职工现场演示如何准确快速地测量蓄电池电压　马建林 / 摄

通过实习定职和技能鉴定初级工、中级工考试，成为同批见习生中的佼佼者。

赛场是最好的成长舞台。2017 年 5 月，青藏铁路公司（青藏集团公司）职工职业技能竞赛拉开帷幕，段级预选成绩前十的选手能够代表单位“出征”决赛。然而，马海龙的预选成绩却远在十名开外，这使他清醒地认识到了自己的差距和不足。

回到工区后，马海龙沉下心来，刻苦钻研业务技能。为了实现光缆接续“快稳准”的目标，他反复练习刀法、手法，一遍遍模拟处理通信线路故障，并将每一次的处理流程、方法都认真记录下来。他在许多专业书籍上写满了注释，有的地方甚至还画了简易示意图，一有时间便反复对照其中的内容查找疏漏、总结经验。

水滴石穿，贵在坚持。一年后，马海龙以全段第一的预选成绩进入青藏集团公司职工职业技能竞赛决赛，最终摘取了通信系统光缆故障处理竞赛桂冠，被评为高原铁路青年岗位技术能手。

2018 年 9 月，马海龙被调至清水桥通信综合工区，成为入驻“生命禁区”可可西里的第一批通信人。在这里，他遭遇了全新的挑战。

与格尔木地区不同，这里的通信设备大量采用 60 芯和 64 芯的铠装电缆，并使用先进的 GSM-R 无线通信技术，都是马海龙在格尔木没有接触过的。为此，他常常向经验丰富的老师傅请教，拿着应知应会口袋书一遍遍揣摩，摸清工区的每一米线缆、每一组通信设备，详细记录下不同季节的不同病害规律。

慢慢地，马海龙在心中总结出了一套维修“秘籍”，什么设备在哪些季节易发生怎样的问题、需要怎样处理，他都了然于胸。譬如，不冻泉站电源负载大，市电与蓄电池电源转换时容易跳闸，切换时要按批次进行；风火山隧道监控视频装置在大风天气下易积灰，视频连接线易脱落，必须勤擦拭、勤检查；高原昼夜温差大，五道梁等高海拔车站的光缆会在剧烈的热胀冷缩下劣化，需要定期进行更换……职工们都说：“马海龙就是我们身边的通信技术专家。”

关山路漫漫，距离成为首席技师的梦想还有许多山峰需要攀登。但马海龙相信，路虽远，行则将至。

冲锋在前，彰显党员先锋本色

“我是党员，就要冲锋在前”，这是在校时就已入党的马海龙常挂在嘴边的一句话。入职以来，各类大型施工现场，总有他忙碌的身影；设备突发疑难故障，他也总在第一时间赶赴现场处置……

2017年4月，青藏铁路清水河特大桥附近的通信光缆出现劣化隐患，需要全部更换。当时还在格尔木通信综合工区的马海龙主动请缨，加入党员突击队，一同来到海拔4500多米的清水桥。

由于故障光缆位于冻土层下，一镐下去，地面只出现拳头大小的一个小坑。白天，他们点燃捡来的干牛粪烘烤冻土，等冻土有些许软化后，强忍着高原反应带来的不适，一镐镐往下挖。晚上，他们吃住在80公里外的一家小旅馆。长不足10米、高不及头顶的作业通道，他们整整挖了21天，手掌被磨出了一层厚厚的老茧，仅用来软化冻土的干牛粪就捡了60多袋。等割接完光缆回到格尔木时，工区职工看见的是他们黝黑消瘦的脸庞、粗糙裂口的双手。大家纷纷竖起大拇指：“你们就是青藏高原最亮的星！”

由于经验丰富、表现出色，2018年，马海龙被任命为西宁通信段格尔木通信车间清水桥通信综合工区工长。在工作中，身为共产党员的他以身作则、精益求精，当好“领头羊”。

可可西里高寒缺氧，在这里零负重步行也相当于平原地区负重几十公斤所消耗的能量。对于14名工区职工而言，最艰难的莫过于每隔1年至3年更换一次基站蓄电池和全面排查漏缆。“基站有 48 块蓄电池，最轻的蓄电池也有 32.5 公斤重。更换时，我们要一趟趟抬着蓄电池爬坡过坎，由于严重缺氧，没走几步就已气喘吁吁、心跳加速，胸口像有块大石头压着。”马海龙深有感触地说。

在海拔 5010 米的风火山隧道口，马海龙和工区职工抬着沉重的梯子，顶着刺骨的寒风，一丝不苟地排查着漏缆。每检查完一处设备，戴着头灯的马海龙都要反复确认挂钩是否紧固、零部件是否掉落到线路上。

除了带领工区职工打好每一场“硬仗”外，对于应急抢险，马海龙更是一马当先。2024 年 5 月，一场突如其来的大雪致使风火山隧道部分视频监控中断。接到求助电话后，休假在家的马海龙连夜坐车赶到现场，快速排除了故障。

勇挑重担、屡创佳绩的马海龙，得到了同事们的称赞和领导的认可。“马哥不仅业务精湛，能快速诊治疑难杂症，而且始终冲锋在前，是我们面对急难险重任务的主心骨。”工区青工曹成雷这样评价马海龙。

磨刀不误砍柴工。在积极提升技能技艺的同时，马海龙还积极组织工区党员开展党内技术攻关，定期给青工传授经验、技巧。在他的带领下，工区成立至今，一直保持着零责任事故的纪录。

奋斗是青春的亮丽底色，担当是共产党员的鲜明品格。行走在生命禁区，马海龙用坚韧奉献诠释着青春的真谛。

马海龙（中）向青年职工传授通信设备检修技巧　马建林 / 摄

风雪中，马海龙背着检修包巡查工区管内通信设备　孙万毓 / 摄

扎根高原，情系天路敬业奉献

清水桥通信综合工区地处可可西里腹地，主要担负昆仑山至风火山之间173公里高原铁路线上37个通信机房、2条光缆通道设备的日常维护任务。该区段平均海拔超过4000米，含氧量不足平原地区50%，是青藏铁路沿线气候最恶劣、环境最艰苦的地区之一。工区用水、米、面、蔬菜都是从几百公里外的格尔木用汽车运上来的。

坚守清水桥通信综合工区的6年多时间，马海龙满脑子装的都是“这里要养护”“那里要巡查”“有个疑难问题没解决”“谁有心事了得问问”“新入路的年轻人能不能适应”……巡视线路、检修设备、处理故障时，他忙碌的身影成为工友们的标杆；为强化班组管理，定期组织全员开展座谈交流，认真听取工友们的合理化意见和建议，并积极整改；担心青年职工参加技能比赛怯场，每次都带头报名，把赛场当成磨刀石，帮助青年职工尽快成长成才；

休息时，检测供氧设备运用状态，确保工友们用氧安全，有效预防意外事件的发生；积极改善伙食，一有时间就带着食材到厨房为工友们烹制青海当地特色美食；发现职工出现高原反应，第一时间看护并送医治疗；前往作业地点途中救助多位遇险群众，更是传为佳话。

马海龙的妻子马秀英也是一名守护青藏铁路的通信工。由于家在西宁和工作繁忙，夫妻俩聚少离多。马海龙在格尔木工作时，马秀英在日喀则工作。等马秀英被调到格尔木工作，马海龙却去了清水桥。一次，马秀英从西宁前往日喀则换班，二人几个月来的唯一一次见面竟是在格尔木站的站台上。马海龙带了很多妻子最爱吃的炕锅羊肉，马秀英则是一遍遍叮嘱“照顾好自己”。

全身心投入到高原铁路通信设备检修养护工作中的马海龙，多次错过给一双儿女过生日、开家长会，更谈不上参加亲子活动了。为了弥补对家庭、孩子的亏欠，每次休班回到家，马海龙总是主动承担所有家务，陪老人聊天，带孩子做游戏、逛公园。“我俩都是铁路职工，能彼此理解、相互支持。我一定会把工作干好，希望孩子们能茁壮成长。”马海龙红着眼圈说。

每一份付出，终将绚烂成花。用脚步和汗水度量自己的人生，马海龙先后获得全路技术能手、火车头奖章、铁路青年五四奖章及青藏集团公司优秀共产党员、党员技术标兵、先进生产者、青年岗位能手等诸多荣誉。作为天路青年榜样，马海龙正浓墨重彩地书写着灿烂的青春华章，展现着新时代天路青年的精神风貌。

扫码观看视频

采访手记

奋斗成就精彩人生

经历是一种成长。在奋斗中积累丰富的经历，才能成就更加精彩的人生。

马海龙，这个出生于青海偏远山区的青年，一路奋斗不息，用勤劳和汗水书写着属于自己的绚丽青春，也收获了来自岁月的丰厚馈赠。

马海龙的谦逊令人敬佩：即使荣誉加身、成绩突出，广受同事好评，他也从不沾沾自喜。马海龙的执着让人感动：面对各项施工重任，他以身作则、带头示范，为青年职工树立了学习的标杆。马海龙的意志使人赞叹：在追逐梦想的过程中，他脚步坚定、勇往直前，坚守在雪域高原上，以梦想照亮了自己的人生路。

（原载于2024年9月13日《人民铁道》报1版）

张 雷

中共党员，中国铁路设计集团有限公司土建工程设计研究院副总工程师。曾获第十二届詹天佑铁道科学技术奖青年奖、中国铁设“最美铁设人”等荣誉。

一座铁路桥　一道风景线

——记中国铁路设计集团有限公司土建工程设计研究院副总工程师张雷

周　琼　庞兰文　李　菁

49岁的张雷，高高瘦瘦、身形板正，黑色半包框眼镜下，一双眼睛透出和善与谦逊。文雅，是他给人留下的第一印象。这样的气质也延续到他的桥梁作品中。

作为中国铁路设计集团有限公司土建院副总工程师，张雷在铁路桥梁设计中孜孜不倦地追求着技与艺的完美融合。从业27年，他参与设计的铁路桥梁大大小小100多座，连接起纵横发达的路网，跨越于祖国壮丽的山河。

勇攀铁路桥梁科技高峰

东海之滨，烟波浩渺的杭州湾海域上，世界上第一座强潮海湾跨海大桥——南通至宁波高铁杭州湾跨海铁路桥初显峥嵘。作为大桥的桥梁专业总工程师，每隔一段时间，张雷便会带着相机来到施工现场，巡检的同时记录下大桥从蓝图走向实景的过程。

杭州湾，钱塘江入海口，世界三大强潮海湾之一，海域宽阔、风大潮急。如此复杂恶劣的海洋环境下，要设计建造一座集大跨长联高墩、超低阻水率、打入式超长钢管桩基础等于一体的超长跨海高速铁路桥梁，殊为不易。

无限风光在险峰。“作为一名铁路桥梁设计师，能遇到这样的工程项目，是非常幸运和光荣的。”张雷说。

张雷（右一）带领设计团队开展桥梁设计工作　李菁 / 摄

参加工作以来，张雷亲历并见证着中国铁路的快速发展。在这一波澜壮阔的征程中，中国成功掌握了世界级大跨度铁路桥梁建造技术。茫茫水域，世界首座千米级公铁两用斜拉桥沪苏通铁路沪苏通长江公铁大桥恍若飞虹；艰险山区，沪昆高铁北盘江特大桥、大瑞铁路怒江特大桥等一批世界级大跨度拱桥巍峨耸立……一座座铁路桥梁穿山越谷、畅通江海，连接起世界最大的高速铁路网和先进的铁路网，在中国铁路高质量发展中写下壮丽篇章。

“作为交通运输体系的重要部分，铁路桥梁是一个国家综合国力的体现。”张雷说。如今建设正酣的杭州湾跨海铁路桥，是目前世界上在建长度最长、建设标准最高、通行速度最快的高速铁路跨海大桥，对世界铁路桥梁建设领域具有里程碑意义。

在这一超级工程中，张雷和团队负责设计的杭州湾跨海铁路桥北航道桥主跨 450 米，是世界最大跨度无砟轨道双塔双索面钢箱——钢桁组合梁斜拉桥，其海中引桥最长一联的联长达到 3.08 公里。

为了顺利造出超长联跨海桥梁，张雷带着团队遍览国内外十几个跨海工程技术资料，反复论证修改多个设计研究方案，坚持扎根强风强浪强潮的桥址一线深入调研……将近3个月的时间，他几乎见过杭州湾上的每一个日出。

“当时的人们利用潮水涨落来安装桥梁，我们为什么不行呢?”一次研讨会上，张雷忽然想到泉州洛阳桥——我国现存最早的跨海梁式石桥，其“浮运架梁”的建桥技术是中国历史上一项重要发明。顺着这个思路，张雷提出“整孔梁预制，利用船舶浮吊安装，然后再连接成为连续梁”的施工方案，最终成功破解海上超长联跨海桥梁施工难题。

2022年12月，张雷和团队完成杭州湾跨海铁路桥北航道桥及海中引桥的桥梁工程设计工作。交付设计图纸那一刻，他感慨万千。多年来，他和团队以多个“第一”，丈量着中国铁路前行的脚步——

京沪高铁天津枢纽津沪联络线特大桥，创新应用了混凝土三塔矮塔斜拉桥桥式、分丝管索鞍等新工艺，成为我国第一座铁路预应力混凝土矮塔斜拉桥；京广高铁郑州黄河公铁两用桥，创新采用多塔长联钢桁梁斜拉桥桥式、边桁斜置的空间三主桁结构等新结构，成为我国第一座斜主桁多塔公铁两用斜拉桥；同江中俄黑龙江铁路大桥，成功应用了新型钢桁形式、新型桥面系及新型无砟轨道结构等新技术，成为中俄两国首座跨江铁路大桥……一个个第一，为我国现代化铁路基础设施体系加快构建写下生动注脚。

为钢筋铁骨注入艺术价值

一座铁路桥梁的设计寿命是多久?

一百年。

“每座铁路桥梁都是一个巨大的工程，建成后会在那里矗立百年，所以桥梁不只是通达彼岸的构筑物，更是一种长存世间的人文景观。”张雷平时话不多，谈起设计艺术，却是兴致勃勃。

大学毕业后，张雷进入当时的铁道部第三勘察设计院成为一名铁路桥梁设计工程师。他提交的桥梁设计方案，满足基本功能的同时，又赋予桥梁独特的艺术价值，让人耳目一新。

张雷参与设计的第一个重大铁路工程项目，是青藏铁路拉萨河特大桥。

张雷（右）在杭州湾跨海大桥施工现场进行设计巡检　刘宁 / 摄

设计之初，为了让大桥完美无瑕地镶嵌进眼前这幅壮美辽阔的画卷中，张雷走上拉萨的街头采风，将看到的哈达、经幡、雪山、雪莲等元素都化作设计灵感。

最终，他们给出的拉萨河大桥设计方案中，大桥通体白色的设计加上三跨连续的拱圈，犹如一条绵长的白色哈达飘飞于拉萨河谷间。

这份方案以第一名中标，建成后的拉萨河大桥更是受到社会各界的广泛赞誉，成为青藏铁路的标志性工程。

从这时起，将文化元素与审美旨趣融入桥梁结构与造型设计的理念，深植于张雷心中。他的家中，收藏着大量关于古桥的典籍，只要一有时间，他就去钻研。工作之余，他喜欢到全国各地游览古桥，几十年来，大江南北他参观过桥梁近百座。

2020 年，张雷和团队接到津潍高铁东营黄河公铁大桥的设计任务。这是一座主跨达 600 米的公铁两用斜拉桥，也是目前黄河流域最大跨度的桥梁。

考虑到桥址位于齐鲁大地，所处地域历史悠久，文化底蕴深厚，张雷连续多次考察曲阜孔庙，研究了棂星门、侧脚、生起、雀替等中国传统建筑元素，最终将这些元素应用在设计中。

“我们在设计时，力求使大桥与周边的自然与人文环境完美融合，不仅在审美上要传承中国传统建筑美学，也要体现出中华传统文化的一脉相承。”张雷说道，目前该桥正在施工，不久的将来会横跨在黄河之上，成为当地标志性景观之一。

多年来，张雷把自己的审美追求凝聚在一座座桥梁上。他负责景观设计的哈齐客专松花江特大桥，以山势起伏般的独特桥式衬托滔滔江水；他主持设计的杭台高铁椒江特大桥，纤秾合度，风姿典雅，柔顺的白色斜拉索与蓝色的海天互相映衬……

架通山河，飞虹如画。凭借卓越的技艺，张雷将每一座桥梁都雕琢成技术与艺术的绝美交融，为祖国大地增添了无数亮丽的风景。

从传统文化中汲取智慧

张雷成长于历史文化名城——山西大同，父母都是铁路职工，儿时的家就在铁路线附近。蒸汽机喷薄而出的白雾，火车远去悠长的鸣笛，加之古都浓厚的文化氛围，共同构成了张雷童年的生活图景。

人的一生就是一个不断回望故乡的过程。随着年龄渐长，如何将自己从事的铁路工作和传统文化结合起来，成为张雷思考的新命题。

张雷（前排右二）带领设计团队开展津潍高铁东营黄河公铁大桥设计工作　李菁 / 摄

“传统文化凝聚着中华民族最深沉的精神追求，我们应当从中华优秀传统文化中汲取力量。”张雷说道。

在郑阜高铁大跨度钢桁加劲连续梁设计中，由于连续梁主跨长达172米，在梁端产生的伸缩位移会比较大，需要设置钢轨伸缩调节器，但该段线路是曲线，又不宜设置调节器。

“设还是不设？”一时找不到合适的处理方案。一个苦思冥想的夜晚，熟读古籍的张雷突然想到了《论语·为政》中的一句话“从心所欲不逾矩”，他激动地拿起笔，急忙记下这瞬间的灵感。

第二天一早，张雷便召集团队：“‘从心所欲’与‘不逾矩’既是矛盾又是统一的，适用到桥梁上，我们可以给桥梁有限的自由，让梁的两端平分总的伸缩，这样就可以减小原来处于远端的伸缩量，从而不用设置调节器了。”

传统文化与现代工业的碰撞，打破过去桥梁设计的思维定势和路径依赖。张雷带队就此研发出一种“有限自由约束体系”以及具有可调功能的限位装置，成功实现了铁路大跨度连续梁无须设置钢轨伸缩调节器。这是我国在世界铁路桥梁领域中提出的一项重要创新。

2021年，张雷结合多年来的桥梁设计经验和对桥梁工程的深入思考，其专著《桥梁之道——中国哲学思想对桥梁工程的启迪》在业内引起较大反响。他将哲学、建筑美学与工程学融会贯通，打破了传统学科的壁垒和界限，以中华民族传统文化中“万物并育而不相害，道并行而不相悖”的哲理，表达了自己的匠心坚守和文化自觉。

在津潍高铁东营黄河公铁大桥桥塔的设计中，张雷开创性采用交叉锚固于核心混凝土的新型索——梁锚固结构，既方便施工，又显著降低了工程造价，这是他从墨子节用利民的思想主张中得到的启发。

在杭州湾跨海大桥北航道桥等大型斜拉桥的设计中，张雷设计刚柔并济的结构，利用斜拉体系的柔度和阻尼器的设置，使桥梁在地震的时候以柔克刚，更好达到减震的效果，这是他从老子辩证法思想中得到的启发。

“中华优秀传统文化是中华文明的智慧结晶，是中华民族的根和魂，是我们在世界文化激荡中站稳脚跟的根基。”时代的召唤，让张雷更加坚定以铁路桥梁为载体，传承中华民族独特的智慧。

长虹飞架，凝结着张雷和团队的技艺与匠心，托起中国高铁的轮轨，通往自主创新的未来之路，也通往中国式现代化建设的实践之路。

扫码观看视频

采访手记

热爱可抵岁月漫长

说到与铁路桥梁的结缘，张雷想起小时候，他在奶奶家的院里，用小小的木头块搭起长长的桥。从那时起，他便对桥梁产生了兴趣。回过头看，这份情有独钟跨越40多年，为他成为一名优秀的铁路桥梁设计师铺就了绚丽多彩的人生底色。

回溯长达20多年的造桥生涯，张雷几乎想不起任何特别艰苦的事情，即便是最灰暗的攻关时刻，他也乐在其中。他总是考虑，如何让一座铁路桥梁安全可靠又美观。他所追求的，是为这庞大的钢筋铁骨注入灵魂。因为热爱，他不觉艰苦、自觉创新，把一座座铁路桥梁铸成科技创新的工业丰碑，铸成充满审美旨趣和人文内涵的艺术杰作。

（原载于2024年8月24日《人民铁道》报1版）

王　昊

中共党员，中铁集装箱运输有限责任公司中铁国际多式联运有限公司多式联运部经理。曾获中铁集装箱公司优秀共产党员、优秀工会干部等荣誉。

物畅其流 “联”接山海

——记中铁集装箱运输有限责任公司中铁国际多式联运有限公司多式联运部经理王昊

许媛媛 王 伟 景嘉宝 徐中坚

从波光粼粼的北部湾到山峦逶迤的巴蜀之地，从气势磅礴的澜沧江到碧波荡漾的湄公河，从美丽富饶的神州大地到异域风情的欧洲腹地……一只只铁路集装箱、一列列货物列车，跨越万水千山，历经雨雪风霜，连接着经济贸易和往来，承载着世界繁荣与发展。

物畅其流的背后，是铁路货运人的执着汗水和奔波身影。

中铁集装箱运输有限责任公司中铁国际多式联运有限公司的王昊正是他们中的一员。每天8时到办公室，他把时间安排得满满当当：研究全路海运订舱中心项目进展、和工作室成员开会碰头提高“一单制”效率、了解业务指导书编制推进情况……伴着时常响起的电话铃声，王昊“一刻不得闲，也一刻都闲不住”。

勇攀高峰，以精心铸精品，奔跑在推进中欧班列高质量发展的路上

王昊与中欧班列的故事，“像是命运的安排”。

“2012年，我研究生毕业进入铁路工作，在北京客运段国际联运车队值乘K19次列车。”王昊回忆，“当时，每当列车经过满洲里货场，亲眼见到一列列货物列车挂钩、换轨、开出国门，我的兴趣也逐渐浓厚起来。”

2016年，习近平主席与波兰总统杜达共同出席统一品牌中欧班列首达

王昊（左二）带领团队成员深入现场检查盯控作业安全　王洪明 / 摄

欧洲（波兰）仪式。通过电视看到中欧班列徐徐驶来，王昊感到莫名兴奋。

“中欧班列打破了传统运输格局。此前，构建以铁路为主导、跨亚欧大陆的运输通道，大家想都不敢想，更没有哪个国家能够付诸实践。”关于中欧班列的信息，他总是格外关注。

一年后，得知公司中欧班列部有用人需求，王昊在车队负责同志的支持下，迈出了职业生涯的重要一步。

从客运到货运，虽同属一脉，实则挑战各异。可总是笑眯眯的他，似乎从不担心“水土不服”。

2017 年底，他和新入职同事来到西安中心站。从业务受理、起票，到车站内外勤操作，王昊拉着同事详细请教货物发运全流程。大到列车如何进站、停放，海关监管区如何交接，小到运单如何填制、怎样上签封……每个步骤，他都问得仔细、记得认真，生怕留下一丝疏漏。

确保中欧班列高质量开行，口岸交接是重要一环。为了全面了解末端口岸交接流程，王昊找中铁集装箱乌鲁木齐、哈尔滨分公司同事要来视频资料，在脑海中反复梳理过关流程，发现堵点立刻回放资料、分析数据……一个月后，对于货物发运所有细节，他已经“如数家珍”。

随着中欧班列进入蓬勃发展时期，如何打造精品班列、提高运营时效、提供更优服务，成为摆在王昊和团队面前的重要课题。

“想要压缩班列运行时间，最重要的是设计出最优运行方案。”王昊介绍，当时，广州至莫斯科的中欧班列单程运行时间是 18 天。他们结合俄罗斯及国内图定班列发运时刻表，倒排发车和口岸作业时间，经过多次打磨，最终形成了班列运行的最优设计方案。

从方案走到现实，仍然充满挑战。

“为了确保方案落地，我们抓住重点环节全程盯控，每天与俄方沟通班列运行信息的邮件至少有 30 多封。”王昊回忆，由于与俄方铁路部门存在时差，在等待邮件回复的间隙，大家经常看着地图，依据经验测算运踪，预想可能出现的突发情况，把预案做足做细。

终于，王昊带领团队克服重重困难，成功把广州至莫斯科的班列运行时间压缩至 11 天。

胸怀“国之大者”，护航中欧班列，这是王昊的初心。

创新开展宽轨段“三并二”集并运输，有效降低宽轨段运输成本、节约运力资源；牵头制定《中欧班列部项目经理考核管理细则》，为后期中欧班列全程时刻表班列工作打下基础……王昊一直奔跑在推进中欧班列高质量发展的路上。

分秒必争，以实干促实效，
投身铁海联运助力“物畅其流通天下”

西部陆海新通道作为连接中国西部地区与海外的多式联运通道，在区域协调发展格局中具有重要战略地位。

2021 年 10 月，42 车元明粉和汽车配件从成都出发，搭乘西部陆海新通道班列，经钦州港报关、换装后，通过海运班轮沿北部湾海岸线南下，横跨南海海域，最终抵达越南海防港。

“这次我们只用 5 天时间就完成全程运输，跟之前通过上海中转的方案相比，不仅成本降低了 1/3，时间也缩短了一半以上。”王昊自豪地说。

2019 年，为贯彻落实中国国家铁路集团有限公司党组关于大力推进铁水联运高质量发展的部署要求，多联公司成立铁海快线部。王昊担任部门负责人。

然而，算上他自己，部门一共5个人，他们对海运、港口、联运等业务经验都不丰富。大家每天在办公室啃书本、学案例，分析得头头是道，可到了实际操作环节，又是“两眼一抹黑”。

改变势在必行。王昊带领团队成员走访船务公司、港口、货代公司等，在干中学、学中干。

“最忙的时候一天拜访6家客户，腿都不听使唤。”通过走访调研，让王昊感触颇深，“当时很多企业已经有了多式联运经营人的概念，相比而言，我们差得太远。大家没时间疲惫懈怠，只想抓住机会多学一点、多干一点。”

思路打开，引领发展突围。从工作理念到业务流程，又一次从零开始。然而，这次只能靠自己摸索。

渐渐地，王昊摸到了门道。他把为客户提供完整物流解决方案的过程形容为“拼拼图”——面向货主、背靠铁路，根据货物运输需求，综合考虑时效、成本等因素，把每种运输方式嵌入最合适的位置。

很快，他们迎来了打一场漂亮翻身仗的机会——推动西部陆海新通道班列增运上量。

2020年前，西部陆海新通道班列常态化开行站点仅有不到30个。需要打通的铁海联运堵点究竟在哪里?

为此，王昊带队深入四川、重庆、广西等地走访调研，与船公司、港口码头公司、公路运输企业等通道运输关键节点企业开展座谈交流，并向西部陆海新通道班列运输协调委员会提出意见建议，促成多联公司与各平台公司签订班列运输协议。

2021年，多联公司成为西部陆海新通道班列铁路托运人。

面对阶段性胜利，王昊丝毫没有松口气的想法。从货源组织、海运订舱，到提单制作、铁路发运、货物追踪，再到起运港盯控、目的港配送……他带领团队全面梳理铁海联运全过程各环节，组织制定《西部陆海新通道班列全程业务操作流程》，利用中铁集装箱公司网络化资源优势，与汽运车队、港口和海运公司形成统一的对外报价机制。

一块块啃“硬骨头”，一次次夜以继日。一路走来，铁海快线的品牌，越来越响亮!

开拓创新，以匠心致初心，积极推动以铁路为骨干的多式联运更好更快发展

2023年9月29日，两列装运35吨宽体集装箱的列车兵分两路，一列自呼和浩特沙良站出发疾驰向东，经天津新港站搭乘中谷杭州号集装箱班轮驶往广州港；另一列自南宁南站南下抵达钦州港东站，随即搭乘重庆号班轮驶向日照港。

“这是首次采用‘班列+班轮’无缝衔接、‘一箱到底’的运输组织模式，对推动铁路、海运深度融合具有重要意义。”王昊介绍。

为加快推进35吨宽体箱铁水联运规模化，他带队围绕天津港—南沙港、钦州港—日照港两条海运干线通道，对适合35吨宽体箱铁水联运的货源开展调研10余次，先后牵头组织8次宽体箱铁海联运试运工作。

渐渐地，中途不换箱、全程不开箱的“一箱到底”式运输得到客户青睐，粮食、煤炭、石料等越来越多的适箱品类货物通过35吨宽体箱发运，船公司也上门寻求合作，专门为宽体箱上船“腾空间”。

王昊（左）耐心指导青年职工修改文件　李志威/摄

"这是铁路运输标准的向外输出，对于加快构建以铁路为骨干的多式联运体系具有重要意义。"王昊的言语间满是骄傲。

以35吨宽体箱铁海联运项目为载体，王昊积极参与多式联运"一单制"试点，推动形成4条35吨宽体箱"一单制"铁海联运通道线条，累计发运货物1.16万标箱。

与其他运输方式相比，铁路运输有大运量、低成本、高效率等优势。王昊和团队深入思考，如何向着做市场、做物流、做经营发力，最大限度发挥铁路在综合交通运输体系中的骨干作用。

"为了推动物流总包项目落地、挖掘一手货源，我们深入百余家企业调研。然而，绝大部分企业已经有了长期合作的物流公司。"王昊说。

难以破局，气馁过吗？王昊坦言："从来没有。"

为了拿到公平竞争的"入场券"，不服输的王昊决定参与投标。

2021年9月，中国储备粮管理集团有限公司发布公路、铁路及水路运输物流承运供应商招标信息后，他带领团队不眠不休，用两周时间，几易其稿，高质量完成250多页的入围资格项目投标文件。

"这是一场和时间的赛跑。"王昊说，"一个月后，我们从90家供应商中突出重围，成功取得中储粮储运有限公司和中储粮油脂有限公司公、铁、海三种运输方式承运供应商入围资质。"

入围供应商名录只是第一步，挑战接踵而来——正式投标。

梳理中储粮粮食运输以往涉及线路，按照不同运输模式进行分类，并提前进行价格测算；设立专人专岗，负责项目测价、投标、运输及费用结算等全过程工作；建立项目沟通机制，确保相关工作有序推进……王昊提前摸底、做足功课。

投标过程更讲究技巧。价格填得太早不行，容易泄露"底牌"；价格太高不行，"压根竞争不过人家"；价格太低更不行，"赔本买卖做不长久"……这些经验，都是此前投标半年一标未中总结出来的。

然而这一次，王昊志在必得。

2022年4月2日10时，看到即时公布的中标结果，王昊和团队击掌庆贺。这个"第一次"，来得太不容易。

此后，他紧盯一手货源，与中储粮储运有限公司、中粮贸易公司、中铝集团等多家大型国有企业开展业务合作，参与物流项目投标300余个，中标

100余次，累计完成运量超150万吨，收入近3亿元。

蓝天碧海间，钢轨交错，货轮穿梭，物畅其流的愿景正逐渐变为现实。

“我很幸运，赶上铁路货运高质量发展的春天。”王昊说，“坚持班列向着市场开、服务围着客户转，做强多式联运、服务经济社会，这是新时代铁路货运人的使命，更是沉甸甸的责任！”

扫码观看视频

采访手记

心怀热爱　步履不停

“必须坚持以市场为导向、以客货为导向，推进铁路货运向现代物流转型发展，才能真正发挥铁路在综合交通运输体系中的骨干作用。”采访中，王昊经常重复这句话，这也是他多年如一日的工作写照。

在同事眼中，他是“干一行爱一行专一行”的老大哥，是“总能在不经意间冒出新想法”的定盘星，是“有他在，没有解决不了的难题”的主心骨。入路12年，无论身处哪个岗位，他一直铭记师傅的话——“咱铁路人就应该踏踏实实干好铁路的事”。

王昊说，他的愿望就是继续做好手头的事，为“货畅其流”尽自己的一份力量。

心怀热爱，他的奋斗脚步不停歇……

（原载于2024年9月6日《人民铁道》报1版）

秦环兵

中共党员，中国中铁大桥局集团第二工程有限公司测绘分公司工程测量工。曾获全国五一劳动奖章、全国知识型职工先进个人、全国技术能手、湖北工匠、火车头奖章等荣誉。

标尺测山河　点线绘人生

——记中国中铁大桥局集团第二工程有限公司测绘分公司工程测量工秦环兵

宋佳伶

对于中国中铁大桥局集团第二工程有限公司测绘分公司工程测量工秦环兵来说，每到一个城市，桥就是最美的风景。

“看着自己测量的桥顺利通车，我真是太自豪了！”从业三十三载，秦环兵一直奋战在桥梁工程测量一线，杭州钱塘江大桥、芜湖长江大桥、同江中俄铁路大桥、南京大胜关长江大桥……这些大型桥梁的测量作业过程中，都有他奋斗的身影。

永不言弃，一股韧劲当先行

秦环兵出生于桥梁工人家庭，父亲立足岗位不懈努力的工作态度深深影响着他。1990年，怀着对铁路事业的赤诚之心和无限憧憬，他进入中铁大桥局二公司测绘分公司，成为一名工程测量工。

从业之初，秦环兵就感到了专业知识的缺乏：“一座桥梁的建成需要上百万次的测量，涉及多种计算，需要有扎实的理论基础和丰富的实践经验。”为尽快提升技术水平，他白天跟着师傅学手艺、苦练基本功，晚上挤出时间自学，经常看书到深夜。他在5年时间里啃完15本测量专业书籍，记下

秦环兵在进行施工测量　中铁大桥局集团二公司 / 供图

几十万字的学习笔记，并熟练掌握了各种仪器操作技能和数据计算基本功。

从小就不服输——怀着这股劲头，秦环兵在桥梁工程测量之路上奋力奔跑。2013 年 11 月，他带领测量队去中俄边界勘测同江中俄铁路大桥桥址。

水电不通、积雪齐膝深、气温达到零下 30 摄氏度……给测量作业带来极大的挑战和难度。“气温太低，人和仪器都受不了，等天气转好再测”……面对一些人的畏难情绪，秦环兵坚定地说：“我们是工程施工的先行官，决不能拖后腿！”他深知，工期紧、新情况多，拖一天就增加一分不确定。

于是，在当时同江近两公里的冰封江面上，每天都能看到一批只露出双眼和鼻孔、浑身裹得严严实实的工程测量人员缓缓前进，认真进行着测量作业。

“同江的冬天实在是太冷了，操作仪器时又不能戴手套，在滴水成冰的江面上，用不了几分钟手就冻得不听使唤，没几天就生了冻疮。回到宿舍一暖和，更觉痒得厉害。”秦环兵说，有时需要晚上出去测量，自己呼出的热气不一会儿便凝结成冰，把眼睫毛和仪器镜子冻在一起。

作业过程中，还有很多意想不到的危险。有一次，在放样桥位中桩的时候，现场积雪很深，大家只能挪步缓行，甚至匍匐爬行。在30号墩附近，有个隐藏在积雪下面的水潭，走在前面探路的秦环兵刚踩上去，“咔嚓”一声就掉了进去。“好在当时水只有齐腰深，我真是幸运。”他回忆道。

就这样寒来暑往、日复一日，秦环兵带领团队每天从中俄边界的大桥起点处开始，沿着16.7公里长的工程路线作业，平均每次作业要走5万步。其间，他们由北向南一段段地跑尺、转点，凿冰、插旗，测水深和测断面。面对风雪严寒、蚊虫叮咬，大家前进的脚步从未停歇，最终圆满完成了桥梁测量任务。

谈起这些年的测量工作，秦环兵感慨地说：“搞测量，吃苦是难免的，但心中要有股韧劲，干啥事一定要弄出个名堂来。”

精益求精，一把标尺争毫厘

“不放过自己，一点都不能差，差一点都不行。”这是秦环兵经常挂在嘴边的一句话。多年来，凭着对自己的一股狠劲，他练就了一双火眼金睛——

秦环兵在进行施工测量　中铁大桥局集团二公司 / 供图

由他负责的测量项目从未出现过任何质量偏差。

巢马城际铁路马鞍山长江公铁大桥是目前世界最大跨度三塔两主跨斜拉桥。其中，Z4 号主塔有 60 根群桩，每根直径 4 米，属于超大直径钻孔群桩基础。在实际作业过程中，秦环兵和团队要将钻孔桩周围的钢护筒打至地下 46 米处，再把每根钻孔桩打至地下 60 米至 72 米处。由于钢护筒直径要比钻孔桩大，如何在作业过程中确保精准的垂直度，成为他们面临的一大难题。那段时间，秦环兵和团队不停地翻阅相关技术资料，在作业现场实验比对，最终决定将传感器安装在钢护筒上，实时监测钢护筒插打垂直度，进而有效确保了钢护筒顺利打至地下 46 米处、垂直度不超过 3‰。

建设一座桥梁，涉及上百万次测量，每一毫米的精细，都事关项目安全和工程质量。

芜湖长江大桥建设期间，秦环兵带领团队负责桥梁的相关测量工作，模板定位阶段给他留下了深刻印象。“我们要把模板固定好，才能将混凝土浇筑

秦环兵在工作室开展技术革新　中铁大桥局集团二公司 / 供图

在里面，所以模板定位精准度直接关系到主塔的精度和受力情况，很重要！”秦环兵介绍道。

怀着打造精品工程的决心，秦环兵坚持一切从严，他和团队在原有国家标准的基础上，精细控制内控标准，将模板尺寸偏差区间限制在正负5毫米之间。主塔设施较多、模板厚重给作业带来一定难度，再加上工期紧，作业现场总能看到秦环兵忙碌的身影。“就一心想着如何减小误差，精准固定模板，更好地服务现场。”秦环兵说。

2017年，“秦环兵劳模创新工作室”成立，并于2019年被认定为国家级技能大师工作室，这让秦环兵的工作干劲更足了。为了让新入职的测量工保持精益求精的工作态度，他一有空就会给大家上课，将自己的工作经验和心得感悟传授给大家。在他的带领下，工作室培养出金牌职工2人、测量骨干80余人，大家都潜心扎根测量一线，持续打造出亮眼的精品工程。

慧心巧思，一腔热血搞创新

完成技术革新、小改小革100余项，优化测量方案135项，破解大型桥梁现场施工测量难题30余项，获得各类工法、专利、科技进步奖、QC成果奖等52项……工作三十三载，秦环兵在精益求精的同时，独具匠心、巧思，不断追求卓越。

常泰长江大桥是目前世界上最大跨度公铁两用斜拉桥，大桥6号主塔高达352米，6号主塔的沉井是世界在建最大水上沉井基础。在国家实验室的指导下，“秦环兵测量技能大师工作室”参与了6号主塔沉井下沉的监测工作。

之前，沉井下沉监测工作流程是每天须上沉井2到3次，然后进行计算，推算出沉井倾斜状态。这样一来，作业效率和精准度都得不到保证。秦环兵冥思苦想了很长时间，“当时就想着，如果能有一个实时监测的设备就好了。”他回忆说。

经过大量测试、比对，秦环兵和团队最终决定在大桥6号主塔沉井轴线测点位置安装4台GPS，24小时实时监测沉井倾斜状态，BIM平台实时形成三维模拟影像协助施工。通过BIM沉井监测云平台进行测量、计算，比传统测量方法更高效、精准。

在大家的共同努力下，常泰长江大桥6号主塔巨型沉井精准着床、精准终沉、完成封底，实现了我国大跨桥梁深水沉井基础施工新突破，开创了深水沉井基础施工先例。“能够为这一精品工程贡献自己的智慧和力量，我和团队成员都感到很自豪！”秦环兵激动地说。

6号主塔索道管定位环节也包含着秦环兵的一些小巧思。“索道管定位精度要求在正负5毫米以内，由于主塔受大气温差和日照折射影响，按照惯例，只有在晚上测量才能得出准确的数据。”他解释道。正是这样一件大家都觉得理所当然的事，秦环兵却动上了脑筋。经过反复测算，他在理论数据中添加了不同温度下实际偏位量的数据，用“以偏就偏”的方法，解决了白天难以进行测量作业的问题。

“现在，我养成了一个习惯，每到一个项目现场都要询问施工人员遇到哪些问题，或是有没有感觉哪里操作起来不顺手。通过汇总梳理问题、征求合理化意见建议，我们可以有的放矢，让难点成为技术创新的起点。”对于秦环兵而言，技术创新已经成为习惯，用他的话说就是“越琢磨越上瘾，越干越有成就感”。

心无旁骛守住质朴之心，久久为功打磨精进技艺。当前，秦环兵正带领团队奋战在测量一线。在实现精准测量、打造精品工程新征程上，作为“追梦人”的他，仍在努力奔跑。

扫码观看视频

采访手记

跨越山海勇向前

进入桥梁工程测量这个岗位，背上三脚架和仪器箱，跋山涉水、风餐露宿、日晒雨淋是秦环兵的日常生活。从业多年来，他正是凭借一股不服输的韧劲，从业务"小白"迅速成长为一名能吃大苦、耐大劳的专家型桥梁工人。

秦环兵的经历，有奋进、有拼搏、有钻研。在万里铁道线上，有很多像他这样的铁路人，他们干一行、爱一行、精一行，用实际行动告诉我们：永远保持奋斗姿态，奋勇搏击、迎难而上，做到时时有所创造、处处有所精进，这样的努力必有所得，这样的人生定有所获。

（原载于2024年5月7日《人民铁道》报1版）

陈永胜

中共党员，中国铁建中铁十一局集团第三工程有限公司试验中心主任。曾获全国五一劳动奖章、全国技术能手、安徽省“江淮杰出工匠”等荣誉。

心系工程质量　成就“技能人生”

——记中国铁建中铁十一局集团第三工程有限公司试验中心主任陈永胜

宋佳伶

盛夏时节，一条条铁路新线不断延展，铁路工程建设项目各个环节的试验检测工作如火如荼展开。

2024年7月5日，南海之滨，中铁十一局集团第三工程有限公司试验中心主任陈永胜在广南铁路施工现场有条不紊地做着试验检测。工作28载，陈永胜一直奋战在工程质量试验检测一线。秦沈客运专线、合武高铁、商合杭高铁……这些铁路工程建设中，都有他奋斗的身影。

奋斗不息，进取心磨砺强本领

1996年，陈永胜从技工学校毕业，成为中铁十一局集团三公司的一名线路工。每天，他跟着师傅在线路上巡检。师傅时而俯下身子趴在钢轨上，两眼平视前方，时而使用道尺测量钢轨平顺度。师傅告诉他：“看道是一项技术活，远端看道，百米之外看毫厘……”陈永胜爱琢磨，又有一股钻劲儿。师傅说的话、教授的方法，有些地方总是想不明白，他深感自己专业知识薄弱，下决心继续求学，向更高目标努力。

1999年，陈永胜考上西南交通大学铁道及道路工程专业。他学到了更多铁路领域相关的知识，也更加明确了自己的专业追求，开始深耕工程质量试验检测领域。他利用业余时间钻研建材试验理论知识，跟着师傅从制作混凝

陈永胜在进行混凝土含气量检测　杨赟 / 摄

土试块、压试块、钢筋试验等基础环节学起。从原材料试验到现场检测，从施工工艺、设计图纸、规范学习到试验检测仪器操作，遇到重点难点时，他总是第一时间做好记录并汇总分析，及时向同事请教，在学习中不断提升技术水平。

前进的道路不会一帆风顺，但不懈努力总会迎来胜利。陈永胜在工程质量试验检测领域越来越出彩，在技能比赛中屡创佳绩。其中，最让他难忘的是国家级一类中央企业建筑材料试验工职业技能大赛。比赛中，有一个项目是混凝土试配考核，需要参赛者在规定时间内调配出坍落度在180毫米 ± 20毫米的混凝土。获得完美的试验结果，绝不是凭一时之功，需要平时的千锤百炼才能确保每个步骤都精准无误。比赛检验的不仅仅是业务技能，更是参赛者的耐心和细心。当时距比赛只有 4 天时间，时间紧、压力大，他小心翼翼地控制配料量，第一次加水过量，坍落度远超过 180 毫米，第二次配料量不均衡，坍落度还是没有到规定范围……经过上百次失败和上百次重新开始，他终于找到了最佳配比。在正式比赛中，陈永胜调制的混凝土配比状态出色，最终的混凝土坍落度也精准控制在 180 毫米。他从 130 名竞赛选手中脱颖而出，荣获金奖。在享受获奖的喜悦后，陈永胜复盘了自己的学习方法以及掌握的技能，开始思考如何将其更好地应用于提升工程质量中。

奋斗之路永无止境。陈永胜用粗粝的手指摩挲过自己努力获得的一张张奖章、一块块奖牌、一个个奖杯，脸上流露出的不仅有骄傲，还有继续向前的笃定。他始终怀着积极进取的人生态度不断充实自身，迎接新的挑战。

潜心钻研，硬技术破解大难题

在铁路施工建设过程中，混凝土配比状态是关键因素，直接影响工程质量的优劣。

合武高铁是国家“八纵八横”高速铁路网主通道沿江通道的重要组成部分。在隧道二衬混凝土施工过程中，衬砌拱顶出现了表面疏松、掉块等现象，影响了施工进度。

“马上就要解决这个问题,时间紧迫,很多人心里也没底。”陈永胜回忆说。他没有退缩，深知找到破解之法没有捷径，只能通过反复试验，在混凝土最佳配比方面不断寻求突破。进驻现场后，他马上开始跟班检测作业，认真了解隧道混凝土性能，观察施工工艺，平均一天下来要走10公里的路程。

掌握第一手信息后，他又带领团队一步步细化调整配比方法方案。他们不断调整配料数量、尝试不同的工艺，经常讨论到深夜。就在大家一筹莫展的时候，陈永胜通过翻阅相关资料，有了一个新点子：采用外加剂复配的方式，让各复配成分共同作用，产生“叠加效应”。于是，他们马上投入试验，经过多次测试，终于找到了最佳参数，破解了这一难题。在此基础上，陈永胜提出了《优化外加剂复配技术　预防隧道拱顶不密实缺陷》技术方案。“我们通过雷达检测实地验证了这一方案的可行性，防治隧道缺陷效果显著，当时大家都很激动，感觉一切付出都值了！”陈永胜感慨地说。

2018年，商合杭高铁进入轨道施工建设阶段。陈永胜遇到了新的挑战。施工中要使用预制轨道板，为确保线路平顺，需要在预制轨道板基底之间灌注自密实混凝土填充层。填充层属于狭长的封闭板腔，灌注不慎容易产生表面泡沫层、浮浆层、表面水纹、贯穿气孔、灌注不饱满、离缝现象。自密实混凝土灌注施工质量成为制约整个施工能否达到标准的关键点。

为了找到自密实混凝土的最佳配比状态，陈永胜带领团队加紧研究。那段时间，每个人都承受着巨大的压力。作为带头人，陈永胜通宵加班的次数更多了，休息时满脑子想的都是相关细节。试验过程中，他总是小心翼翼地控制着外加剂的用量，多 1%、少 1% 都会对混凝土的状态产生影响，一天下来，手都在发抖。通过不断努力，他终于掌握了自密实混凝土施工技术要点，即通过 5 种外加剂母液复配“鸡尾酒”方式，使混凝土达到最佳配比状态。这项技术也让施工灌注量由平均每天每个工作面 10 块提升至 25 块以上，大幅提升了工作效率，使综合成本降低了 60%，保障了标段内 16089 块自密实混凝土灌注全部按质量标准、节点工期顺利完成，为后续的铺轨赢得时间，也为商合杭高铁开通奠定了坚实基础。

创新突破，小巧思带来高效率

拥有 15 项技术创新成果，荣获全国五一劳动奖章、全国技术能手、中央企业职工技能大赛金奖、湖北省第四届首席技师……工作 28 载，陈永胜取得

陈永胜现场盯控钢筋加工质量　杨赟 / 摄

了多项科研成果和荣誉。但他深知，成绩属于过去，创新永无止境。

陈永胜记得，一次他们对桥面底座板 L 形钢筋进行植筋拉拔检测。步骤是将钢筋植入混凝土 200 ± 20 毫米处，再使用拉拔仪进行检测，检测合格后，切割掉多余的钢筋，或采用电动弯曲机将钢筋弯曲 90 度成 L 形。整个过程需要 30 分钟以上，不仅影响施工进度，而且要浪费大量钢筋。

陈永胜看在眼里、急在心里。他把自己关在屋里三天三夜，拿着受力平板、拉杆、锚环等配件不断组装试验。“那几天做梦都是组装的过程。”他笑着说。经过不懈地努力，他设计出一套 L 形植筋拉拔工程装备，这套装备可以直接植入 L 形钢筋上进行检测，只要两分钟就能完成检测工作，同时避免了钢筋浪费，减少了现场钢筋切割和弯制工序。经过现场反复模拟试验，新装备效果非常明显，节约了 100 多万元的成本，达到了提高工效、降低消耗、节约成本的目的。

陈永胜的专业水平越来越高，名气也越来越大。为帮助更多愿意进步

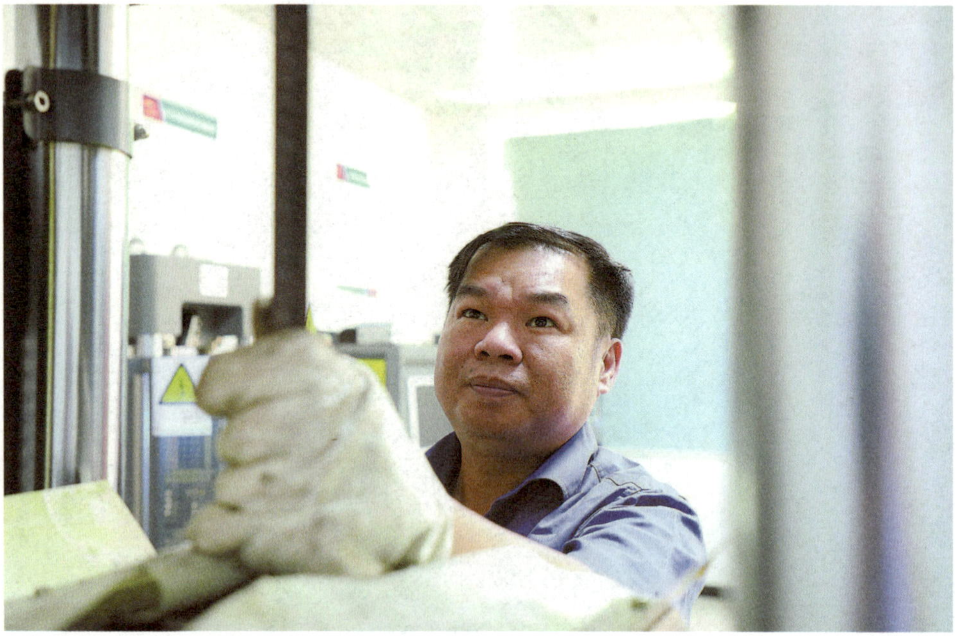

陈永胜在进行钢筋试验　韩新虎 / 摄

的年轻人，他成立了“特级技师陈永胜工作室”。和志同道合的伙伴在一起，陈永胜的工作干劲儿更足了。

混凝土搅拌直接影响混凝土质量，而之前的设备无法即时直观地了解搅拌状态，不能确保搅拌效果。陈永胜带领工作室成员迅速展开“头脑风暴”，研制混凝土拌和物取样装置。此前没有可供参考的实例，陈永胜回忆说：“虽然刚开始也会感到迷茫，但一想到我们的技术攻关成果能在提高效率中发挥作用，大家都干劲十足。”他们查找了大量资料、认真开展试验，工作室的灯经常亮到次日天明，终于推出了第一代装置，但很快便发现，该装置虽然能顺利取样，外壳体上的混凝土却容易造成取样装置混凝土凝固，一旦混凝土凝固，就容易对取样装置造成损耗。当时一些人认为没有什么大碍，可以接着用，但陈永胜却觉得一项合格的发明就要不断改进、做到最好，于是他尝试加入超高压清洗设备，待外壳体和取样筒采集样本完毕复位后，用超高压喷头对外壳体进行及时喷射清洗，进而避免了出现之前的问题，赢得了大家的认可。2023 年 8 月，混凝土拌和物取样装置顺利推出，并于 2024 年 3 月获得专利。

心无旁骛守住质朴之心，久久为功打磨精进技艺。“作为一个技术领域的匠人，要始终保持一颗淳朴的‘匠心’。在未来职业发展过程中，我依然会扎根试验检测岗位，怀着崇高而朴素的敬畏之心，朝着更高的技术水平、更好的技能运用方向攀登。”这是陈永胜始终秉持的工作态度，更是他取得成功的秘诀。如今，虽然已经成为特级技师，陈永胜依然带领着团队奋战在工程质量试验检测一线，在打造精品工程的新征程上奋力奔跑。

扫码观看视频

采访手记

工匠“学徒”

在领导、朋友、同事心中，陈永胜是专治工程建设质量“疑难杂症”的“老中医”,更是声名赫赫的“大国工匠”。但在他心中，自己永远是一名兢兢业业、怀揣匠心、追求“技能人生”的学徒。

工作28载，陈永胜始终心系工程质量，用时间淬炼本领，用汗水浇灌梦想，以硬技术破解一系列难题，用实际行动努力践行工匠精神。

以实干筑梦，用匠心逐梦。在建设交通强国的道路上，有很多像陈永胜这样的铁路人，他们干一行爱一行专一行，重细节求品质，敢创新求卓越，创造出优秀的业绩，在万里铁道线上书写属于自己的精彩人生篇章。

（原载于2024年7月9日《人民铁道》报1版）

甘俊林

中共党员，中国中车眉山车辆有限公司货车制造中心冷作钣金工。曾获全国青年岗位能手、四川省劳动模范等荣誉，享受国务院政府特殊津贴。

焊花闪耀映初心

——记中国中车眉山车辆有限公司货车制造中心冷作钣金工甘俊林

陈梦竹　杨学东

炎炎盛夏，在中车眉山车辆有限公司的生产车间里，身着工作服的甘俊林正在给学员示范焊接技巧。只见他拿着手中的焊枪轻轻一点，转眼间，焊点变红，焊条熔化，国铁产品C70E侧墙的两个断面渐渐被“缝合”起来，焊面细致而平整、呈现出美丽的花纹。

一丝不苟检查设备、精益求精解决难题、追求卓越创新技法……多年来，甘俊林每天扎在车间，日复一日，甘之如饴。甘俊林以十年磨一剑的韧劲，以一辈子干成一件事的执着，立足本职岗位，一点一滴奋斗，成长为铁路货车组装制造工艺的领军者。

铁路货车质量的“守护者”

2005年12月，18岁的甘俊林从四川金堂乡村走出，带着对未来的憧憬，踏入了中车眉山公司的大门。

“一定要努力，做一个对社会有用的人。”父亲临终时刻的这份嘱托，如同竹子的根，深深扎进他的心底，成为他奋发向上的源泉。

质量是企业的生命线。甘俊林所在的货车制造中心，承担了公司整车焊接和零部件总装以及整车喷涂等重要工序，是保证各型铁路货车制造质量的关键工序，而中梁、侧墙就像是人的“脊梁”，直接关系到货车最后的组装

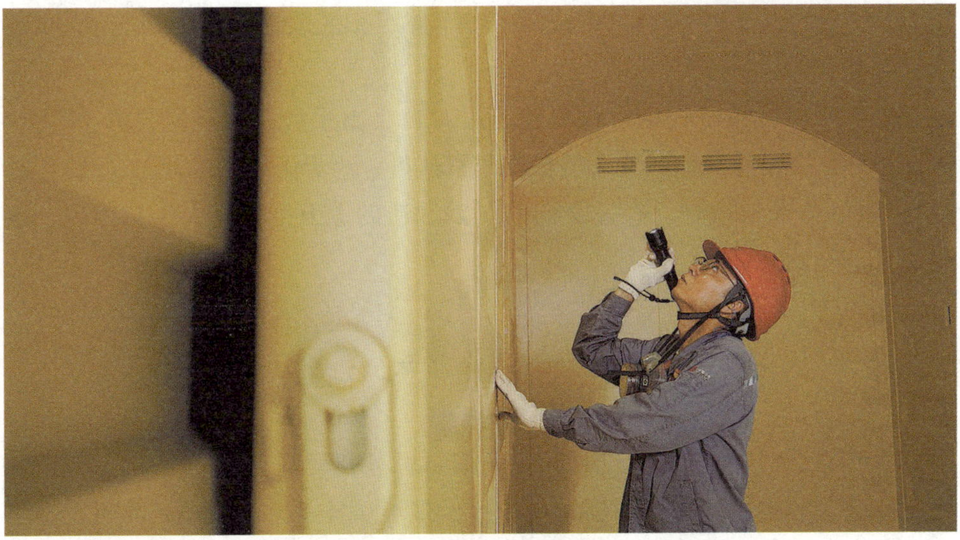

甘俊林在 P_{70} 型通用棚车内检查设备设施　中车眉山车辆有限公司 / 供图

质量，也是铁路货车载重和能否安全运行的关键项点。

初入职场的甘俊林，在公司质量理念的熏陶下，耳濡目染，渐渐意识到质量安全对于货运列车安全运行的重要性。此后，他牢记安全第一，质量为本，刻苦钻研焊接技术。

为了提升自己的焊接技艺，甘俊林采取了非常规的训练方法——从备料车间废料箱里“捡拾”废料进行练习；在手臂上绑上自制的沙袋以增加持枪稳定性；为分析焊接缺陷，用手机拍摄焊接焊缝、回家仔细研究焊接纹路规律；为习惯焊接过程中长时间的蹲坐姿势，在休息时间也是蹲着学习、蹲着洗衣。长时间的焊接练习使得他的后背也不自觉拱起，而这身体上的烙印成为他努力拼搏、永不言弃的见证。

经过无数个日夜的锤炼和磨砺，甘俊林终于迎来了属于自己的曙光。2011 年，他凭借着出色的技艺在公司技能大赛中一举夺冠。

一路走来，甘俊林逐渐成为中车制造团队的中坚力量。他参与了公司所有国铁新产品试制和出口货车生产，主持公司重大技改项目、新产品试制和国内外铁路货车钢结构生产等工作；成功解决粮食漏斗车等工艺技术难题以及惯性质量问题，使装配质量得到质的飞跃。他提出以自动焊代替手工半自动焊，提高了车间整体的焊接质量，降低了工人的劳动强度，创造价值近千万元。他主持的委内瑞拉矿石漏斗车车体组工艺改进获得公司质量 QC 成果一等奖。

多年来，甘俊林一刻也没有停止过对自己出手产品质量的要求。“无论国内国外，客户对我们的货车质量都非常认可，给予了很高的评价。”甘俊林说，“最好的证明就是，经过我们的双手制造的上万列货车，没有出现一辆返厂修。”

科技创新领域的“攀登者”

“如何破解技术难题，这是我每天都要思考的问题。”持续学习、刻苦钻研已经成为甘俊林的工作习惯，也让他实现了从技术型工人向产品研发型工人的转变。

焊接看似简单，实则博大精深，探索永无止境。2020 年，由四川省总工会命名的“甘俊林劳模和工匠人才创新工作室”挂牌成立。近年来，甘俊林和他的团队不断创新和改造铁路货车制造工艺等 100 余项，解决关键技术难题 50 项，解决惯性质量问题 10 多项。

2024 年 2 月，恰逢新春佳节，已是中国中车首席技能专家的甘俊林正为公司交付的一项重任而发愁——L69 型货车的侧墙板厚度仅有 3 毫米，在试制过程中焊接变形严重，这不仅影响了整车的外观质量和容积率，更让公司面临不能按期交付的严峻考验。

面对困难，甘俊林带领创新工作室团队成员一头扎进现场。他们查阅大量技术资料、深入分析车辆结构特性和材料特性、研究部件间的内在联系，并建立三维模型进行模拟运行，从理论到实践进行全方位探索，采用激光切割制作高精度、高标准工装辅助组对和焊接。

手把焊接、埋弧焊接、刚性固定、人工纠偏，甘俊林每天都要数十遍地轮番采用这些各种不同的焊接和控制变形方式，测试焊接后的变形量，不断对焊接、矫正方法进行调整……那段时间，无论是周末还是深夜，甘俊林的身影都时常出现在试制现场，技术上的困惑也让他的睡眠大受影响。

鏖战整整 1 个月，历经无数次试验，他和团队成员终于确定了技术方案：通过激光焊接和刚性固定，减少焊接热输入，把整体变形分解到零部件上，再对零部件变形进行控制。试验后证明，该方案成功将不锈钢面粉车侧墙变形量控制在3毫米左右，这也是国内首次在该车型上采用这项技术并实现突破。

成功啃下“硬骨头”后，整个团队都为之沸腾，甘俊林也露出了久违的笑容。他知道自己的成功并非偶然，而是他和团队成员长期以来坚持不懈、勇往直前的结果。无论面临多大的困难和挑战，他都能以顽强的毅力挺过去，就像竹子一样坚韧不拔。

甘俊林致力于技术攻坚，一路斩获了多项荣誉。近年来，他共参与省部级或行业重大工程、重大项目18个，有针对性地提出并实施生产优化方案40余项，其中31项获得发明专利受理及实用新型专利受理，为公司科技创新、智能制造贡献了智慧和力量。

勇闯海外市场的“开拓者”

2018年6月，第六届“嘉克杯”国际焊接职业技能大赛场面激烈。这一大赛有着“焊接世界杯”之称。经过近3个小时的比拼，甘俊林从20多个国

甘俊林与工友一同研究产品技术标准　中车眉山车辆有限公司 / 供图

家的 388 名专业选手中脱颖而出，最终荣获大赛钨极氩弧焊成人组一等奖。

这不仅为我国在国际职业技能大赛上争得了荣誉，而且为中车眉山车辆有限公司铁路货车产品进入国际市场赢得重要一票，进一步助力中国铁路装备阔步走向世界市场。

在中车眉山车辆有限公司出口国际市场近万辆铁路货车制造过程中，处处都闪现着甘俊林及其团队的风采。

开拓澳大利亚市场时付出的艰辛，甘俊林至今历历在目。

当时，澳方提出 90 天交付 271 辆 KZ78-AUS 型石砟漏斗车。如果不能按时交付，订单就会被取消。身为试制组组长的甘俊林感受到了巨大的压力。

针对澳大利亚车型外形结构复杂、零部件种类数量繁多的情况，甘俊林带领团队积极备战。他们与时间赛跑，采用最优工艺搭配“白 + 黑”工作模式。“为了节约时间，大家一日三餐都集中在工位上解决。下班不回家、白班连夜班成了家常便饭。”甘俊林回忆，“衣服经常被汗水浸湿，再被身体的热量烘干，周而复始，每件衣服上都留下了汗渍。”

团队成员每天研究厂房平面布局，用甘俊林的话来说，“就像在蜘蛛网上找空隙。”有了场地，还要考虑配套物料、吊运天车、焊接装备等，团队成

甘俊林和徒弟交流 P_{70} 型通用棚车车门问题　中车眉山车辆公司 / 供图

员每天都会和澳方监造就产品质量进行磋商，直至达到客户要求。“我们不会气馁，更不能放弃。障碍就像赛道上的极端天气，我们必须迎风而上，才能拿下澳洲市场。”甘俊林说。

通过艰苦不懈的努力，团队成员克服了各台位交叉作业、多工位同时生产的困难，达到了澳大利亚车型试制零返修的高质量标准，得到澳方监造的一致好评，如期完成首台鉴定任务并顺利交付了第一辆车。

在推动中国铁路装备“走出去”过程中，甘俊林带领团队收获了大量好评。2019 年 11 月，安哥拉客户来厂验收低帮平车。面对公司精湛的制造技艺，客户频频竖起大拇指说“very good”。同年，公司完成 200 多辆几内亚敞车制造任务。由于制造质量大大超过客户预期，最后客户表示：“眉山造质量好，再追加 120 辆！”

甘俊林还致力于培养新一代技术人才，毫无保留地传授经验和技巧，为公司的人才队伍建设付出了大量心血。今年，甘俊林被聘为中车眉山车辆有限公司工匠学院的导师。在他的引领下，16 名徒弟晋升为高级技师，15 名徒弟获得技师技能等级，更有 8 名徒弟在省部级、国家级行业技能竞赛中跻身前三。为了弘扬工匠精神，他还走进大专院校举办了 5 场宣讲会，激励广大学子以技能成才、技能报国为己任。

甘俊林带着对未来的憧憬走进中车的世界，扎根岗位，在守护匠心的道路上不断突破与前行，在闪烁的弧光下默默奉献汗水。一次次破解技术难题，一次次啃下“硬骨头”，凭借的是执着坚定、精益求精的匠人精神。“我要做一名快乐的工匠，每天享受通过努力获得的成长、取得的成绩和达成的结果。”甘俊林满怀希望地说。

扫码观看视频

采访手记

坚守“匠心” 行稳致远

甘俊林，人如其名。作为土生土长的四川人，他宛如从蜀地竹林中破土而出的翠竹，坚韧且挺拔。

甘俊林始终坚守“匠心”，一直在平凡的积累中突破自我。正是这种精益求精的工匠精神和敬业精神，让甘俊林成为中车制造团队的中流砥柱，让一列列色彩亮丽的铁路货车“行稳致远”。

他深知独木难支、众秀成林的道理，也深谙竹子的坚韧品德。所以，他更加懂得队伍建设的重要，在人才培养中付出极大的心血，这为公司致力于建设智能型企业和打造智慧型、知识型、专业化员工队伍作出了贡献。

（原载于2024年8月3日《人民铁道》报1版）

燕　翔

中共党员，中国通号北京全路通信信号研究设计院公司运输指挥与信息技术研究院院长。曾获火车头奖章、詹天佑铁道科学技术奖通信信号专项奖、茅以升铁道工程师奖、中央企业劳动模范等荣誉。

勇做铁路信息化建设急先锋

——记中国通号北京全路通信信号研究设计院集团有限公司运输指挥与信息技术研究院院长燕翔

周 琼 朱正玲 刘 锦

私下里，中国通号北京全路通信信号研究设计院运输指挥与信息技术研究院院长燕翔有个外号——“燕大侠”。

人如其名，燕翔身形健壮，步履如飞，说话做事雷厉风行，颇有“大侠”风范；更重要的是，他业务过硬，勇于创新攻关，在铁路信息化建设征途上带领团队，不断拓展人工智能、云计算、大数据、物联网等新一代信息技术在铁路生产系统的应用，为铁路运输业务提质增效作出了贡献，也为广大铁路工程科技人才树立了榜样。

攻坚克难，投身铁路信息化建设

高铁飞驰，路网交织，中国铁路事业蓬勃发展的壮阔画卷中，基础设施建设日渐完善。要确保如此大规模的铁路运输安全、便捷、高效，需要借助大量信息技术。这便是燕翔一直以来面临的课题。

传统意义上，以轨道交通信号控制为主业的中国通号，信息是一个相对“小众”的领域。但对于燕翔来说，无论是哪个岗位，只要能做研发，他都愿意尝试。熟悉燕翔的人都知道他的口头禅：“不怕！我们再加把劲儿。”

正是葆有这样的韧劲，1983 年出生的燕翔，18 岁从川西平原的一个小县城考上清华大学，本硕连读，参加工作不到 3 年的时间，快速成长为项目带头人。

燕翔（中）在实验室内指导调试工作　张晨 / 摄

敏捷运维系统，是燕翔主持研制的第一个项目。“这是我们专为铁路信号开发的一款智能运维系统，过去铁路信号设备检测需要人工拿着仪器去测量，这个系统可以实时采集铁路上信号设备的运行状态，并且对这些信息进行智能地故障诊断。”燕翔介绍。

2014 年，他带领十几个人的研发团队进入还在建设中的长沙南站沪昆场，筹备敏捷运维系统的上线。现场施工作业不断，机械轰鸣，面对面说话都听不清，但是为了软件代码写完后能迅速进行验证，燕翔带着大家就地办公。直到大半年后，系统迎来最后的现场功能及性能试验。

试验当天，已经是凌晨，项目组几人围坐一起、屏息以待，屏幕上始终显示数据异常。夜里天气冷，团队成员跺着脚、搓着手，焦虑的情绪开始蔓延，有人提出明天再试。燕翔没有抬头，指尖在键盘上轻盈弹跳，一行行代码翻滚于屏幕上，“咱们完善的这些功能是测试新型通信信号设备的关键点，还有十分钟，我们再试一遍，肯定能行”。

不一会儿，随着燕翔发出命令——“准备切换试验”，大家迅速倒切环境。“成了！成了！”屏幕上，数据显示成功，在场的人欢快地大声呼喊。

这支平均年龄 32 岁的研发团队，在燕翔的带领下，迅速实现科研成果转化落地，敏捷运维项目在沪昆高铁杭长段、哈大高铁、京广高铁武广段、京沪高铁、深茂高铁等线路上推广应用，大幅提升了我国高铁信号系统的维护管理水平，同时作为同类系统中首个具有完全自主知识产权的产品，为我国高铁信号系统的完全自主化弥补了重要一环。

对于燕翔来说，这只是一个开始。技术研发期间，有时一个问题久久不能解决，急得他眉头紧蹙、彻夜难眠；工程实施期间，他和同事们拎着笨重的服务器去偏远站区，现场搭建实验室和基础设备，一待就是半年；运行调试期间，突发状况时有发生，经常24小时连轴转……但燕翔从未打过“退堂鼓”，带领团队啃下一个又一个“硬骨头”。

开拓创新，为铁路货运调度探寻“最优解”

走进中国铁路沈阳局集团有限公司裕国站调度大厅，多块电脑屏幕有序排布，屏幕上的调度图犹如一块精密绝伦的电路板——线条的转向、点位的闪烁、颜色的变幻，每一处电子信号的更迭，都标示着成千上万吨货物的流通轨迹。这背后，饱含着燕翔和同事们的心血与汗水。

2018年，燕翔担当团队负责人，为货物运输繁忙的沈阳局集团公司研发全新的编组站综合调度指挥平台，平台融合运用云计算、微服务、人工智能等新一代信息技术，将相隔千里的各大编组站的数据及应用汇集于1个中心云平台。这在国内属于首次，外界质疑的声音很多，可燕翔不为所动，说干就干。

实地踏勘、摸底座谈、沟通交流，燕翔带着团队就现场运输业务需求进行深入调研。“这个过程就是要把自己想象成一个巨大的计算机，如何在不增加基础设施建设投资的情况下提高运输效率、扩大运输能力，算出铁路运输调度‘最优解’。”燕翔打了这样一个比喻。

计算，正是燕翔最擅长的事情。他对数字极其敏感，能轻易背出同事的电话号码，能快速回忆起十多年前上大学乘坐的火车车次，能完整复述出过往项目的试验参数……

但探寻货物运输调度的“最优解”，是一项极其复杂、庞大的工程，不仅涉及调度、机务、车辆、车站等主体，还要涵盖计划调度、机车调度、货运营销、施工管理、车站作业等业务。海量的计算背后，是团队难以计数的测试、验证、优化。

2018 年 3 月，燕翔带着 80 多人的团队常驻沈阳，筹备系统上线。白天，他组织研发人员召开会议，分析排查问题；夜间，带领测试人员利用“天窗”进行测试试验。一个多月的时间里，燕翔没有睡过一个整觉。一直到 7 月，第一个编组站——山海关站综合自动化系统开通。忙碌多天的燕翔，终于松了一口气。然而，这仅仅是起点，在首站开通的第二天，他又马不停蹄地奔赴下一个站。

项目进行到四平站的时候，难题出现。四平站是一等客货站，多年来数次改造建设，存在大量客货混行的场景。这就意味着，系统既要提高货车办理效率，又要保障客车运行安全。为此，燕翔带领团队在现场开展了 3 个月的封闭研发，创新性对系统信息化操作、自动决策、自动化控制方面进行全面升级，最终，不仅有效保障了四平站的客货安全运输，而且因自动化程度的提高，达到了车站增效的目标。

此后，几乎每一个月，就会有一个站顺利开通。2019 年初，沈阳局集团公司主要货运枢纽全部开通综合自动化系统，管内货物运输效率大幅提升。

燕翔及其神华研发团队“全家福”　李静 / 摄

该系统现已在成都、武汉、上海、广州等局集团有限公司共23个编组站成功上线，为铁路货物运输效率提升提供有力支撑。在这一平台基础上，燕翔带队升级的“重载铁路调度系统”，也在2022年获得中国交通运输协会科技进步一等奖。专家一致认定，该研究成果达到国际领先水平。

勇担使命，助力中国铁路“走出去”

在烟波浩渺的印度洋和太平洋之间，雅万高铁如巨龙奔腾在风光秀丽的爪哇岛上。始发当日，在新闻上看着动车组缓缓出站，沿着钢轨疾驰，镜头中当地居民笑脸盈盈，燕翔虽不在现场，内心却是澎湃不已。

早在2012年，燕翔就曾负责过海外信息系统的搭建。

当时，为了给亚非拉地区的铁路信息化建设提供高质量、低成本的定制化方案，燕翔一次次奔赴境外，与当地运营部门对接需求，回来后再带领团队反复研讨实施方案。试验室角落的调试台上，摞着厚厚的技术标准和资料。

近3年间，燕翔带着团队破解了专网接入、安全防护、协议适配、联调联试等本土化适配技术难题，团队研制的运调、客票、旅服、OA、动车组管理

燕翔（右四）利用模型给新员工讲解专业知识　张晨/摄

信息系统等成套铁路信息产品在海外顺利落地。至今，这些信息系统依旧在肯尼亚、埃塞俄比亚等国家不断优化，为当地民众的铁路出行提供优质服务。

雅万高铁是中国高铁首次全系统、全要素、全产业链在海外落地，作为印尼雅万高铁系统集成项目副经理，燕翔更是高度重视、尽心竭力。

2023 年 4 月，随着项目的整体推进和联调联试节点的临近，雅万高铁调度指挥中心的建设和投用成为整个项目按期开通的控制性节点。为了保证在规定时间内完成调度指挥中心的建设任务，总承包方向中国通号雅万项目部下达任务，要求中心的建设必须在运营单位开展联调联试前 20 天移交。

接到任务后，燕翔马不停蹄，迅速组织团队研讨，物资、设备、人力、制约因素……会议室的白板上，燕翔密密麻麻写下建设调度指挥中心所需的全部先决条件。厘清框架后，他迅速协调和组织各专业开展交叉作业和施工，仅用 3 天时间完成调度所的基础设备安装和初步调试，仅用 7 天时间实现调度所的正式启用。

进度之快，让运营单位负责人走入调度大厅后，连连称赞:“太感谢您啦，燕院长。这让我们演练的时间和机会提前了一个月!”

2023 年 6 月 21 日，雅万高铁信息专业静态验收报告审查会上，与会专家一致对雅万高铁信息专业现阶段的建设成果给出了肯定性结论，燕翔带领团队再一次为中国高铁“走出去”添彩助力。

信息技术的发展日新月异，抱着“快马加鞭未下鞍”的使命感，燕翔团队又开始布局新一轮智能运输调度系统。无人调度大厅、调车机车自动驾驶、机器人驼峰峰顶自动提钩……说到未来，燕翔充满信心。埋头苦干、创新争先，以高水平科技自立自强推动铁路信息化高质量发展，是他始终如一的本色，更是矢志不渝的追求。

扫码观看视频

采访手记

实干成就卓越

见到燕翔的时候，他刚刚结束出差回到办公室，采访过程中不断有人来找他处理各种事情。回答完最后一个问题，下班时间已过，他拿起笔记本赶去另一栋办公楼开会。燕翔就像一个不停旋转的陀螺。后来得知，共事十几年的同事，也没看到他停过。

人生在世，要靠做事情谋得生存、求得发展、获得尊重，这是颠扑不破的道理。燕翔正是通过不断做事情，在铁路信息化领域排障破壁、大放异彩。实干、苦干、巧干，燕翔所展现的韧劲、闯劲、拼劲，是他个人追求卓越的不二法门，也映射出新时代铁路工程科技人才勇攀科技高峰的宝贵品质。

（原载于2024年5月12日《人民铁道》报1版）

潘广杰

中共党员，成都铁路公安局贵阳铁路公安处乘警支队二级警长。荣获个人嘉奖 3 次、三等功 1 次，被评为公安部直属机关优秀青年、全国铁路公安系统优秀人民警察、全国铁路最美基层民警。

“南来北往”护平安

——记成都铁路公安局贵阳铁路公安处乘警支队二级警长潘广杰

刘 晓 胡 娟

2024年6月22日午后，身穿笔挺警服的潘广杰走进贵阳站，登上“老朋友”K508次列车，如往常一样开始了2000多公里的值乘。他穿行在车厢里，开展车厢巡视、治安防范、消防检查，为列车运行安全保驾护航。

潘广杰是成都铁路公安局贵阳铁路公安处乘警支队二级警长。从警17年来，他始终牢记自己是一名共产党员，心系群众安危，不断探索新形势下列车治安防控方法，忠勇至诚、真情真心，为旅客生命财产安全筑起一道坚不可摧的“铜墙铁壁”。

一心为民“真胆识”

2007年的春天，源源不断的良种、化肥、大米等物资通过铁路在云贵两省间流通，位于云南省宣威市的田坝站格外忙碌。

刚刚被分配到六盘水站公安派出所田坝警务区工作的潘广杰，面临着一个棘手的问题——扒车盗窃活动猖獗，春耕物资连续被盗。扒车团伙仗着熟悉地形，绕迷宫似的逃窜，常常让蹲点的民警无功而返。

不甘心的潘广杰一有空就走街串巷、摸排地形，把铁路货场周围道路和环境都摸了个遍，画成地图。

嫌疑人再次作案时，摸透他们逃跑路线的潘广杰和同事们身手敏捷地抄小路、包近道，提前围堵团伙主犯，终于成功打掉扒车团伙，确保了民生物

潘广杰（右）和同事在列车上开展安全隐患排查　吴志伟 / 摄

资运输安全。

潘广杰说，自己算不上聪明，但谁要跟老百姓过不去，就是把脑袋想破、把脚板走穿也要找到解决办法。

10 多年来，潘广杰值乘的大多是运行时间长、停站多的长途列车。为确保旅客出行安全，从准备发车起，潘广杰就开始来回不停地巡视、检查、宣传、提醒。一趟 18 节车厢的列车，他一次值乘走下来，就是 10 多公里。

水滴石穿，非一日之功。每年累计百万公里的巡查，让潘广杰早已将所有可能出现的风险谙熟于心。哪个区段治安复杂、需要重点巡视防范，哪些旅客警惕性较差、需要反复提醒照看，哪些类型案件可能多发、需要持续开展法制宣传……他都心中有数。

2013 年，在一次执勤过程中，一名满身文身、体型彪悍的男子从怀化站上车后引起了潘广杰的注意。在核验身份证时，该男子百般推脱、闪烁其词。潘广杰旁敲侧击劝说他报出身份证号码，查验后迅速锁定他为一名黄金盗窃案的在逃嫌疑人。面对潘广杰的质问，这名男子还在做着挣扎，企图用手里的黄金贿赂潘广杰。“我是警察，你这是罪上加罪！”潘广杰不为所动，严词拒绝，并将其移交地方公安。

2015 年，潘广杰值乘的列车行至长沙至武昌区间时，常常会有几名旅客在卧铺车厢打牌。看见民警巡视，他们就将纸牌收到桌底。潘广杰敏锐察觉并判断这几人可能有问题。经过便装侦查，潘广杰发现，这群人以“休闲娱乐”为由，拉拢不明真相的旅客打牌，合伙诈骗旅客财物。在收集证据后，潘广杰联合列车工作人员将这几个嫌疑人当场控制，并移交长沙站公安派出所处理。后来警方经过深挖，打掉了一个诈骗团伙，涉案金额超50万元。

保障列车安全稳定，坚决遏制犯罪，是潘广杰重要的使命与职责。多年来，潘广杰累计抓获在逃人员31名，调入乘警支队以来共办理治安案件750余起、刑事案件120余起。

“近年来，铁路部门安检、监控等设备持续补强，民警警务技能、执法水平也不断提升，让列车治安环境得到了极大改善。”潘广杰说。他所在的列车警务团队连续5年实现“零违纪”“零投诉”和重大案事件“零发生”。

同舟共济“铁肩膀”

习惯埋头做事的潘广杰从没想到自己有一天竟成了“网红”。

看到小旅客，潘广杰总是第一时间上前看护，并耐心讲解安全出行常识　文威/摄

2021年7月19日，K507次列车从北京出发后，在河南境内遭遇特大暴雨，不得已滞留在位于郑州至洛阳区间的上街站附近。

当时，K507次列车上有包括老人和孩子在内的1200余名旅客。大雨倾盆而下，已经看不清窗外的景象。2小时、5小时、10小时、20小时……滞留时间越长，等待越难熬，列车全列停水、食品售完、集便器已超出负荷，所有人都焦急万分。

列车上，铁路工作人员“拧成一股绳”，全力维持秩序。列车长和乘务员耐心安抚旅客、来回搬运物资，车辆机械师奔波在车厢内检修设备，潘广杰是列车上唯一的乘警，旅客们纷纷向他投来求助的目光。一边是数量有限的食物与水，一边是旅客的燃眉之急，物资分发陷入两难。

7月21日傍晚，所剩物资不足以平均分配。旅客怀里的孩子哭闹不止，领物资的队伍里有人开始插队、推搡、争吵，矛盾一触即发。

眼看事态有恶化的可能，潘广杰果断拿起扩音器：“我们要先紧着老人和孩子，请大家理解一下。我们会竭尽全力保障各位的安全……”说话间，潘广杰数次哽咽，在场不少旅客也流下了感动的泪水。

“好！”“听警察同志的！”“我们年轻人能坚持！”听着亲切的口音和朴实的话语，旅客们选择信任眼前这个警服已经被浸湿的北方汉子。

没想到，这个过程被旅客拍下来发到网络平台上引发了关注，还登上了微博热搜，事迹迅速在社会上传播。

“每一份理解，都是河南暴雨救援的一份力量！”“看，他戴着党员徽章！”……近千万网友为他留言点赞，接力传递着灾情中的爱与温暖。

很快，爱心物资陆续送达，目的地较近的旅客得以平安转运。在铁路各部门的高效处理下，列车也很快恢复运行。这时，潘广杰才松了一口气。

潘广杰说：“在列车上，旅客就像我们的家人，当时只想着一定要保护好他们的安全。”对于那次终生难忘的经历，潘广杰觉得自己只是做了该做的事。

一趟车，就是一个流动的“小社会”，除了查逃犯、抓小偷、防诈骗外，乘警还是化解矛盾、为民解忧的“纽带”与“桥梁”。

在潘广杰值乘的K508/507次列车上，设有“矛盾化解室”“便民服务席”。从警以来，他帮助旅客解决各种困难求助1400余起，共找回各类物品价值300余万元，最多一天处理警情和求助超70次。

潘广杰在车厢巡查过程中有针对性地进行安全提醒　吴志伟 / 摄

确保旅客生命财产安全，是潘广杰对旅客的承诺。多年来，170 多面锦旗、300 多封感谢信是他以实干兑现承诺的实绩。

智勇双全“活头脑”

潘广杰既有执法民警果敢坚毅的品格，也有足智多谋的头脑。

2021 年 10 月，乘警支队成立“广杰青年乘警组”。潘广杰担任组长，带领 8 个警组、15 名乘警，持续优化列车“流动社区”治安综合治理，推广创建“矛盾不上交”“解决问题在基层”的“枫桥式”列车。

近年来，大部分列车实行单警值乘，乘警常常要应对突发情况考验。

2019 年起，潘广杰开动脑筋，想出了一个金点子。他尝试着与列车长一道，发动旅客中的退役军人、医生、教师、大学生以及农民工团体中的带队人，组成列车警务志愿团队。根据不同职业身份特点，潘广杰有针对性地确定团队成员角色，协助处置紧急突发事件，共同维护列车安全。

2022 年初，列车经过重庆站，卧铺车厢一名年轻人正打着电话：“妈，你再转我 5000 元钱，我急用。”顺声看去，经验丰富的潘广杰觉得这个年轻人可能遭遇了诈骗。潘广杰立即上前，以核验身份信息为由，将这个年轻人请到餐车开展进一步调查。

协助调查的还有乘坐此次列车的一名警务志愿者，来自重庆某高校的许老师。经过了解，潘广杰得知刚上大学的这个年轻人通过手机交友软件认识了一名“女友”。在“女友”的引导下，他痴迷上一款游戏，多次向游戏客服转账充值。乘车期间，他还准备继续向父母要钱或向亲戚借钱充值。

了解完情况后，潘广杰立即制止了年轻人的借钱充值行为，并耐心地劝解，讲明网络诈骗套路。志愿者许老师也“理论教学”与“现身说法”双管齐下，讲述了自己学生遭遇的类似诈骗案例。通过心理疏导，这名大学生终于恍然大悟。随后，潘广杰和许老师协助其报警，争取挽回损失。

志愿团队累计帮助419名走失人员与家人团聚、救助500余名突发疾病旅客，让旅途更加安全、温馨。“这是一段难得的人生体验，我觉得非常有意思、有意义。有机会我还要加入志愿团队。”一位列车警务志愿团队成员下车前深有感触地说。

此外，潘广杰带领列车警务团队，深入分析进京列车治安特点，自编反诈“小喇叭”宣传语，编发防扒窃、反霸座宣传单，并开展形式多样的法治宣传活动，有效增强了旅客的安全防范意识。截至目前，仅反电诈一项就为旅客挽回经济损失30多万元。

“广杰的经验做法推广以后，大家做群众工作的方法更多了，处置问题时心里也更有底了。去年，我们一大队值乘的各次列车发案率大幅降低，大家都在向广杰学习看齐。”乘警支队一大队教导员称赞道。

如今，潘广杰仍然坚守在南来北往的列车上，用心用情守护旅客出行。在南来北往间，他以始终不变的忠诚担当为旅客平安出行保驾护航，不断续写着自己的警察荣光。

扫码观看视频

采访手记

以忠诚诠释担当

忠诚、善良是周围人对潘广杰的评价。伴随着平安列车一路驰骋，为了干好这份自己热爱的工作，潘广杰走得步步踏实、步步坚定。

他常与不同车站、车次的民警交流工作，严于律己守好自己的“责任田”。当旅客遇上难处，无论问题多么棘手，他总能第一时间推己及人，挡在他们身前。在潘广杰眼里，关乎旅客安全的每件事都不小。他总是说：“出行在外，他们也很难，而我是一名警察。”

从警以来，潘广杰见证了铁路沿线翻天覆地的变化，也护送着人们奔向更加美好的生活。身着警服的潘广杰始终初心不改、信念如磐，不断奋斗，不断前行。

（原载于2024年7月3日《人民铁道》报1版）